ars vivendi

 Essen & Trinken

 Übernachten

 Fahrradservice & E-Bike-Verleih

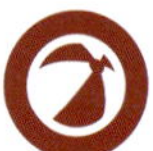 Freizeit & Sport

 Sehenswürdigkeiten & Kultur

FAHRRAD FAHREN
AN FLÜSSEN IN FRANKEN

14 GENUSSTOUREN

Ein ars vivendi Freizeitführer

Bei der Realisierung dieses Buches ließen wir größtmögliche Sorgfalt walten. Falls dennoch Informationen falsch oder inzwischen überholt sein sollten, bedauern wir dies, können aber auf keinen Fall eine Haftung übernehmen.

Korrekturvorschläge und Anmerkungen an: info@arsvivendiverlag.de

Bildnachweis:
Helwig Arenz: S. 12, 15; Sigrun Arenz: S. 80, 83, 87; Veit Bronnenmeyer: S. 22, 25, 28, 30, 39, 42, 45, 46, 149, 151, 154, 190, 193, 195; Daniel Ernst/fotolia: S. 8; Jonas Fehn: S. 96, 99, 100, 106, 109, 110, 113, 120, 122, 125, 126, 128, 136, 138, 139, 140, 143; Heiko Frank: S. 16; Sylvia Schaub: S. 56, 59, 60, 68, 70, 73, 74, 164, 166, 169, 170, 172, 178, 181, 183, 184, 185; DoraZett/fotolia: S. 93

Fünfte, aktualisierte Auflage 2025

info@arsvivendiverlag.de
www.arsvivendi.com

Umschlag: ars vivendi verlag
Umschlagfotografien: vorne: © syolacan/iStockphoto, © Monkey Business/stock.adobe.com, © George Clerk/iStockphoto, © MaxBaumann/iStockphoto; hinten: © Thomas Demarczyk/iStockphoto
Satz: Christine Richert, www.typoholica.de
Karten: Ingenieurbüro Dieter Ohnmacht, Frittlingen
Druck: GPS Group, Villach
Printed in Europe
ISBN 978-3-86913-915-9

Inhalt

Liebe Leserinnen und Leser,

es freut uns sehr, dass wir Sie mit Inspirationen zu möglichen neuen Ausflugszielen bereichern und Sie auf Ihren Ausflügen begleiten dürfen!

Franken ist ohne Zweifel ein echtes Fahrradparadies. Dementsprechend gut ausgebaut und markiert sind die Radwege vielerorts, dementsprechend reichhaltig und umfangreich sind auch die dazu verfügbaren Materialen, die unter anderem von den Tourismusverbänden angeboten werden.

Mit diesem Buch wollen wir Ihnen die besten Tipps zu Informationsquellen im Internet bieten, es Ihnen aber auch ermöglichen, Ihre Radtour »offline« und ohne digitale Hilfsmittel zu erleben. Deshalb sind alle Kapitel folgendermaßen aufgebaut:

- Ein kurzes **Intro** verrät Ihnen die Streckenhighlights und die Möglichkeiten, die jeweilige Tour mit anderen zu kombinieren.
- Der **INFO-Kasten** bietet die wesentlichen Hinweise, die Sie vorab in der Tourenplanung berücksichtigen sollten.
- Der Abschnitt **Hier geht's lang** widmet sich insbesondere den nicht gut markierten und vielleicht schwerer zu meisternden Wegstellen.
- **Das gibt's zu sehen** ist zweifellos das Herzstück eines jeden Kapitels: die schönsten Sehenswürdigkeiten und praxiserprobte Einkehrtipps, sorgfältig ausgewählt von unserem erfahrenen und frankenkundigen Autorenteam!
- Auf den roten **Infoseiten** finden sich abschließend alle wichtigen Adressen zu Gastronomie, Übernachtung, Freizeit und Fahrradservice.

Noch ein Satz zum **E-Bike-Verleih**: Fast alle angeführten Läden bieten mittlerweile die Möglichkeit, elektrische Fahrräder auszuleihen. Bitte bedenken Sie aber, dass der Vorrat in vielen Fällen begrenzt und eine Kautionsleistung Standard ist. Am besten informieren Sie sich im Vorfeld telefonisch bei den jeweiligen Anbietern.

Wir wünschen Ihnen erholsame und genussvolle Ausflüge entlang der zauberhaft schönen fränkischen Flüsse!

Der Verlag und das Autorenteam

Tipp: Bahnfahren mit Rad

Es liegt in der Natur der Sache, dass man nicht jede Radtour vor der Haustür beginnen kann. Ein Transfer von Personen und Rädern zum jeweiligen Ausgangspunkt ist daher unerlässlich. Idealerweise stehen uns dafür die *Deutsche Bahn* oder andere öffentliche Verkehrsmittel zur Verfügung. Man tut aber gut daran, dabei einige Besonderheiten zu beachten:

So ist die **Gruppengröße** zu bedenken; Fahrradstellplätze sind zwar in allen Zügen des Nahverkehrs und der S-Bahnen vorhanden, allerdings sind sie begrenzt, und es besteht keine Mitnahmegarantie. Bei zu vielen Radlern oder Fahrgästen mit Rollstühlen oder Kinderwägen entscheidet das Zugpersonal im Zweifelsfall, wie viele noch mitkönnen. Im *VGN* werden Fahrräder an Wochentagen zwischen 6 und 8 Uhr wegen des hohen Fahrgastaufkommens grundsätzlich nicht befördert. An Sonn- und Feiertagen dagegen ist das Radleraufkommen sehr hoch.

Daher sollte man sich im Zweifel lieber für die langsamere Variante entscheiden, also lieber die **S-Bahn oder Regionalbahn** nehmen statt den schnelleren Regionalexpress. Letzterer ist auch

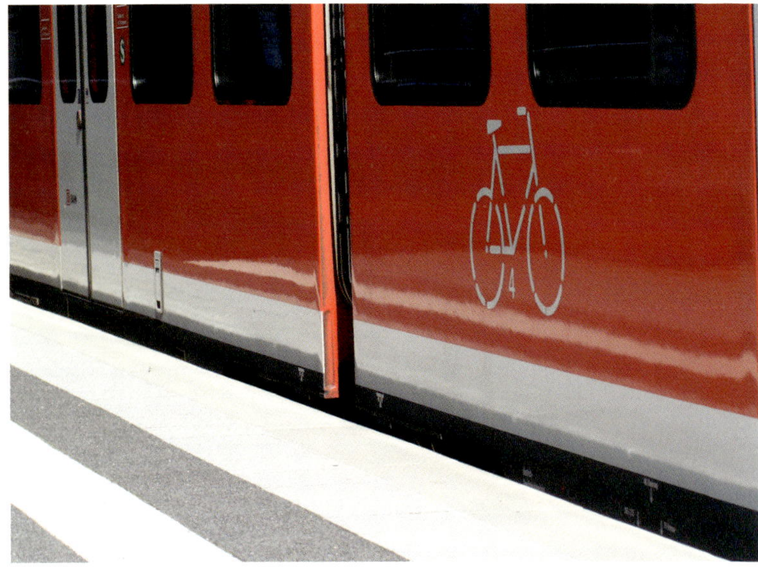

teilweise noch nicht barrierefrei, und die Räder müssen über mehrere Stufen in die Waggons gewuchtet werden.

Wenn sich mehrere Radler unter den Wartenden am Bahnsteig befinden, ist es opportun, sich gut zu verteilen, es gibt eigentlich immer mehrere Radabteile. Beim **Einsteigen** sollte man sich mit anderen Radlern absprechen, wer zuerst aussteigen muss, damit die Räder entsprechend angeordnet werden können und nicht mühsam die hintersten zuerst heraus müssen.

Fahrradmitnahme kostet **Geld**. In Zügen muss eine Fahrrad-Tageskarte Bayern gelöst werden. Zu erwähnen ist auch das BaSti, das Bayerische SPNV-Ticket Rad, das Reisenden bei Einzelfahrten mit Regionalzügen und S-Bahnen zu bestimmten Zeiten die preisgünstige Mitnahme ihres Fahrrads ermöglicht. Im *VGN* kann man mit Tagestickets anstatt Personen auch Räder mitnehmen. Bei MobiCards und Jahresabos sind bis zu zwei Fahrräder inklusive.

Bei zahlenden Erwachsenen dürfen **Kinder oder Enkel unter 14 Jahren** ihre Fahrräder kostenfrei mitnehmen.

Im Bereich des *VGN* gelten die Bestimmungen übrigens nicht nur für Züge, sondern auch für **Busse**. Am besten vorab online, telefonisch oder am Schalter informieren, welche Busse tagesaktuell dafür geeignet sind.

Tipps und Infos zur Fahrradmitnahme gibt es unter:
www.bahn.de/fahrrad
www.bahnland-bayern.de/de/tickets/fahrradmitnahme/ticket/basti-r
www.vgn.de/ratgeber/fahrrad/

1 Idyllische Bädertour in den Ausläufern der Rhön

Entlang der Fränkischen Saale von Hammelburg nach Bad Neustadt

Von Hammelburg, der ältesten Weinstadt Frankens, radeln wir durch urige Fachwerkdörfer der Fränkischen Saale entlang, vorbei an der Burgruine Trimburg, bis ins Staatsbad Bad Kissingen. Nach einem Besuch der berühmten Heilquellen erwartet uns der landschaftlich schönste Teil der Tour. Wir überwinden die ein oder andere moderate Steigung und gelangen schließlich über Bad Bocklet zu unserem Etappenziel, dem belebten Marktplatz der historischen Kaiserpfalz Bad Neustadt.

INFO

Die Strecke: Hammelburg – Trimberg – Bad Kissingen – Bad Bocklet – Bad Neustadt

Länge: 57 km

Markierung: Weiß-grünes Quadrat mit Schriftzug »Der Rhön Radweg« und weiß-grüne Zwischenwegweiser (Fahrrad mit Richtungspfeilen)

Einstiegspunkt: Marktplatz Hammelburg

Anreise mit ÖPNV: Mit Regionalbahn bis Bahnhof Hammelburg oder Bahnhof Hammelburg-Ost (hier umgeht man die Innenstadt und beginnt die Tour direkt am Radweg)

Rückfahrt mit ÖPNV: Ab Bad Kissingen oder Bad Neustadt gute Zugverbindungen mit Regionalbahn (EB in Richtung Schweinfurt fährt etwa stündlich); Fahrradmitnahme begrenzt möglich

Wetter: Bei stärkerem Regen (auch in den Tagen vor der Tour) sind unbefestigte Teilstrecken eventuell matschig und schwer befahrbar (v. a. mit Rennrädern!), auf ausreichenden Sonnenschutz achten

Schwierigkeitsgrad: Mittel (leichte Steigungen)

Für Familien: Ausreichend Rastplätze zur Verfügung; in den größeren Orten gute Einkaufs- und Rastmöglichkeiten; Thermen und viele Einkehrmöglichkeiten in Bad Kissingen und Bad Neustadt; am Etappenziel wartet beliebte Eisdiele; Verpflegung: z. B. Bäckerei in Hammelburg; kostenloses Heilwasser in Bad Kissingen

Übernachtung: Zahlreiche Übernachtungsmöglichkeiten in Bad Neustadt, es empfiehlt sich aber, dringend vorab zu reservieren, da Unterkünfte durch Kurbetrieb oft ausgebucht, s. S. 19

Hier geht's lang

Vom Marktplatz **Hammelburg** aus führt uns der gut ausgeschilderte Radweg über die Kissinger Straße, bis zu den Bahngleisen. Hier passieren wir den Ostbahnhof und haben bald die Saaleauen erreicht. Zweimal überqueren wir den Fluss, ehe wir uns **Westheim** nähern und die unschöne Aussicht auf die riesigen Satellitenanlagen der *Intelsat* hinter uns lassen.

Wir umrunden den Ortskern, überqueren wiederum die Saale und wenden uns linkerhand in Richtung **Langendorf**. Dort halten wir uns auf der Hauptstraße links, ehe es wieder in die Wiesen geht (Achtung beim Überqueren der großen Straße!). Bald radeln wir über eine schöne Brücke nach **Elfershausen**. Wir halten uns rechts, verlassen den Ort über die August-Ullrich-Straße, und sehen die Brücke nach Trimberg vor uns. In **Trimberg** leitet

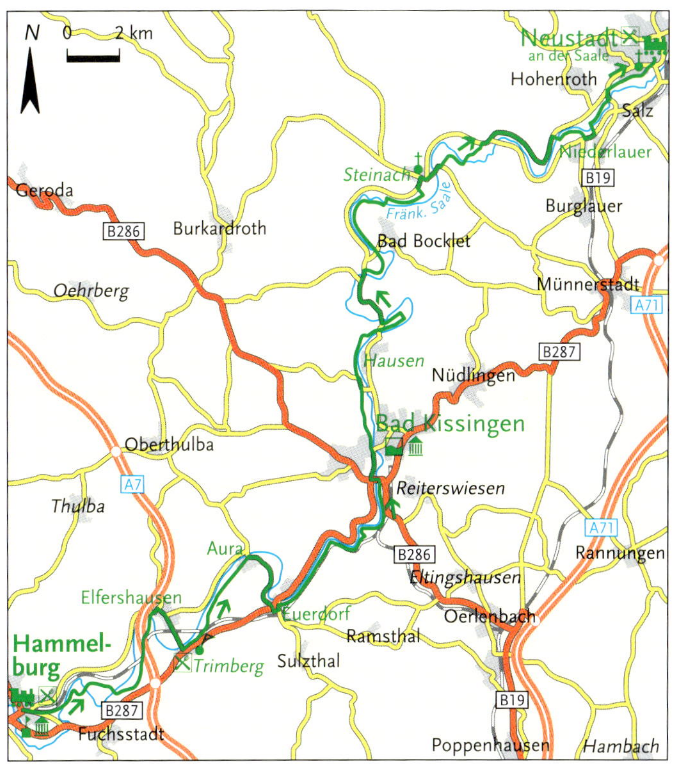

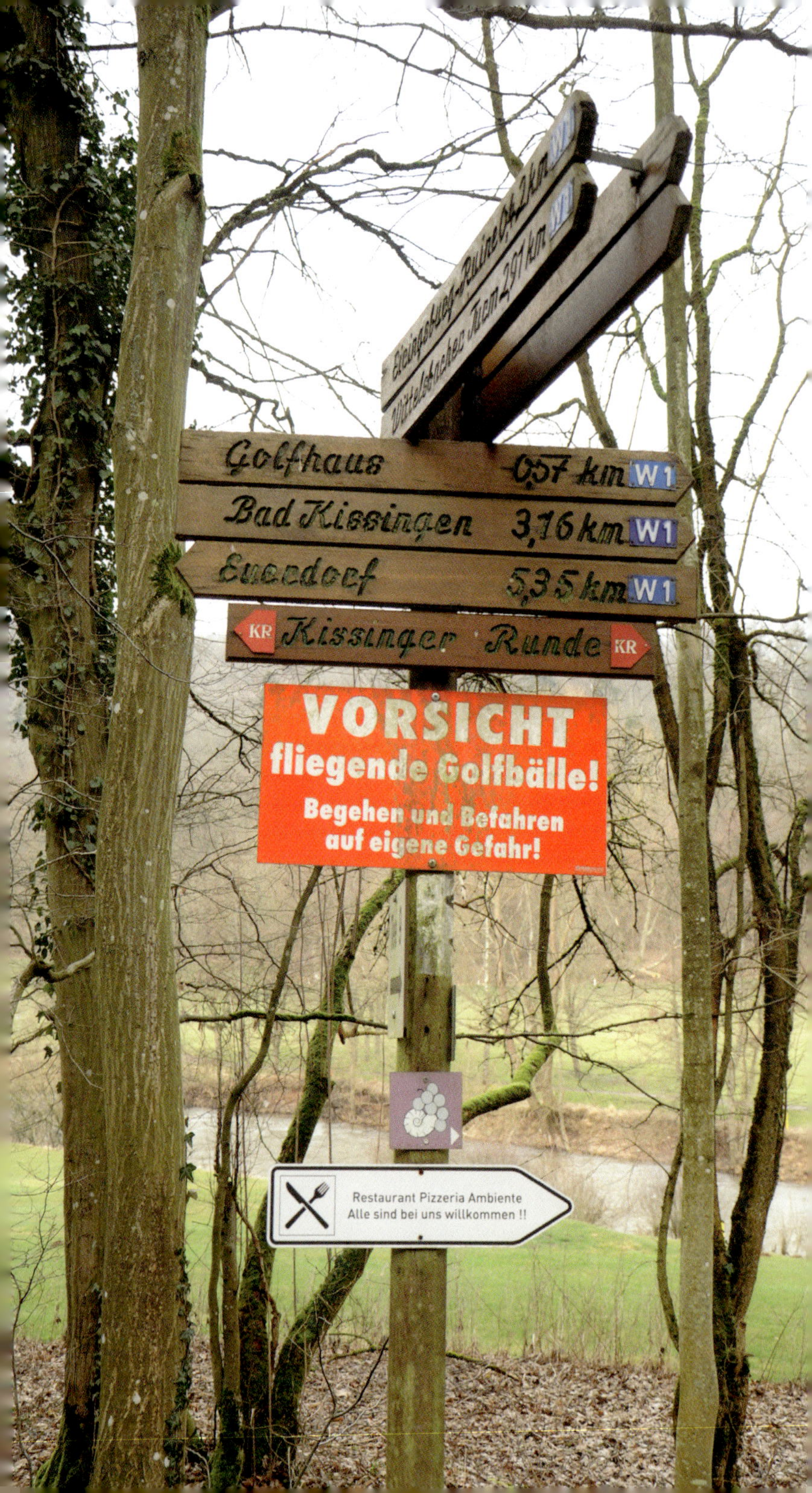
Golfhaus 0,57 km W1
Bad Kissingen 3,16 km W1
Euerdorf 5,35 km W1
KR Kissinger Runde KR
VORSICHT
fliegende Golfbälle!
Begehen und Befahren
auf eigene Gefahr!
Restaurant Pizzeria Ambiente
Alle sind bei uns willkommen !!

uns ein steiler Anstieg (Hugo-von-Trimberg-Straße) aufwärts. Kurz vor (!) der Kuppe aber biegen wir ins Tal ab.

Die Beschilderung leitet uns nun – bis auf wenige Schlenker – immer den Flusslauf entlang über **Aura** und **Euerdorf** bis in den Kurpark **Bad Kissingen**. Bleiben wir hier rechts des Wassers, gelangen wir in die sehenswerte Innenstadt des Staatsbades. Unser Radweg aber führt im Park über die Saale und stadtauswärts. Hinter **Kleinbrach** treffen wir auf freiem Feld auf die Ruine des Dionysos-Klösterchens, über die eine Infotafel des Karolingerwegs informiert. (Vorsicht: Bei Hochwasser müssen Sie eventuell in Kleinbrach auf der Kleinbracher Straße bleiben und die Hauptstraße überqueren, um dann erst wieder auf die Tränkgasse zu stoßen und nach links weiterzufahren.)

Die Staustelle am Luitpoldsprudel, wo wir kurz darauf die Saale überqueren, eignet sich als idyllischer Rastplatz. Ein paar hundert Meter weiter leitet uns eine Rampe unter der großen Straße hindurch. Wir fahren rechts an der Straße entlang und dann die nächste links wieder in die Felder. **Großenbrach** lassen wir rechts hinter uns liegen und erreichen bald eine große Kreuzung oberhalb des Radweges. Hier verlassen wir für kurze Zeit die von den Radwegweisern ausgewiesene Strecke und sparen Aschach aus. Wir fahren zur Straße hoch, überqueren rechts von uns die Staatsstraße, wenden uns sogleich nach links auf einen schmalen Weg, der die Straße flankiert, und halten uns dann immer direkt an der Straße bzw. auf dem Gehsteig. Gleich nach der Brücke nehmen wir die sehr steile (!) Abfahrt nach rechts und sausen wieder in die Felder. Bei der T-Kreuzung, auf die wir kurz danach treffen, nicht nach links abbiegen, sondern auf dem Weg bleiben!

Bei Erreichen der Aschacher Straße wenden wir uns rechts nach **Bad Bocklet**. Wir fahren über den Kreisverkehr und biegen dann nach links ab. Unser Weg beschreibt eine Schleife an der Saale entlang. Nach einer Steigung erwartet uns wieder eine Bank zum Ausruhen, ehe wir auf der Straße wieder abwärts fahren.

An **Hohn** vorbei, durch **Steinach**, **Roth** und **Nickersfelden** führt uns der gut beschilderte Radweg. In **Unterebersbach** finden wir eine kleine Infotafel über historische Grenzsteine. Die dazugehörigen Originale, die daneben aufgereiht stehen, übersieht man leicht. Es lohnt sich also, genauer hinzusehen. Bei der Hauptstraße halten wir uns rechts und überqueren darauf die Brücke in Richtung **Oberebersbach** (Gemeinde Niederlauer). Hier finden wir direkt an der Hauptstraße links einen Fahrradladen mit Reparaturservice. Vor dem Wegkreuz im Ort biegt der Weg nach links ab. Über eine hölzerne Brücke geht es nun auf einer längeren, schönen Strecke durch die Saalewiesen. Bei Erreichen der Hauptstraße nehmen wir den kleinen Abzweig links und erreichen das Etappenziel **Bad Neustadt**. Die lärmende Schweinfurter Straße führt uns immer geradeaus zur Stadtmauer. Ein Stück jenseits des Hohntores gelangen wir – nun auf der historischen Handelsstraße von Hamburg nach Rom – zum Marktplatz.

Das gibt's zu sehen

Die Tour entlang Frankens Saalestück beginnt mit **Hammelburg** in der ältesten Weinstadt Frankens. Natürlich beeindrucken der Marktbrunnen (ab 1541), ein Beispiel fränkischer Frührenaissance, und das neugotische Rathaus (ab 1854); klar, lockt das Schloss Saaleck auf seinem Bergsporn in 280 Metern Höhe – doch in Wirklichkeit gibt es kaum eine bessere Möglichkeit, die kleine Stadt kennenzulernen, als durch eine Weinprobe. Achten Sie aber darauf, nicht zu viel vom leckeren Blauen Silvaner zu sich zu nehmen – wenn Sie schieben müssen, dauert die Tour wesentlich länger! Die Muschelkalkhänge nähren die Reben, durch die nördliche Lage reifen die Trauben langsam. Im **Winzerkeller** im roten Schloss werden durstige Ausflügler bestens beraten und verköstigt. Wer sich zusätzlich zu einer Verkostung auch noch bilden möchte, dem sei das **Museum Herrenmühle** empfohlen, das einen Einblick in Hammelburgs alte Weinbaugeschichte gibt.

Die Anzahl der Burgruinen in Frankens Saalestück ist vermutlich fast so hoch wie die seiner Bildstöcke, Wegkreuze, Marterln und Brückenheiligen. Nach den ersten Kilometern bereits bietet uns die **Trimburg** (12./13. Jahrhundert) eine herrliche Aussicht – oder einen guten Vorwand, die Tour jetzt schon für die Dauer eines Biergartenbesuchs zu unterbrechen. Erkundigen Sie sich vorab über die Bewirtungstage auf der Kulturruine auf dem Pfaffenberg!

Wenn uns Wein und Biergenuss zu Kopf gestiegen sind, können wir in **Bad Kissingen** Buße tun und das berühmte Heilwasser der Stadt schlürfen. Sieben Heilquellen finden sich in und um

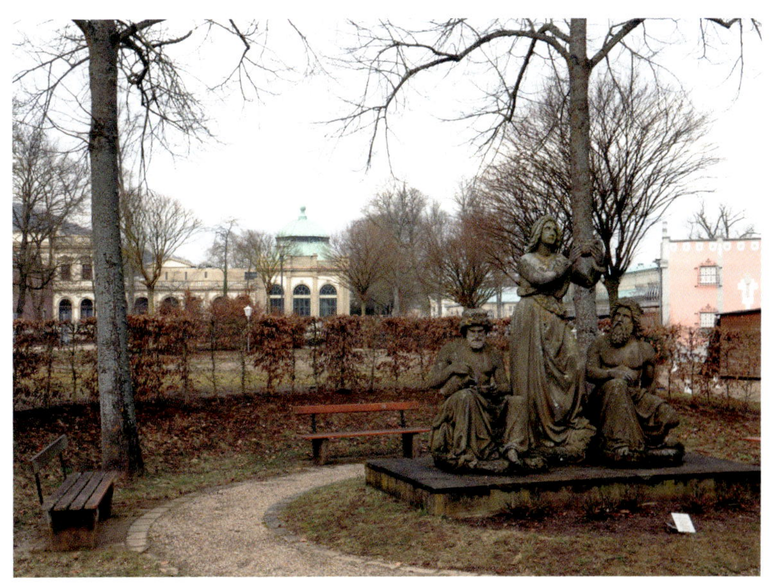

Der Luitpoldpark in Bad Kissingen

das **Kurbad**, aber nach drei oder vier Kostproben haben die meisten Touristen schon genug. Schnell weiterfahren ins **Bismarck-Museum**. Die Alternative zum Radeln wäre an dieser Stelle eine kleine Bootsfahrt vom Rosengarten direkt an der Saale bis zur **Oberen Saline**, die die Ausstellung über den »Eisernen Kanzler« beherbergt. Die beiden romantischen »Dampferle« fahren etwa von April bis Oktober (www.saaleschiffahrtgmbh.de). An die fünfzehnmal kurte Fürst Otto von Bismarck in Bad Kissingen (1876–1893), und nicht nur den Schreibtisch, an dem er »Weltgeschichte schrieb«, kann man im Museum betrachten. Auf dem Weg dorthin lohnt sich ein Abstecher zum nahegelegenen Gradierwerk, das der Salzgewinnung diente.

Auch wenn unsere Tour einen so langen Aufenthalt kaum zulässt, sollte doch die **KissSalis Therme** nicht unerwähnt bleiben, eine große Therme mit Saunalandschaft, vielfältigen Wellnessangeboten und Kinderparadies.

Kurz hinter Bad Bocklet passieren wir **Steinach**, das schon am Ortseingang mit dem Kleinod einer fränkischen Berühmtheit wirbt – einem Kruzifix (1516) von Tilman Riemenschneider (etwa 1460 bis 1531). »Über dem Triumphbogen befand sich seit

Jahrhunderten ein altes, unscheinbares Kruzifix. Man brachte es nach Aschaffenburg, um es einer gründlichen Reinigung zu unterziehen, es war ganz mit Schmutz und alter Farbe überkleistert. Beim Ablaugen entdeckte man im Rücken einen mit einem Korkpfropfen geschlossenen Kanal und fand in demselben einen Bleiwürfel. Derselbe enthielt einige Reliquien und eine Urkunde über den Ursprung des Kruzifixes.« (Pfarrer Kolb, *Chronik der Pfarrei Steinach 1901*). Eine schöne Anekdote, die vielleicht zur Besichtigung des Kruzifix' in der **Kirche St. Nikolaus und Katharina** animiert – und uns auf kostbare Momente an unerwarteten Orten auf unserer Weiterfahrt hoffen lässt.

Die Altstadt von **Bad Neustadt an der Saale** betreten wir durch das **Hohntor** (1578/79) mit der barocken Kilianplastik. Falls Sie zufällig mit der Kutsche unterwegs sein sollten, beachten Sie bitte, dass Peitschenknallen im Stadtgebiet während der Mittagszeit verboten ist – wie eine kuriose Tafel am Tor verkündet.

Bad Neustadt wartet nicht nur mit einer völlig intakten Stadtmauer und der nahegelegenen Burg Salz (nur der äußere Teil kann besichtigt werden) auf, auch der **Marktplatz** mit der Stadtpfarrkirche Mariä Himmelfahrt (1798–1834) ist sehenswert. Um die Stadt kennenzulernen, bieten sich die Altstadtführung

Entspanntes Baden mit toller Aussicht: das Naturbad Aura an der Saale

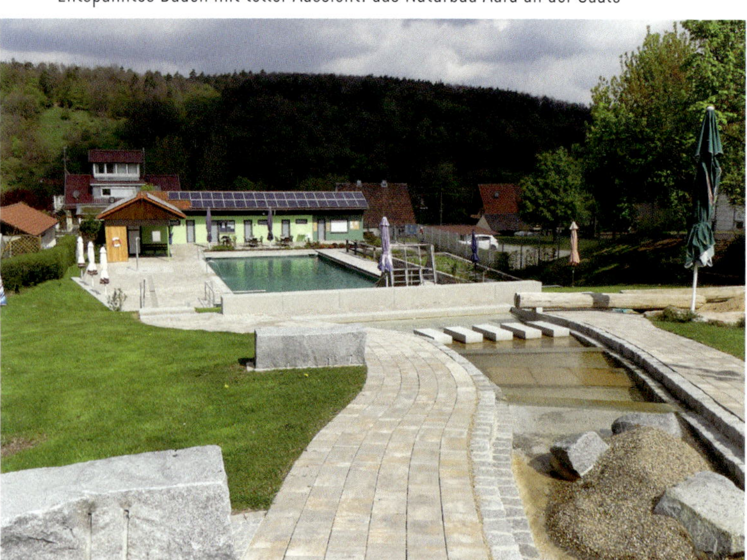

(2 Stunden) und der »Neuschter Abendspaziergang« (1 Stunde) an (Stadtführungen buchbar im Tourismusbüro unter Tel. 09 77/16 31 03 10). In den zahlreichen Cafés oder der beliebten Eisdiele *Buonissimo* kann man den Tag gut ausklingen lassen. Zum Abendessen empfiehlt sich das Hotel *Fränkischer Hof* mit sehr guter Küche und freundlichen Preisen. Vergessen Sie nicht, frühzeitig zu reservieren! Um eine Übernachtung sollten Sie sich zu diesem Zeitpunkt allerdings schon gekümmert haben, denn ein Zimmer über der Gaststube mag zwar sehr verlockend sein und wäre auch wirklich hübsch – kommt aber deutlich teurer als das Essen.

Abschließend noch ein paar Tipps: Sollten Sie eine Abkühlung brauchen oder verlangen die Kinder schon so bald nach Beginn der Tour vehement nach einer Mittagspause, sei Ihnen ein Besuch im **Naturbad Aura an der Saale** ans Herz gelegt. Das entzückende kleine Bad eignet sich besonders gut für Familien mit Kleinkindern zu einer Erfrischungspause.

Ab Juli finden im Rahmen des **Marktplatzsommers** im Zentrum von **Bad Neustadt** unterschiedliche Musikveranstaltungen statt (www.tourismus-nes.de/veranstaltungen).

Ein besonderes Highlight für Liebhaber klassischer Konzerte und stimmungsvoller Events sind dazu die **Salzburgklassiker**, die alle zwei Jahre auf der Salzburg bei Bad Neustadt stattfinden. An zwei Sommerabenden wird die Burg festlich erleuchtet, und auch die bewohnten Bereiche werden Besuchern teilweise zugänglich gemacht. Zusätzlich zum Programm der Salzburgklassiker erhalten Sie auf der Internetseite der Veranstalter (www.salzburgklassiker.de) auch detaillierte Informationen über die **Salzburg**, eine der größten Burganlagen Deutschlands.

Helwig Arenz

Ausgewählte Adressen und Tipps

Hammelburg, www.hammelburg.de

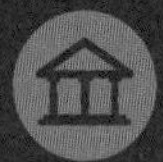

Museum Herrenmühle, Turnhouter Str. 15, 97762 Hammelburg
Tel. 0 97 32/78 24 48, www.museum-hammelburg.de

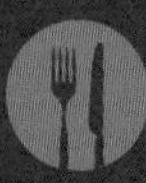

Winzerkeller Hammelburg, Kirchgasse 4, 97762 Hammelburg
Tel. 0 97 32/35 70, www.gwf-frankenwein.de
Mo–Fr 9.30–17.30, Sa 9.30–14.00, Fr 20.00–24.00, Jan–März Mi Ruhetag

Elfershausen, www.elfershausen.de

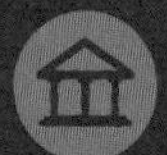

Ruine Trimburg, 97725 Elfershausen, www.trimburg.com
Bewirtung Mai–Okt So u. Fei

Aura an der Saale, www.aura-saale.de

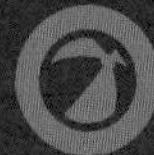

Naturbad Aura an der Saale, Schulstr. 88, 97717 Aura an der Saale
Tel. 0 97 04/64 34, www.naturbad-aura-saale.de
Tägl. 11.30–19.00, bei schönem Wetter (ab 22 °C) ab 10.00

Bad Kissingen, www.badkissingen.de

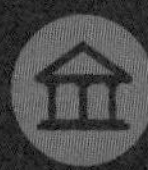

Museum Obere Saline (inkl. Bismarck-Museum)
Obere Saline 20, 97688 Bad Kissingen
Tel. 0 9 71/8 07 42 30, www.badkissingen.de (> Aktivitäten)
Mi–So 14.00–17.00

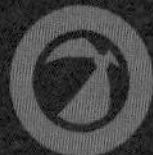

KissSalis Therme, Heiligenfelder Allee 16, 97688 Bad Kissingen
Tel. 09 71/ 12 18 00-0, www.kisssalis.de
Mo–Do, So u. Fei 9.00–22.00, Fr u. Sa 9.00–24.00

Bad Neustadt an der Saale, www.badneustadt.rhoen-saale.net

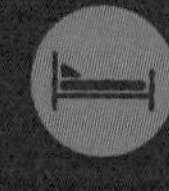

Hotel Fränkischer Hof, Spörleinstr. 3, 97616 Bad Neustadt an der Saale
Tel. 0 97 71/6 10 70, www.hotelfraenkischerhof.de

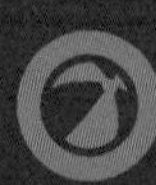

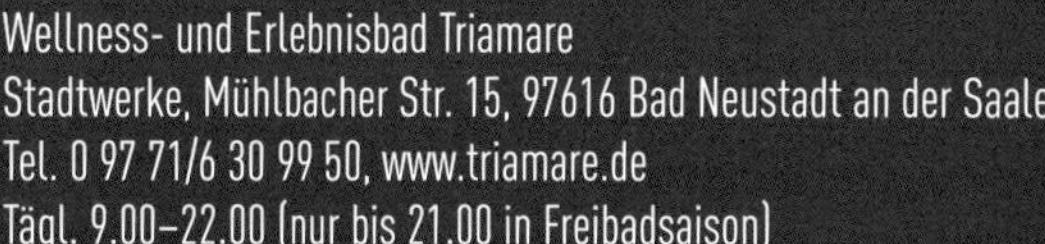

Wellness- und Erlebnisbad Triamare
Stadtwerke, Mühlbacher Str. 15, 97616 Bad Neustadt an der Saale
Tel. 0 97 71/6 30 99 50, www.triamare.de
Tägl. 9.00–22.00 (nur bis 21.00 in Freibadsaison)

Viele weitere Tipps und Infos zum Rhönradweg und zur Gegend unter:
www.rhoen.de, www.rhoenline.de

Fahrradservice und E-Bike-Verleih

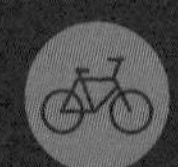

Heiko's Radschuppen, Bahnhofstr. 52, 97762 Hammelburg
Tel. 0 97 32/78 08 10, www.heikos-radschuppen.com

Bike World Brand, Schweinfurter Str. 4, 97717 Euerdorf
Tel. 0 97 04/9 11 90, www.bikeworld-brand.de

Auto & Bike am Quellenhof, Rosenstr. 13, 97688 Bad Kissingen
Tel. 09 71/28 25, www.quellenhof-garage.de

Fahrrad Floth, Erhardstr. 41, 97688 Bad Kissingen
Tel. 09 71/6 87 61, www.fahrrad-floth.de

Fahrradgeschäft Nöth, Saalestr. 9, 97618 Niederlauer/OT Oberebersbach
Tel. 0 97 08/70 51 01, www.noethbikes.de

RADhaus Raab, Saalestr. 19, 97616 Bad Neustadt
Tel. 0 97 71/25 70, www.radhausraab.de

2 Obermain evangelisch – durch die Lande der Markgrafen

Von der Rotmainquelle über Bayreuth nach Kulmbach

Der Mainradweg ist einer der beliebtesten Radwege Deutschlands und wurde auch schon vom ADFC mit fünf Sternen geadelt. Wir interessieren uns hier aber mal für seinen Anfang und wählen für die beiden Tagesetappen (inkl. Tour 3, S. 36) die Route von der Rotmainquelle über Bayreuth, Kulmbach und Lichtenfels nach Bamberg. (Der weiße Main entspringt am Osthang des Ochsenkopfs im Fichtelgebirge auf über 800 Metern Höhe, die sich so ergebende Strecke würde nur hartgesottene Mountainbiker erfreuen.) Unsere Tour ist aber auch mit dem Zug gut zu erreichen bzw. wieder zu verlassen und kann äußert flexibel gehandhabt werden, da sich an allen markanten Orten gute Bahnverbindungen ergeben. Das Streckenprofil ist v. a. von der Quelle bis Bayreuth nicht zu unterschätzen, hier sind ca. 600 Höhenmeter zu überwinden. Die ausgewählten Etappen sind nur eine Empfehlung und können auch anders gewählt bzw. auf drei Tage verteilt werden, was sich v. a. dann anbietet, wenn man den zahlreich vorhandenen Sehenswürdigkeiten etwas mehr Aufmerksamkeit schenken will.

INFO

Die Strecke: Creußen – Rotmainquelle – Bayreuth – Kulmbach
Länge: Ca. 45 km
Markierungen: Variierend, z. T. Roter-Main-Radweg (weiß-grün), Mainwanderweg (rotes M), mitunter nicht markiert
Einstiegspunkt: Bahnhof Creußen
Anreise mit ÖPNV: Mit RE oder RB bis Creußen
Rückfahrt mit ÖPNV: Rückfahrt entlang der Strecke problemlos mit der Bahn möglich – von Bayreuth oder Kulmbach; Tour kann am Folgetag auch bis Bamberg verlängert werden (s. S. 36)
Wetter: Immer in der Fahrradsaison, wenn es nicht regnet; besser nicht im Hochsommer
Schwierigkeitsgrad: Mittelschwer, v. a. von Creußen nach Bayreuth einige Anstiege
Familientauglichkeit: Nur mit fahrradbegeisterten und konditionsstarken Kindern zu empfehlen; Verpflegung sollte kein Problem darstellen, reichlich Einkaufs- und Einkehrmöglichkeiten entlang der Route
Übernachtung: In Bayreuth, Neudrossenfeld, Mainleus oder Kulmbach, s. S. 34f.

Hier geht's lang

Wir starten unsere Expedition am **Bahnhof** in **Creußen**. Verlässt man diesen, stößt man auf eine Straße, die wir gleich bergab in westlicher Richtung hinunterfahren. An einem Baum erkennen wir alsbald die Markierung des Mainwanderwegs (rotes M), auch zu sehen ist ein Radwegweiser nach »Bayreuth über Rotmainquelle«. Am Rathaus vorbei geht es auf die Kirche zu, am Kreisverkehr rechts und auf die Hauptstraße, wo wir sodann den Roten Main erstmals überqueren. Am Ortsausgang links (nur allgemeine Radwegbeschilderung), dann dem Wegweiser »Bayreuth über Rotmainquelle« folgen. Es geht nun leicht bergan, bis wir links in den Ort **Bühl** abbiegen. Wir fahren kurz durch den Ort und treffen bald wieder auf die Hauptstraße. Nach circa 200 Metern geht es rechts ab Richtung Neueben.

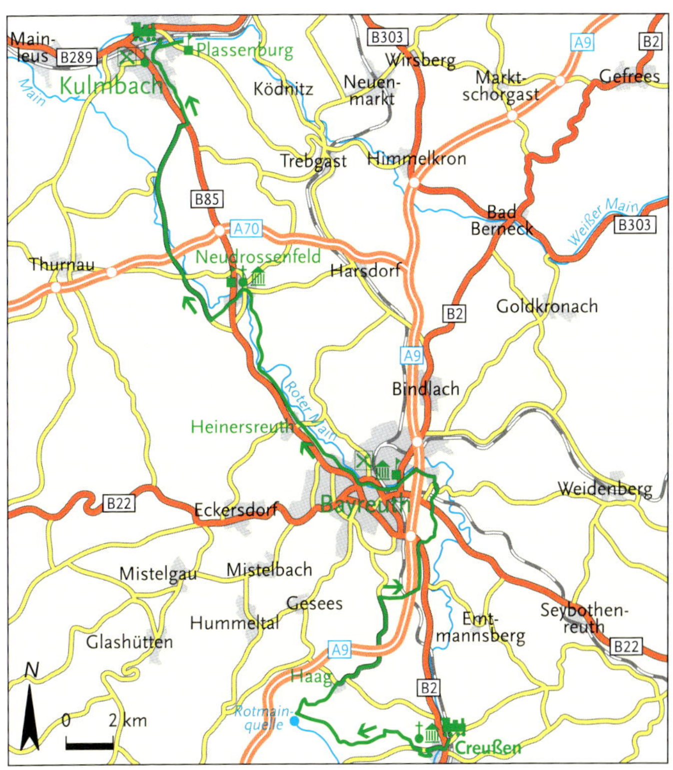

Nach einem guten Kilometer stoßen wir auf eine alte Ortsverbindungsstraße, hier zeigt die Markierung nach links (noch 5 km). Wir folgen der Radwegmarkierung weiter über Feldwege und stoßen schließlich wieder auf eine Ortsverbindungsstraße. Nach einem kurzen Anstieg geht es links von der Straße ab in den Wald hinein. Bei der sogleich auftauchenden Gabelung halten wir uns rechts und sehen uns mit einer kurzen, aber heftigen Steigung konfrontiert. Nachdem wir uns davon erholt haben, geht es circa drei Kilometer weiter durch den Wald, bis wir in unmittelbarer Nähe eines Windrades eine Wegkreuzung erreichen. Zur **Rotmainquelle** geht es nach links. Hier empfiehlt es sich abzusteigen und dem Trampelpfad, der links in den Wald führt, zu Fuß zu folgen. Man muss ein wenig aufpassen, um das, was hier recht unscheinbar aus einem Holzrohr plätschert, nicht zu übersehen, dennoch wird es später mal einer der größten Flüsse Deutschlands werden!

Nachdem wir uns ausreichend an der Quelle erfrischt haben, begeben wir uns zurück zu der Wegkreuzung und folgen nun dem Rotmainwanderweg geradeaus weiter in Richtung Haag. Nach einigen hundert Metern halten wir uns an einer Gabelung rechts. In **Haag** folgen wir dem Mainradweg in Richtung Bay-

Auch große Flüsse fangen mal klein an – die Rotmainquelle

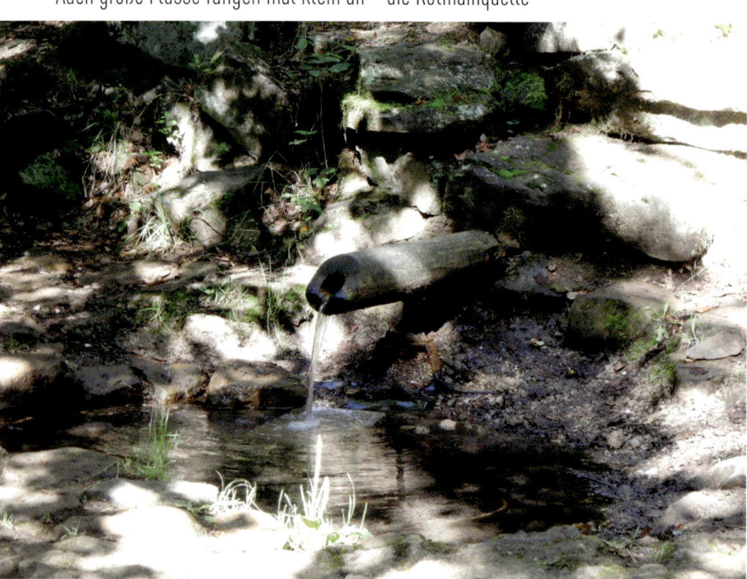

reuth durch den Ort. Wir überqueren die Bundesstraße und fahren weiter in Richtung Schreez. Einer rasanten Abfahrt folgt ein längerer Anstieg. Wir unterqueren die A9 und durchqueren die Ortschaft **Unternschreez**. Schon taucht erstmals Bayreuth vor uns am Horizont auf.

Kurz darauf zeigt ein Radwegweiser nach rechts in Richtung »Wolfsbach«. Diesen Weg nehmen wir, um in den Stadtteil **Thiergarten** zu kommen. (Diese Abzweigung ist leicht zu übersehen, man kann aber »notfalls« auch einen knappen Kilometer später am Rande des Ortsteils Destuben scharf rechts abbiegen und kommt dann ebenfalls nach Thiergarten). Nach Thiergarten geht es auf der Ortsverbindungsstraße anspruchsvoll bergauf. Wir unterqueren abermals die A9 und erreichen den Stadtteil **Wolfsbach**. Wir folgen dem Straßenverlauf bis wir durch ein Gewerbegebiet kommen und auf die Bundesstraße 2 stoßen. Hier führt ein Radweg in Richtung Bayreuth – links an der Hauptstraße entlang.

Kurz danach, etwa 200 Meter vor der Autobahnausfahrt Bayreuth Süd, führt ein Radweg über die Bundesstraße und leicht bergauf in ein weiteres Gewerbegebiet. Oben geht es geradeaus weiter auf einer Ortsverbindungsstraße nach **Meyernreuth**. Dort fahren wir wieder geradeaus (auch wenn vorhandene Markierungen nach rechts weisen). Etwa 200 Meter nach dem Ort knickt der Radweg rechts ab. Es geht abwärts, bis wir in einem Wohngebiet herauskommen (Spielstraße). Wir folgen dem Verlauf, bis wir die Frankenwaldstraße erreichen, halten uns links und treffen wieder auf die Markierungen »M« und »Fränkischer Gebirgsweg«. Kurz darauf erreichen wir eine große Ampelkreuzung (*Grunau-Hotel* liegt gegenüber), hier fahren wir links. Danach folgen wir den Markierungen halb rechts in die Wunaustraße. Schließlich erreichen wir die Eremitenhofstraße und fahren links. Hier sehen wir bereits die Ausläufer der Eremitage. Die Wanderwege führen rechts hinein. Wir dagegen bleiben auf der Straße und folgen der Beschilderung »Eremitage«. Nach circa 500 Metern erreichen wir in einer Linkskurve die Hauptzufahrt zur **Eremitage**. Wir haben damit die erste große Attraktion unserer Tour erreicht.

Nach einer längeren oder kürzeren Erkundung des Lustgartens der Markgräfin Wilhelmine finden wir uns an der oben genannten Linkskurve wieder und folgen ihr (Eremitagestraße). Es geht bergauf und bergab, bis wir den Roten Main erreichen und ihn überqueren. Gleich danach geht es links in das ehemalige Gelände der Landesgartenschau, das nun zur Wilhelminenaue geworden ist. Wir durchqueren die Anlage auf dem rechten Weg, der auch asphaltiert ist, passieren ein Wehr und kommen nach dem Auenpark auf einen Radweg, der am Main entlangführt. Nachdem wir das Eisstadion links liegen gelassen haben, erreichen wir eine Ampel an der B2 (Albrecht-Dürer-Straße). Wir überqueren diese und fahren dann links. Gleich darauf führt uns ein weiterer Radweg unter einer Eisenbahnbrücke hindurch zur Ringstraße. Wir folgen der Verkehrsachse (der Rote Main liegt einbetoniert rechts von uns), bis wir am Annecyplatz eine große Ampelkreuzung erreichen. Wir fahren links, am neuen Rathaus (»Beamtensilo« genannt) vorbei zum La-Spezia-Platz. Hier erneut links, und wir entdecken an der Einmündung der Opernstraße linker Hand die Tourist-Info, in der man sich angemessen über die zahlreichen Attraktionen der Stadt informieren kann.

Wir folgen der Opernstraße nach rechts und kommen mit dem Markgräflichen Opernhaus zu einer weiteren wichtigen Sehenswürdigkeit. An der nächsten Straße nach rechts und wir erreichen mit der Maximilianstraße den lang gezogenen Marktplatz. Kurz darauf kann rechter Hand das Alte Schloss bewundert werden. An der gegenüberliegenden Seite des Marktplatzes setzen wir unsere Tour nach einer kürzeren oder längeren Pause neben der Spitalkirche fort.

Es geht bergab und unten über eine große Ampelkreuzung. Links liegt das *Rotmaincenter*. Hinter dem gegenüberliegenden Multiplexkino (nach der Parkhauseinfahrt links) finden wir den Roten Main wieder, an dessen linkem Ufer der Radweg weitergeht. Wir passieren einige Sport- und Spielplätze. Nach einer Unterführung heißt es aufpassen, denn der Radweg zweigt rechts ab, und das Schild ist ziemlich zugewuchert. Wir erreichen den Ortsteil **Heinersreuth**, wo der Radweg rechts abknickt und am Ortsrand entlangführt. Kurz geht es neben der Bundesstraße weiter, dann führt uns die Markierung links nach **Unterwaiz**. Dann gleich wieder rechts, bergauf und wieder bergab nach **Altenplos**.

Bevor wir hier wieder auf die B85 treffen, zweigt der Radweg links ab. Schließlich geht es doch über die Hauptstraße, rechts und gleich wieder links (beim *Gasthof Moreth*). Über den Roten Main, geht es kurz darauf links und wir fahren auf einer idyl-

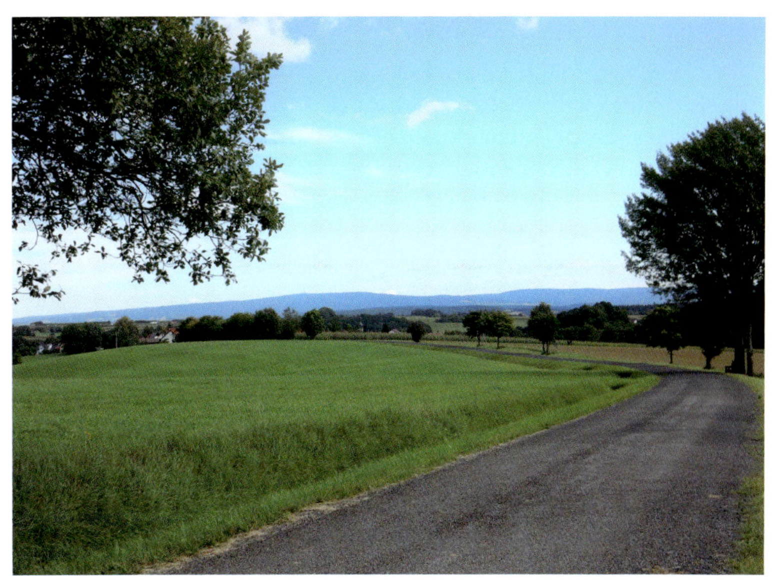

Das ferne Fichtelgebirge bietet ein schönes Panorama.

lischen Nebenstraße über **Dreschenau** nach **Neudrossenfeld**. Hier bis zu einer T-Kreuzung, wo wir links nach **Altdrossenfeld** fahren. Nach dem *Landhotel Schnupp* halbrechts abbiegen und dem Radweg circa zwei Kilometer folgen. Dann teilt sich dieser Weg, wir wählen den rechten mit der Angabe »Kulmbach 20 km«. Wir unterqueren kurz darauf die A70 und kommen nach Langenstadt, das unter anderem wegen seiner Tanzlinde und der schmucken Kirche einen Halt lohnenswert macht.

Weiter geht es auf einer bequemen Ortsverbindungsstraße nach **Dreschen**. Etwa einen Kilometer später zweigt der Radweg links ab (Richtung Melkendorf, Oberzettlitz), wir dagegen fahren geradeaus bis nach **Forstlahm**. Schließlich erreichen wir eine T-Kreuzung. Links liegt der *Gasthof Schramm*, noch davor biegen wir in die Straße »Gelbe Weiden« ein. Nach einer Unterführung wieder links und etwa parallel zur Hauptstraße durch ein Wohngebiet. Die Straße »Herlas« geht in die »Alte Forstlahmer Straße« über. Wir folgen dem Straßenverlauf bergab und bergauf (nun wird auch klar, warum **Kulmbach** schon zum Frankenwald gezählt wird). Immer der Vorfahrtsstraße nach erreichen wir schließlich eine große Ampelkreuzung. Wir fahren rechts und folgen dem rot geteerten Radweg immer weiter in Richtung Stadtmitte. Zwischendurch erblicken wir rechter Hand einen alten Straßenmarkt mit dem Zinsfelder Brunnen und dem rückwärtigen Ende der Fußgängerzone. Die Straße geht rechts weiter in Richtung »Plassenburg« und »Stadtmitte«, und alsbald erreichen wir den Marktplatz mit dem markanten Rokoko-Rathaus und dem Luitpoldbrunnen. Die Tourist-Info befindet sich in unmittelbarer Nähe in der Buchbindergasse 5.

Wem es nun noch nicht reicht, der fährt die »Obere Stadt« bergan und kann sich hinter der Petrikirche links an die Auffahrt zur **Plassenburg** machen. Allen anderen sei geraten, nun endgültig abzusitzen, denn wir haben das Ende dieser Tagesetappe erreicht. Die Plassenburg wird auch am morgigen Tage noch da sein …

Das gibt's zu sehen

Diese Tour quillt über vor Sehenswürdigkeiten und Besonderheiten. Es sollte daher wohlüberlegt sein, wann und wo man die sportliche Aktivität unterbricht und die Kultur zu ihrem Recht kommen lässt.

Bevor man richtig losfährt, kann man schon in **Creußen** eine vollständig erhaltene mittelalterliche Stadtmauer aus dem 14. Jahrhundert bewundern. Nur etwa 100 Jahre jünger ist die Stadtpfarrkirche **St. Jakobus**, sie zählt zu den ältesten Markgrafenkirchen der Region und wird wegen der zahlreichen Engelsfiguren von Elias Räntz auch als »Engelskirche« bezeichnet. Ebenso das **Alte Rathaus** mit seinen spätgotischen Brot- und Fleischbänken und das Krügemuseum sind eine Erwähnung wert.

Wir haben die Route extra vom Mainradweg abweichen lassen, um die **Eremitage** direkt in die Tour integrieren zu können. Der Lustgarten mit seinen zahlreichen Wasserspielen, Grotten und zwei Schlössern wird meist mit der in Bayreuth allgegenwärtigen Markgräfin Wilhelmine in Verbindung gebracht. Tatsächlich begann aber schon der vor ihr herrschende Markgraf Georg Wilhelm 1715 mit der Errichtung eines Sommerschlösschens mit Garten und Brunnenanlagen. Die Planungen stammten vom Hofbaumeister Elias Räntz (s. oben). Nachdem Markgraf Friedrich in Bayreuth das Ruder übernommen hatte, schenkte er die Eremitage 1735 seiner Gattin Wilhelmine (Schwester Friedrichs des Großen) – und nun gab es kein Halten mehr. Das Neue Schloss mit der Oberen Grotte, die Untere Grotte, die Eremitage des Markgrafen, das Ruinentheater und weitere Kleinarchitekturen aus der Zeit Wilhelmines prägen bis heute das Bild der Anlage. Gerade von Frühling bis Herbst bietet sich die Eremitage für Radwanderer als idealer Rastplatz an. Entweder verzehrt man die eigene Vesper in idyllischer Kulisse oder man nutzt das in der Orangerie des Neuen Schlosses untergebrachte Café bzw. das im Alten Schloss befindliche Restaurant. Die Wasserspiele an der Oberen und Unteren Grotte sind von Mai bis Oktober stündlich zu bewundern (Obere Grotte zur vollen Stunde, Untere Grotte zur Viertelstunde).

In der Stadt **Bayreuth** selbst müssen wir uns auf eine kleine Auswahl der unzähligen Sehenswürdigkeiten beschränken. Daher ist es ratsam, sich bei Ankunft in der Tourist-Info mit einem Stadtplan und, je nach Interessen, weiterem Material, auszustatten.

Eine der prominentesten Adressen ist das **Markgräfliche Opernhaus**, das sich nur einen Steinwurf von der Tourist-Info befindet und zwar in der Opernstraße 14. Das Haus gehört seit 2012 zum UNESCO-Weltkulturerbe und gilt als eines der schönsten Barocktheater Europas. Erbaut wurde es unter der Regie der kunstsinnigen Markgräfin Wilhelmine, die bisweilen auch selbst zu Feder und Notenblatt griff, um zu komponieren. Nach nur vier Jahren wurde es 1748 fertiggestellt. Der Entwurf stammte von Joseph Saint-Pierre, die spätbarocke Innenausstattung übernahm Giuseppe Galli Bibiena mit seinem Sohn Carlo. Das Markgräfliche Opernhaus besticht durch eine barocke Opulenz, die ihresgleichen sucht. Bis zum Frühjahr 2018 war das Haus wegen umfassender Sanierungs- und Renovierungsarbeiten geschlossen, nun kann es zum Glück wieder besichtigt werden.

Was Opern betrifft, so ist bekanntlich ein anderer Name für Bayreuth noch wichtiger. Das Festspielhaus liegt zu weit ab, um in die Tour integriert zu werden. Folgt man jedoch der Opernstraße weiter und biegt an der nächsten Sternkreuzung links in die Richard-Wagner-Straße ein (Fußgängerzone), so kommt man nach ca. 300 Metern zur **Villa Wahnfried**, dem Wohnhaus des weltberühmten Tonsetzers. Die Familie Wagner bewohnte das Haus bis in die 1960er-Jahre (Wieland Wagner im Haupthaus, Wolfgang Wagner im Gärtnerhaus rechter Hand, Winifred – die Mutter der beiden – im Gästehaus links). Die Häuser beherbergen drei Dauerausstellungen zu »Leben, Werk und

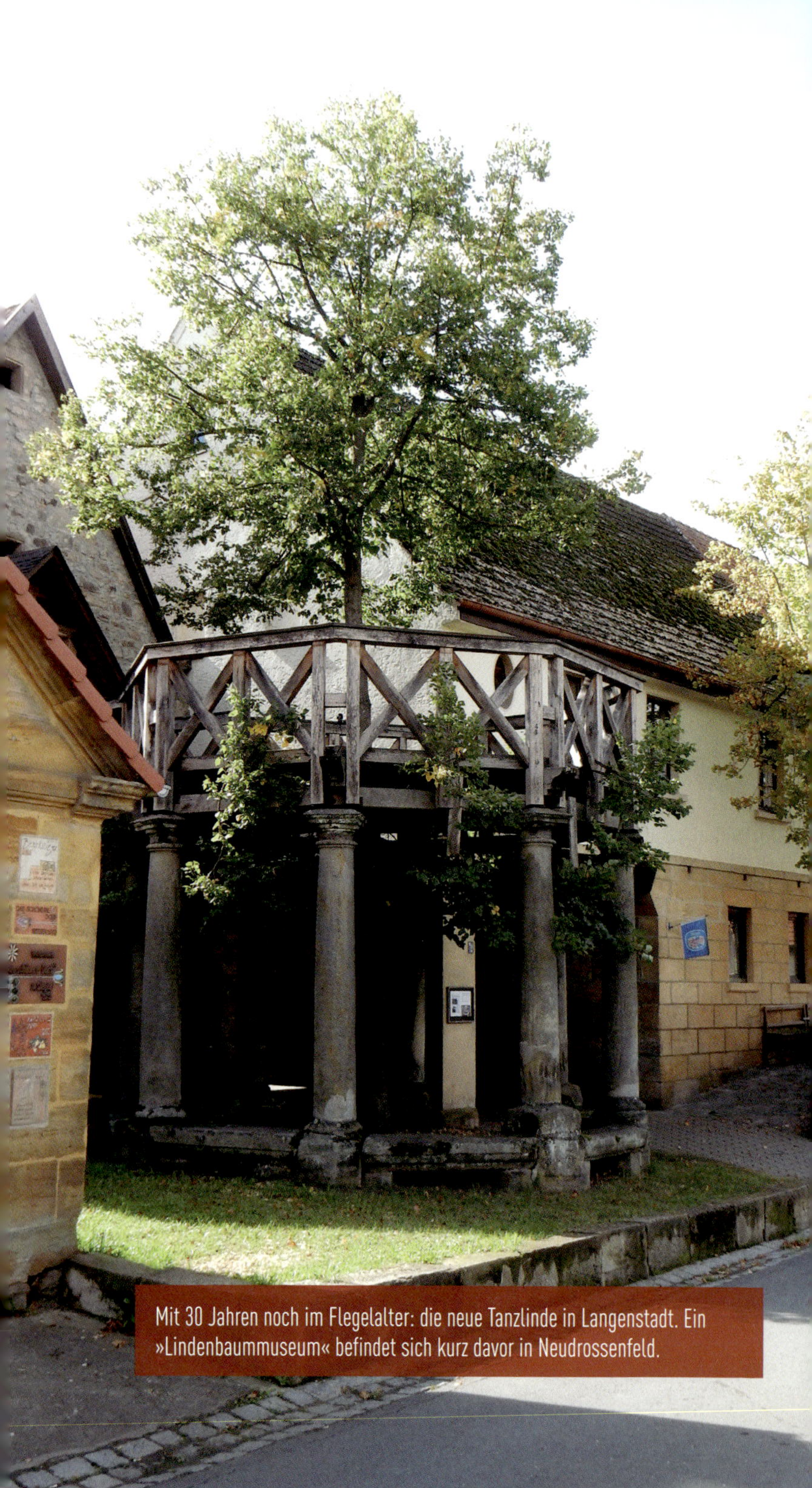

Mit 30 Jahren noch im Flegelalter: die neue Tanzlinde in Langenstadt. Ein »Lindenbaummuseum« befindet sich kurz davor in Neudrossenfeld.

Schaffen Richard Wagners«, zur »Aufführungsgeschichte der Bayreuther Festspiele« sowie zur »Ideologiegeschichte«, die sich mit der unrühmlichen Nähe der Wagner-Familie zu Hitler und dem Naziregime auseinandersetzt. Im Garten der Villa befindet sich außerdem das Wagner'sche Familiengrab und daneben die letzte Ruhestätte von Richards Lieblingshund »Russ«. Rechts davon ist der Durchgang zum Hofgarten.

Im Hofgarten halten wir uns rechts und bewegen uns auf das **Neue Schloss** zu. Es wurde errichtet, nachdem das Alte Schloss, das sich am Marktplatz befindet, 1753 einem Brand zum Opfer gefallen war. Eine Gelegenheit, die sich Markgräfin Wilhelmine nicht entgehen ließ, und so wurde bis 1764 in mehreren Bauabschnitten ein neues Domizil errichtet, das den gestalterischen Ansprüchen der Zeit ausgiebig Rechnung trug. Architekt war abermals der Hofbaumeister Joseph Saint-Pierre. In das Schloss wurden mehrere, bereits im Bau befindliche Projekte integriert, wie zum Beispiel die Grundmauern einer reformierten Kirche. Das Schloss gehört mit seinem üppigen Festsaal, dem »Palmenzimmer« oder auch dem erst später angegliederten »Italienischen Bau« zu den Hauptwerken deutscher Architektur des 18. Jahrhunderts. Es beherbergt reiche Schätze, darunter eine Staatsgemäldesammlung, die Bayreuther Fayencen sowie verschiedene Prunkräume wie das »Spiegelscherbenkabinett«.

Mit dem Neuen Schloss im Rücken wenden wir uns auf der Ludwigstraße nach links und kommen alsbald zur Friedrichstraße, somit zu einem geschlossenen Ensemble von barocken Bürgerhäusern und Palais. In der Friedrichstraße 23 treffen wir auf eine prominente Adresse authentischer Bayreuther Gastronomie: das **Manns Bräu**. Die Brauerei existiert zwar schon lange nicht mehr, und auch die Gaststätte war in der Vergangenheit länger geschlossen, bis die kleine Bayreuther Brauerei *Becher* der traditionellen Adresse neues Leben einhauchte. Die Speisekarte quillt nicht über, bietet aber vor allem für ausgezehrte Radler gute, bodenständige Küche zu moderaten Preisen. Das Manns-Bräu-Bier, das *Becher* wieder aufgelegt hat, ist darüber hinaus eine Empfehlung wert!

Folgt man der Friedrichstraße in nördlicher Richtung, so gelangt man über die Sophienstraße wieder auf den langgezogenen Bayreuther Marktplatz. Dort findet sich das Alte Rathaus aus dem 17. Jahrhundert, in dem sich seit 1999 das **Bayreuther Kunstmuseum** befindet. Der Schwerpunkt der Sammlungen liegt auf der Kunst des 20. Jahrhunderts. Liebhaber von Surrealismus, Expressionismus oder Konstruktivismus werden hier auf ihre Kosten kommen.

Nur einen kleinen Schlenker von unserer weiteren Route hinter dem Marktplatz entfernt liegt die **Bier-Erlebnis-Welt** der *Brauerei Maisel.* Der weit und breit größte Bierhersteller hat keine Kosten und Mühen gescheut, um Interessierten die Geheimnisse der Bierproduktion sowie die dazugehörige Geschichte näherzubringen. Bereits 1988 wurde das Brauereimuseum als umfangreichstes Biermuseum in das *Guinness-Buch der Rekorde* aufgenommen. Die Besichtigung des Museums ist nur im Rahmen von Führungen möglich, die für Einzelbesucher täglich um 14 Uhr und um 18 Uhr angeboten werden. Gruppenführungen ab zehn Personen sind zu individuellen Zeiten nach telefonischer Absprache buchbar. Sollten Hunger und Durst noch nicht gestillt worden sein, so findet sich hier auch eine passende Erlebnisgastronomie, die durch ihre schiere Größe jedoch etwas »un-individuell« anmutet.

Dieser kleine Ausschnitt soll für eine Durchfahrt durch Bayreuth genügen. Zahlreiche Attraktionen können wir an dieser Stelle nicht berücksichtigen, wie zum Beispiel das *Freimaurermuseum*, das *Schreibmaschinenmuseum*, das *Urwelt-Museum*

Eine von vielen Markgrafenkirchen am Obermain findet sich auch in Langenstadt.

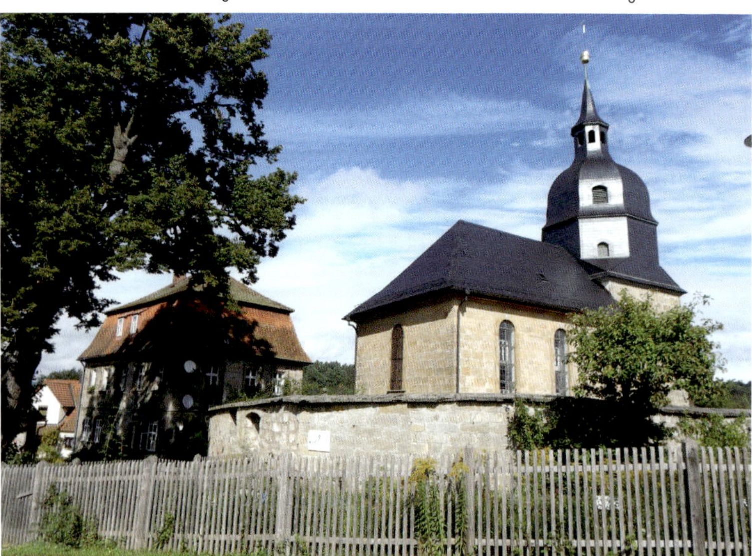

oder den netten kleinen Tiergarten am Röhrensee. Daher noch einmal der Hinweis auf die Tourist-Information. Uns zieht es nun aber weiter am Main entlang.

Auf dem weiteren Weg kommen wir durch einige idyllische Orte. Besonders erwähnenswert ist da **Neudrossenfeld**. Nicht nur kann der Ort mit einem imposanten Schloss, erbaut durch den Architekten Carl von Gontard, und einer sehenswerten Markgrafenkirche aufwarten. Auch setzt man hier mit dem **Bräuwerck** einen ehrgeizigen Plan in die Tat um. Ein ehemaliges Wirtshaus aus dem 17. Jahrhundert wurde samt Brauerei, Eishaus und Nebengebäuden saniert und zu einem kulturellen Zentrum ausgebaut, das sowohl Einheimischen wie auch Touristen angenehme Stunden bereiten soll. Brauerei und Gastronomie laufen seit einigen Jahren, geöffnet ist von Mittwoch bis Samstag ab 17 Uhr (an Sonn- und Feiertagen ab 11 Uhr). Eine Attraktion des neuen Ensembles ist auch das **Lindenbaummuseum**, das über die Geschichte von Tanz- und Gerichtslinden informiert, wie sie besonders zwischen Bayreuth und Kulmbach heute noch zu sehen und auch bisweilen noch in Gebrauch sind. Im weiteren Verlauf können wir im Neudrossenfelder Ortsteil Langenstadt eine solche Tanzlinde begutachten. Der ursprüngliche Baum musste wegen Altersschwäche gefällt werden, die »Nachfolgerin« ist zwar erst knapp dreißig Jahre alt, macht aber schon einen ganz kompetenten Eindruck.

Die Fahrt von Bayreuth nach Kulmbach ist gleichzeitig eine Zeitreise zurück in die Herrschaftsgeschichte hohenzoller'scher Markgrafen. Bevor nämlich die Residenz von Markgraf Christian 1604 nach Bayreuth verlegt wurde, war Kulmbach mit seiner Plassenburg das Zentrum der Macht. Auch in **Kulmbach** sei zunächst auf die Tourist-Information verwiesen, die sich unweit des Marktplatzes befindet.

Wichtigste Sehenswürdigkeit der Stadt ist fraglos die **Plassenburg**, die vom Markplatz aus über die »Obere Stadt« zu erreichen ist. Wer den Aufstieg bzw. die Auffahrt per Pedales scheut, findet am Zentralparkplatz die Haltestelle für den Bus, der die Plassenburg von April bis Oktober zwischen 8 Uhr und 17 Uhr zweimal pro Stunde anfährt (aktuelle Abfahrtszeiten besser vorab in der Tourist-Info erfragen).

Die Plassenburg ist eine Mischung aus mittelalterlicher Festung und Renaissanceschloss. Erstmals urkundlich erwähnt wurde sie 1135. Im Markgrafenkrieg wurde sie 1554 zu großen Teilen geschleift und später von Markgraf Georg Friedrich wiederaufgebaut. Sie besteht im Wesentlichen aus drei Bauabschnitten: Zunächst aus den Befestigungen und Wehranlagen, denen sich die Niederburg anschließt, und aus dem Kasernenhof, der einst die Aufgabe hatte, die Haupt- oder Hochburg zu sichern. Neben dem ehemaligen Getreidespeicher, dem Zeughaus und den Offizierswohnungen fällt der Christiansturm besonders auf, der mit seinem Portal in Form eines Triumphbogens Markgraf Christian ein angemessenes Denkmal setzen sollte. Weiter bergan erreichen wir schließlich die Hochburg mit dem von Arkaden gesäumten »Schönen Hof« – seine Schönheit rührt von zahlreichen Dekorationen, wie Putten, Wappen und Medaillons. Auch dazu gehören der tiefe Brunnen und die Burgkapelle mit ihrem markanten Eingangsportal. Die Plassenburg ist eine Attraktion als solche. Gleichzeitig beherbergt sie aber noch das *Deutsche Zinnfigurenmuseum* mit ca. 300.000 Einzelfiguren, das *Museum Hohenzollern in Franken*, das *Armeemuseum Friedrich der Große* sowie das *Landschaftsmuseum Obermain*. Es finden regelmäßig Führungen statt.

Eine weitere wichtige Sehenswürdigkeit in Kulmbach ist zum Beispiel der **Langheimer Amtshof**, ein Verwaltungsgebäude des wohlhabenden Zisterzienserklosters Langheim bei Lichtenfels, das Ende des 16. Jahrhunderts vom Barockarchitekten Johann Leonard Dientzenhofer entworfen wurde. Die Rückseite des Amtshofes ist Teil der ehemaligen Stadtmauer, wie auch der Weiße und der Rote Turm.

Da aber nicht nur der Geist, sondern auch der Körper Nahrung benötigt, sei in diesem Zusammenhang noch auf das **Kulmbacher Kommunbräu** hingewiesen. Die angeblich so reiche Kulmbacher Biertradition war schon früher mehr Marketingsache als Realität. Es sind schon lange nur noch vier Brauereien übrig, die heute alle zur *Kulmbacher Brauerei AG* gehören, einem Getränkekonzern mit über drei Millionen Hektolitern Gesamtausstoß im Jahr. Das *Kommunbräu* dagegen ist eine Neugründung aus dem Jahr 1994. Hier kann man in urig-geschmackvollem Ambiente ein nicht minder geschmackvolles Bier konsumieren (jeden Monat wird ein Spezialbier angeboten) und auch die Küche braucht sich nicht zu verstecken!

Veit Bronnenmeyer

Ausgewählte Adressen und Tipps

Creußen, www.stadt-creussen.de

Krügemuseum, Am Rennsteig 8, 95473 Creußen
Tel. 0 92 70/58 05, www.kruegemuseum.de
Ostern–Okt Mi, Sa u. So 10.00–12.00 u. 14.00–17.00
Nov–Ostern Sa 14.00–17.00, So 10.00–12.00 u. 14.00–17.00

Bayreuth, www.bayreuth-tourismus.de

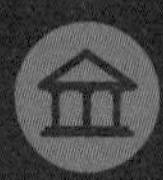

Eremitage, Eremitagestr. 4, 95448 Bayreuth
Tel. 09 21/7 59 69 37, www.schloesser.bayern.de
Apr–Sep 9.00–18.00, 1.–15. Okt 10.00–16.00, Mitte Okt–März geschlossen
Park ganzjährig geöffnet!

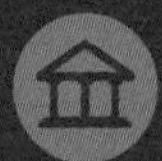

Markgräfliches Opernhaus, Opernstr. 14, 95444 Bayreuth
Tel. 09 21/7 59 69 22, www.schloesser.bayern.de
Apr–Sep tägl. 9.00–18.00, Okt–März tägl. 10.00–16.00

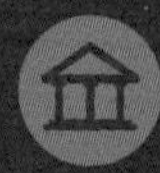

Haus Wahnfried, Richard-Wagner-Str. 48, 95444 Bayreuth
Tel. 09 21/7 57 28 16, www.wagnermuseum.de
Sep–Juni Di–So 10.00–17.00, Juli u. Aug tägl. 10.00–18.00

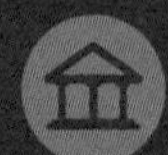

Neues Schloss und Hofgarten, Ludwigstr. 21, 95444 Bayreuth
Tel. 09 21/7 59 69 21, www.schloesser.bayern.de
Apr–Sep tägl. 9.00–18.00, Okt–März tägl. 10.00–16.00

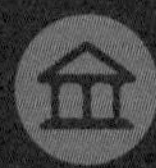

Kunstmuseum Bayreuth, Maximilianstr. 33, 95444 Bayreuth
Tel. 09 21/7 64 53 10, www.kunstmuseum-bayreuth.de
Di–So 10.00–17.00, Juli u. Aug (Festspielzeit) tägl. 10.00–17.00

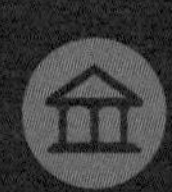

Maisel's Bier-Erlebnis-Welt, Andreas-Maisel-Weg 1, 95445 Bayreuth
Tel. 09 21/40 12 34 www.biererlebniswelt.de
Gastronomie: Liebesbier, Andreas-Meisel-Weg 1, 95445 Bayreuth
Tel. 09 21/46 00 80 20, www.liebesbier.de, Mo–Fr 8.30–24.00, Sa, So u. Fei 9.30–24.00

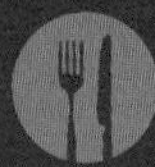

Manns Bräu, Friedrichstr. 23, 95444 Bayreuth
Tel. 0151/1 55 58 36 3
Mo–So 9.00–0.00

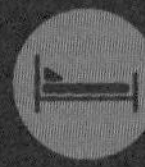

Gasthof Kolb, Wendelhöfen 8, 95445 Bayreuth
Tel. 09 21/2 42 16, www.gasthof-kolb-bayreuth.de
Fahrradfreundlicher Betrieb

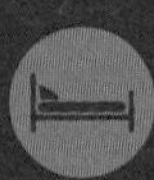

Jugendherberge Bayreuth, Universitätsstr. 28, 95447 Bayreuth
Tel. 09 21/76 43 80, www.bayreuth.jugendherberge.de
Fahrradfreundlicher Betrieb

Neudrossenfeld, www.neudrossenfeld.de

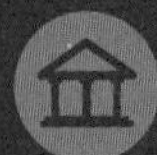

Lindenbaummuseum, Marktplatz 2c, 95512 Neudrossenfeld
Tel. 0 92 03/99 30 (Gemeinde), Di–So 11.00–17.00

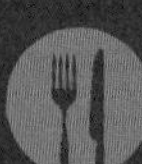

Bräuwerck, Marktplatz 2a, 95512 Neudrossenfeld
Tel. 0 92 03/9 73 65 15, www.braeuwerck.de
Di–So 11.00–23.00, gesonderte Winteröffnungszeiten beachten

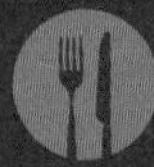

Hotel-Restaurant-Café Bergmühle, Bergmühlgasse 2, 95512 Neudrossenfeld
Tel. 0 92 03/66 44, www.bergmühle.de
Fahrradfreundlicher Betrieb

Kulmbach, www.kulmbach.de

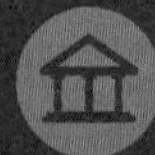

Plassenburg, Festungsberg 26, 95326 Kulmbach
Tel. 0 92 21/82 20 0, www.plassenburg.de
Apr–Okt tägl. 9.00–18.00, Nov–März tägl. 10.00–16.00

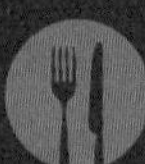

Kulmbacher Kommunbräu, Grünwehr 17, 95326 Kulmbach
Tel. 0 92 21/8 44 90, www.kommunbraeu.de
Mo, Mi–So 10.00–23.00

Hotel Kronprinz, Fischergasse 4–6, 95326 Kulmbach
Tel. 0 92 21/9 21 80, www.kronprinz-kulmbach.de
Fahrradfreundlicher Betrieb

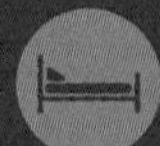

Taste Hotel Kulmbach, Luitpoldstr. 2, 95326 Kulmbach
Tel. 0 92 21/60 30,
www.taste-hotels.de/taste-hotel-kulmbach-wandern-radfahren-museen-kultur/
Fahrradfreundlicher Betrieb

Fahrradservice und E-Bike-Verleih

Radgarten, Friedrichstr. 40, 95444 Bayreuth
Tel. 09 21/1 69 19 01, www.radgarten.de

Zweirad Frenzel, Markgrafenallee 42, 95448 Bayreuth
Tel. 09 21/2 24 72, www.zweirad-frenzel.de

Eldorado, Bayreuther Str. 40, 95326 Kulmbach
Tel. 0 92 21/6 47 79, www.eldorado-kulmbach.de

Icehouse, Fritz-Hornschuch-Str. 7, 95326 Kulmbach
Tel. 0 92 21/ 82 70 71, www.icehouse-sports.de

3 Obermain katholisch – durch die Lande der Fürstbischöfe

Entlang des Mains von Kulmbach nach Bamberg

Diese Tour ist die Fortsetzung der ersten Obermaintour von der Rotmainquelle bis Kulmbach (s. S. 20). Sie kann aber natürlich auch ohne den ersten Teil gefahren werden. Dies bietet sich vor allem dann an, wenn man auf Steigungen weitgehend verzichten möchte. Die leichteren topografischen Gegebenheiten gehen dabei aber etwas auf Kosten der Abwechslung. Davon gibt es allerdings dennoch ausreichend im »Gottesgarten« und am Schlusspunkt der Route in der Weltkulturerbe-Stadt Bamberg. Die Gesamtstrecke dieser Tour sollte trotz des ebenen Verlaufs nicht unterschätzt werden!

INFO

Die Strecke: Kulmbach – Burgkunstadt – Lichtenfels – Bad Staffelstein – Hallstadt – Bamberg
Länge: Ca. 72 km
Markierung: Mainradweg (Radwegmarkierung Grün auf Weiß)
Einstiegspunkt: Kulmbach, Bahnhof oder Marktplatz
Anreise mit ÖPNV: Mit RE oder RB bis Kulmbach
Rückfahrt mit ÖPNV: Mit der Bahn ab Bamberg, aber auch ab Lichtenfels oder Bad Staffelstein
Wetter: Immer in der Fahrradsaison; allerdings wenig Schatten, daher eher nicht im Hochsommer
Schwierigkeitsgrad: Mittelschwer, kaum Steigungen, dafür relativ lange Strecke
Für Familien: Nur mit fahrradbegeisterten und konditionsstarken Kindern machbar; entlang der Strecke sind ausreichend Einkaufs- und Einkehrmöglichkeiten vorhanden
Übernachtung: In Burgkunstadt, Michelau, Bad Staffelstein oder Bamberg, s. S. 51ff.

Hier geht's lang

Sei es mit Erkundung der Plassenburg oder ohne – wir starten am nächsten Tag wieder am **Marktplatz** (wer die »evangelische Tour« von der Rotmainquelle nicht gemacht hat und/oder hier am Bahnhof die Fahrt beginnt, nimmt die vom Vorplatz geradeaus abgehende Fritz-Hornschuch-Staße, sodann links über Kressenstein und Holzmarkt und dann rechts durch die Kloster- und Buchbindergasse zum Marktplatz). Den Marktplatz verlassen wir so, wie wir am Vortag angekommen sind. Also über die Klostergasse und Kressensteinstraße. Diese geht nach dem *Cineplex*-Kino in die Pestalozzistraße über. Nach circa 200 Metern biegen wir rechts in die Lichtenfelser Straße ein. Diese führt uns unter anderem an der Kulmbacher Großbrauerei und dem Berufsschulzentrum vorbei, bis wir auf die B85 treffen (»Am Kreuzstein«). Hier finden wir auch die Weißmainradweg-Markierung und fahren rechts über eine Bahnbrücke. Danach geht es zweimal rechts und unter der besagten Brücke wieder durch. Wir fahren entlang der Vorwerkstraße parallel zur Bahntrasse durch ein ausgedehntes Gewerbegebiet und erreichen schließlich den Stadtrand.

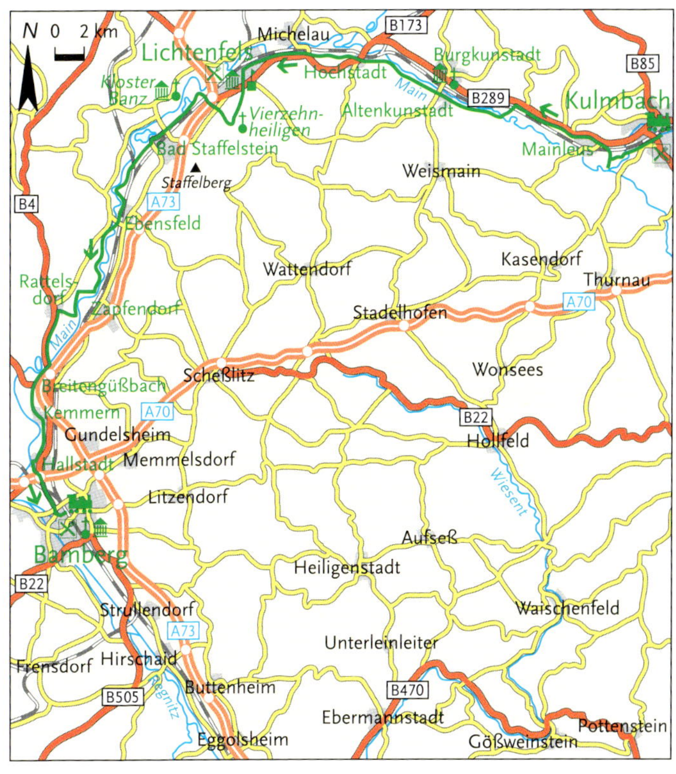

Wir überqueren nun erstmals den Weißen Main, bevor wir abermals in ein Gewerbegebiet kommen. Hier führt uns der Radweg nach links ins **Naherholungsgebiet »Mainaue«**. Wir fahren linker Hand an einem See entlang und vor einer Brücke nach rechts. Kurz darauf geht es an einer Gabelung nach links zum Mainzusammenfluss, den wir einige Hundert Meter später erreichen. Neben einem Rastplatz gibt es hier unter anderem ausführliche Infotafeln zum Main. Auch die Farbgebungen »Rot« und »Weiß« können ergründet werden.

Um unseren Weg fortzusetzen, müssen wir uns alsdann zurück zur oben genannten Gabelung begeben und nun den anderen Weg (rechts) weiterfahren. Nach Verlassen des Naherholungsgebietes kommen wir an eine T-Kreuzung. Hier nicht dem Hauptweg nach rechts folgen, sondern halblinks weiter – und so kommen wir alsbald an den Ortsrand von **Mainleus**. Wir fahren weiter auf dem »Kirchenweg« (nicht der Radwegmarkierung folgen, die nach links weist!), bis wir an einer Kreuzung die Pölzer Straße erreichen. Hier nach rechts und nach circa 100 Metern links auf die Hauptstraße abbiegen. Wir verlassen den Ort, überqueren eine Bahnbrücke und erreichen kurz darauf die B 289. Jenseits führt ein Radweg an der Bundestraße entlang, kurz darauf halten wir uns rechts und fahren in den Ort **Schwarzach**.

Wir folgen der Hauptstraße an der Kirche geradeaus weiter in Richtung Burgkunstadt, kommen so wieder auf die Bundesstraße und folgen dem daneben verlaufenden Radweg durch die Ortschaften **Fassoldshof** und **Rothwind** (nicht von abknickenden Radwegmarkierungen beirren lassen, sondern weiter an der Bundesstraße) bis **Mainroth**. Gleich am Ortseingang zweigt der Radweg in Richtung Burgkunstadt links ab, wir tun es ihm nach. Es geht an den Bahnschienen entlang bis **Mainklein**, wo wir erfreulicherweise wieder mit dem Mainradweg zusammentreffen.

Wir durchqueren Mainklein, fahren wieder parallel zu den Bahngleisen und erreichen bei einem Gewerbegebiet die Ausläufer von **Burgkunstadt** (Achtung: Radweg knickt nach rechts ab, dieser Markierung müssen wir folgen). An einer Ampelkreuzung erreichen wir die Hauptstraße (B 289) und halten uns links. Gleich danach führt uns der Weg wieder links Richtung Lichtenfels. Wer jedoch in den Ort hinein will, fährt hier geradeaus und die nächste Straße rechts in Richtung Stadtmitte (aber Vorsicht, zum Marktplatz geht es steil bergauf!).

Für die weitere Route folgen wir der genannten Beschilderung (Weismainer Straße) entlang des Mains nach **Altenkunstadt**; hier geht's an einer Ampelkreuzung nach rechts. Wir kommen nach **Strössendorf**, nehmen die Vorfahrtsstraße, fahren an einem kleinen Schloss vorbei und durch den Ort. Nun aufpassen: Der Radweg zweigt nach einer rasanten Abfahrt unvermittelt in einen unbefestigten Waldweg ab. Bei **Burgstall** verlassen wir den Wald wieder, durchqueren den Ort und erreichen als Nächstes Hochstadt am Main.

Hier sogleich rechts der Markierung nach Lichtenfels folgen. Wir kommen an die Hauptstraße, fahren rechts über eine Bahnbrücke, gleich danach wieder links und wieder rechts. Am Main entlang erreichen wir dann **Schwürbitz**. Hier an der Hauptstraße links und wieder aus dem Ort hinaus. An einem Badesee vorbei kommen wir so nach **Michelau**. Hier folgen wir dem Mainradweg nach links über den Main. Nach einer weiteren Brücke biegen wir rechts ab und fahren wieder an der Bahnlinie entlang. Nach etwa zwei Kilometern kommen wir so an die Peripherie von **Lichtenfels**. Wir folgen der Straße, an einer Kreuzung geht es links,

Lässt sich bis ins 12. Jahrhundert zurückverfolgen: das Schloss in Strössendorf

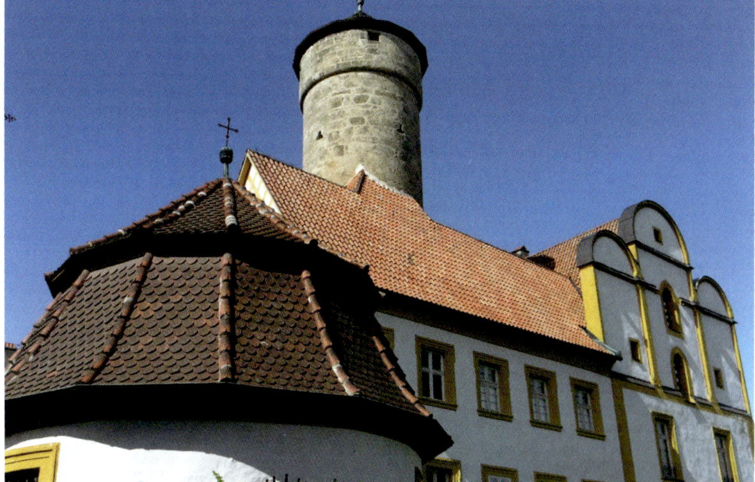

leicht bergan wieder über die Bahnstrecke und dann rechts. In der Ferne sehen wir Kloster Banz. Wir fahren entlang der Radwegmarkierungen weiter bis in die Stadtmitte.

Am schmucken Marktplatz von Lichtenfels setzen wir unsere Tour fort. Ein origineller Wegweiser weist unter anderem in Richtung Vandalia (8214 km). Diese Richtung wählen wir auch und verlassen den Marktplatz durch das Untere Tor, wo wir auch den Radwegweiser in Richtung Bamberg wieder zu Gesicht bekommen. Wir fahren stadtauswärts, bei einer Ampelkreuzung geht es links in die Viktor-von-Scheffel-Straße, kurz darauf rechts in die Konrad-Adenauer-Straße, unter der B 173 durch und dann rechts in die Siedlerstraße. Kurz darauf knickt die Straße rechts ab, wir fahren geradeaus weiter auf einen asphaltierten Feldweg (ausgeschildert ist hier auch ein Wanderweg nach Vierzehnheiligen). Nach einem guten Kilometer zweigt der Radweg rechts ab, geradeaus geht es weiter zur **Wallfahrtskirche Vierzehnheiligen**. Diesen Abstecher sollte man sich leisten, er ist auch ein paar Hundert Meter später noch einmal möglich. Vor Grundfeld führt noch einmal eine Fahrstraße zur Kirche.

Wir durchqueren **Grundfeld**, an der Hauptstraße geht es kurz links und dann wieder rechts über die A 73. Nun auf das Kloster Banz zu, an einer T-Kreuzung geht es links und nach Schönbrunn hinein. Im Ort geht es links über eine Bahnbrücke und dann gleich wieder rechts. Links von uns liegt nun der Staffelberg fast auf gleicher Höhe. Kurz nach dem Ortsanfang führt uns der Weg unter eine Bahnunterführung hindurch. Wer den Ort besichtigen möchte, muss nun nach links fahren. Der Radweg führt dagegen nach rechts und über einen Kreisverkehr in Richtung der *Obermain Therme*.

Wir fahren an den Kuranlagen vorbei, die Straße knickt alsbald rechts ab, wir folgen dem Radweg nach links, kommen an der Feuerwache vorbei und treffen dann auf die Bahnlinie. Einen guten Kilometer später unterqueren wir die Bahngleise und kommen nach längerer Trennung wieder mit dem Main zusammen, es geht nach links. Nach einem weiteren Kilometer durch Felder und Wiesen am Fluss entlang erreichen wir eine alte Ortsverbindungsstraße. Wir halten uns rechts und durchqueren die Ortschaft **Niederau**.

Einen knappen Kilometer später kommen wir nach **Ebensfeld**. Wir folgen der Radwegmarkierung; ungefähr auf Höhe des

Bahnhofs ist etwas Aufmerksamkeit von Nöten, da der Radweg rechts in die Straße namens »Gries« abzweigt. Kurz darauf überqueren wir den Main und streifen das Örtchen **Oberbrunn**, an der Ortsverbindungsstraße entlang kommen wir nach **Unterbrunn**. Hier führt uns die Radwegmarkierung kurz nach dem Ortseingang links. Über einen holprigen Wirtschaftsweg kommen wir zu einem See und halten uns rechts. Für etwa drei Kilometer fahren wir jetzt durch eine Landschaft aus Baggerseen, die von dem früher in dieser Region eifrig betriebenen Sand- und Kiesabbau stammen. Aktuell werden die Gewässer durch ein EU-Förderprogramm stärker naturiert, was sich langfristig sicher auszahlen wird, vorerst aber erst mal eine weniger schöne Baustellenatmosphäre nach sich zieht.

Bei **Zapfendorf** kommen wir schließlich an eine Ortsverbindungsstraße und fahren rechts in Richtung Bamberg und Rattelsdorf. Etwas öde geht es zwei Kilometer weiter, bis eine Nebenstraße nach links in Richtung **Ebing** weißt. Dort treffen wir auf den Marktplatz und fahren nach rechts in Richtung **Rattelsdorf**, dessen Ausläufer wir kurz darauf erreichen. Nicht lange nach dem Ortseingang zweigt der Radweg halbrechts ab, führt bergan auf eine Brücke und sodann links in den Ortskern hinein. Vom recht ansehnlichen Marktplatz in Rattelsdorf folgen wir weiter den Radwegmarkierungen in Richtung Bamberg und Breitengüßbach. Am Ortsende treffen wir auf die B4 – und fahren rechts auf einen parallel verlaufenden Radweg. Wieder passieren wir einige Baggerseen; der Fluss rechts von uns ist übrigens nicht der Main, sondern die Itz, die kurz darauf in den Main mündet. Nach circa drei Kilometern überqueren wir zunächst den Main, unterqueren dann die A73 und finden uns kurz darauf in **Breitengüßbach** wieder.

Hier fahren wir bis zur Kirche, dann rechts und gleich wieder links in die Baunacher Straße. Es folgt eine weitere Rechts-Links-Kombination (gut auf die Markierungen achten!) und wir verlassen den Ort durch ein Mischgebiet. Es geht geradeaus, wieder unter der Autobahn durch, auf einen unbefestigten Feldweg in Richtung **Kemmern**, das wir kurz darauf auch erreichen. In Kemmern geht es sogleich nach rechts durch ein Wohngebiet bis zu einer T-Kreuzung, hier fahren wir links und folgen dem Straßenverlauf bis zur Hauptstraße. Es geht vorbei an einem Kindergarten und einer Schule – bis zum Marktplatz.

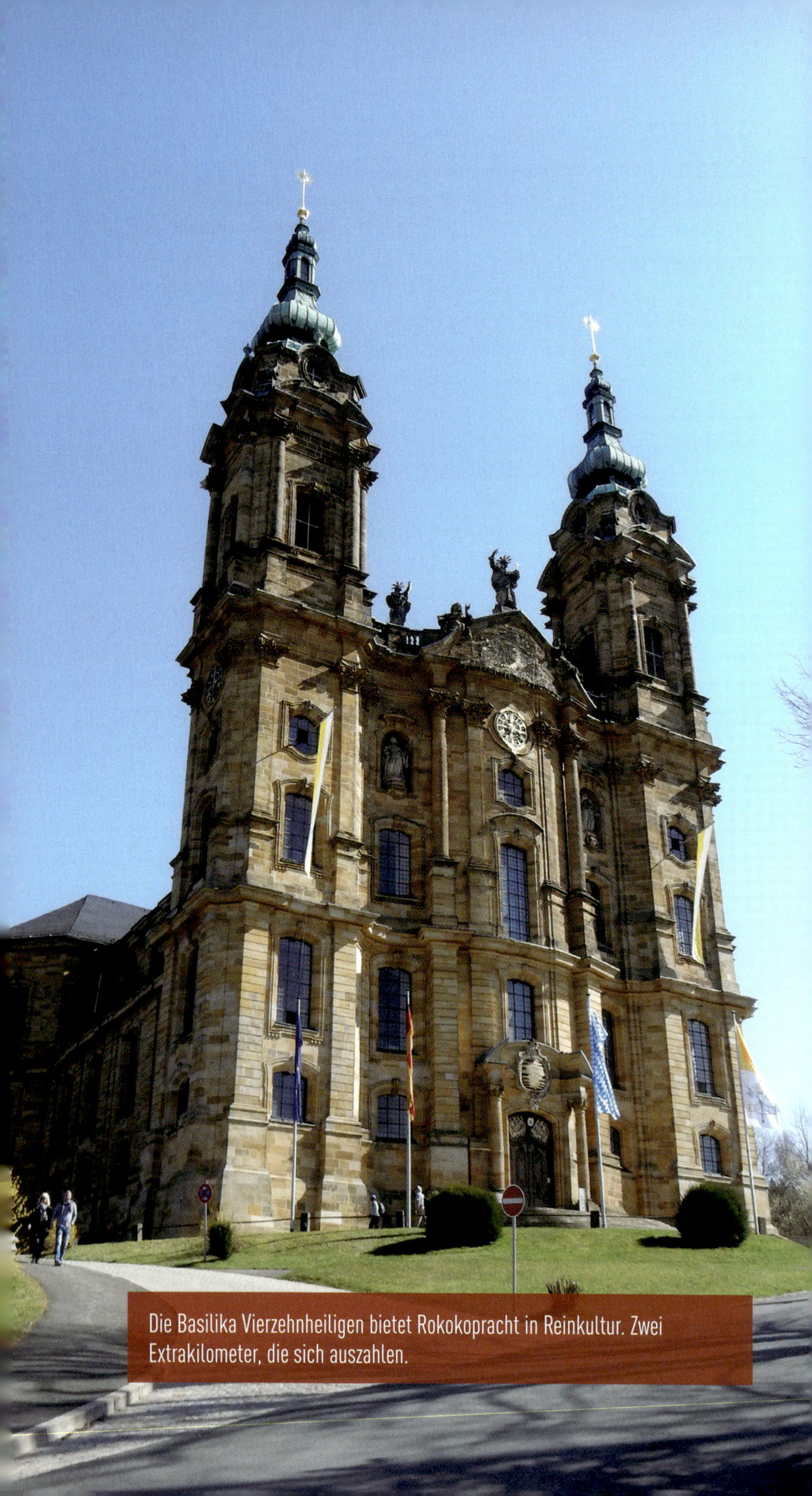

Die Basilika Vierzehnheiligen bietet Rokokopracht in Reinkultur. Zwei Extrakilometer, die sich auszahlen.

Diesen überqueren wir, bis wir rechter Hand zu einer Brücke kommen. Hier wird Bamberg zweifach ausgeschildert, wir wählen den Weg geradeaus am Main entlang.

Nach knapp zwei Kilometern sind wir schließlich am Ortsrand von **Hallstadt**, das direkt an **Bamberg** anschließt. Die Markierung weist uns nach rechts zu einem Bachlauf, diesem entlang geht es nach einem halben Kilometer um 90 Grad nach links, an dem barocken Mainschlösschen vorbei. Wir folgen nun streng der Markierung, bis wir am Ortstrand auf ein kleineres kastenförmiges Hotel treffen, das *Bamberg Inn*. Hier führt der Radweg (ohne Markierung) links und gleich wieder rechts. Wir unterqueren nun die A73, kurz darauf gabelt sich der Radweg, geradeaus kommt man auf schnellster Strecke zum Bahnhof. Wer jedoch lieber die Stadt besichtigen möchte, hält sich rechts in Richtung Stadtmitte. Wir überqueren die Bahngleise und sehen erst mal ein Bamberg-Panorama vor uns, sodann halbrechts unter der Straße durch. Wir sind nun in Bamberg an der Hallstadter Straße. Eine Radwegmarkierung versucht, uns nach rechts in die Dürrseestraße in ein Gewerbegebiet zu locken. Wir jedoch widerstehen dieser »Versuchung« und fahren stur an der Hallstadter Straße stadteinwärts. Wir passieren einen alten Friedhof, an dessen Ende die Hallstadter Straße in die Siechenstraße übergeht. Bei der Ottokirche erreichen wir eine große Ampelkreuzung, hier beginnt der innere Kern der Bamberger Altstadt. Wir fahren geradeaus, die Siechenstraße wird alsbald zur Königstraße. Die sogenannte Kettenbrücke führt schließlich über den Main-Donau-Kanal bzw. den rechten Regnitzarm in die Innenstadt – Sie haben Ihr Ziel erreicht!

Das gibt's zu sehen

Der Verlauf der Tour bis Lichtenfels ist zunächst etwas weniger spektakulär. **Burgkunstadt** ist dann wieder einige Erwähnungen wert. Um 830 wurde hier bereits eine Burganlage errichtet. Auf dem Felssporn oberhalb des Maintals befindet sich heute die Oberstadt mit dem historischen Marktplatz. Dieser wird von dem markanten **Rathaus** beherrscht, einem Bau aus dem Jahre 1690. Erdgeschoss und erster Stock sind die Reste des Bergfrieds der ehemaligen Burg, darauf befinden sich zwei Stockwerke mit reichlich verziertem Fachwerk. Das Gesamtensemble wird komplettiert durch die katholische Pfarrkirche, den Pfarrhof, die Nepomukstatue und das Burckhard-Haus. Am Marktplatz sowie vor allem in der Kulmbacher Straße befinden sich zahlreiche sehenswerte Fachwerkhäuser aus dem 18. und 19. Jahrhundert.

Last but not least sei noch das **Deutsche Schustermuseum** erwähnt, das sich am Marktplatz Nr. 1 befindet. Vom Ende des 19. Jahrhunderts bis in die 1960er-Jahre hinein war Burgkunstadt neben Pirmasens und Hauenstein das Zentrum der deutschen Schuhindustrie. Rund 2.300 Beschäftigte fertigten bis zu 14.000 Paar Schuhe täglich. 1990 schloss mit der *Schuhfabrik Obermain* der letzte Betrieb seine Pforten, die Konkurrenz aus Billiglohnländern war zu groß geworden. Bereits 1986 wurde mit der Einrichtung des Museums begonnen, das heute in einer historischen Schusterstube, einer Maschinenhalle und einer Modellabteilung alles Wichtige über die große Geschichte des Schuhwerks in der Stadt zeigt.

Was für Burgkunstadt die Schuhe, waren für **Lichtenfels** die Körbe. Wobei die Stadt eher das Handelszentrum war, produziert wurden die Korbwaren in Heimarbeit seit Ende des 18. Jahrhunderts in Dörfern um Ortschaften außerhalb. Nach dem Ersten Weltkrieg legte sich Lichtenfels den Titel **Deutsche Korbstadt** zu. Heute werden die Körbe aber nur noch importiert, die Produktion ist nahezu ausgestorben. Trotzdem ist die einzige deutsche Berufsfachschule für Flechtwerkgestaltung noch in Lichtenfels ansässig, der größte Korb der Welt steht im Sommer vor dem Rathaus, und der Korbmarkt am zweiten oder dritten Septemberwochenende ist von überregionaler Bedeutung und erfreut sich großer Beliebtheit (Näheres unter www.korbmarkt.de).

Das **Deutsche Korbmuseum** steht jedoch nicht in Lichtenfels sondern ein paar Kilometer davor in **Michelau**. 2.000 Exponate aus aller Welt belegen hier die eindrucksvolle Vielfalt des Flechthandwerks. Etwa von April bis September kann man samstags zwischen 13.30 und 16.30 in der »Lebenden Werkstatt« den besten Korbflechtern der Region bei der Arbeit zusehen.

Darüber hinaus verfügt Lichtenfels selbstverständlich auch über zahlreiche sehenswerte Baudenkmäler, die sich überwiegend um den Marktplatz gruppieren, wie bspw. den Oberen Torturm, das Bamberger Tor, das Rathaus, die ehemalige Stadtapotheke oder das Pfarrhaus. Besonders erwähnenswert ist noch das markante **Stadtschloss**, ein ehemaliger Adelssitz, der 1555 gegen den Willen der Bevölkerung errichtet wurde. Das Dachgeschoss des Schlosses wird heute für wechselnde Kunstausstellungen genutzt. Nähere Informationen dazu und zu allen anderen Fragen zum Fremdenverkehr bietet selbstredend die Tourist-Information, die sich ebenfalls am Marktplatz befindet.

Die Gegend zwischen Lichtenfels und Ebensfeld wird auch als **Gottesgarten** bezeichnet. Verantwortlich dafür ist zum einen das Dreigestirn aus der Wallfahrtsbasilika Vierzehnheiligen, dem ehemaligen Benediktinerkloster Banz und dem Staffelberg. Zum anderen geht der Begriff auf Viktor von Scheffel zurück, der in der dritten Strophe seines *Frankenliedes* dichtete: »Wallfahrer ziehen durch das Tal / mit fliegenden Standarten. / Hell grüßt ihr doppelter Choral / den weiten Gottesgarten.«

Die **Basilika Vierzehnheiligen** liegt praktisch direkt an unserem Weg, der Schlenker von einem Kilometer sollte unbedingt vollzogen werden, wenn man dieses Bauwerk bislang noch nicht gesehen hat. Die Basilika wurde zwischen 1743 und 1772 nach Plänen von Balthasar Neumann erbaut und den vierzehn Nothelfern geweiht. Die Außenfassade gilt als eine der imposantesten

Beistand in allen Lebenslagen: die 14 Nothelfer am Gnadenalter

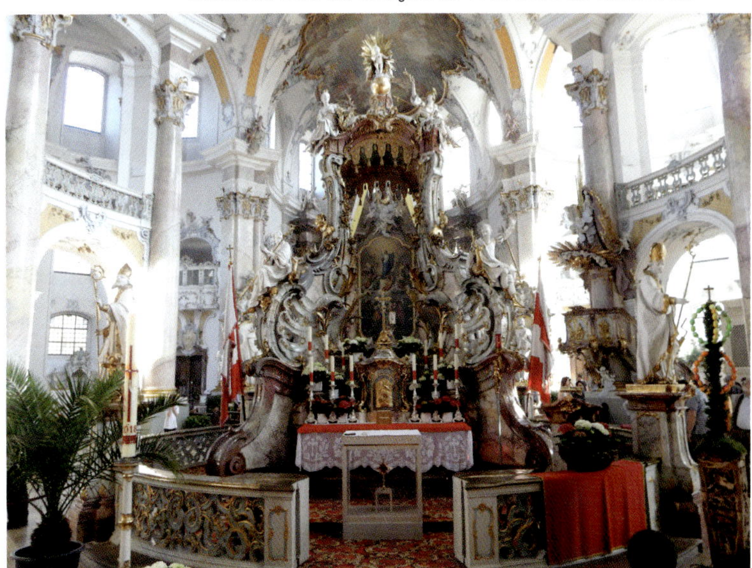

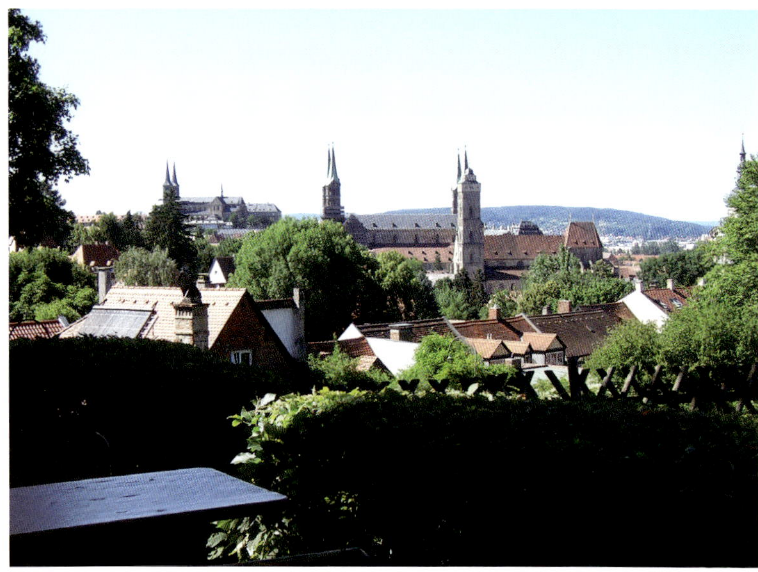

Kostet nur ein Bier: der grandiose Blick vom »Spezikeller« in den Domgrund

des Barockzeitalters. Noch beeindruckender ist allerdings die Innenarchitektur mit unzähligen Malereien und Stuckaturen im Geist des Rokoko. Höhepunkt im Inneren ist der dreistöckige Gnadenaltar, der frei in der Mitte des Langhauses steht. Die vierzehn Nothelfer sind am Altar in alle vier Himmelsrichtungen angeordnet. Die Eisenbarth-Chororgel sowie die mächtige Rieger-Orgel sind zwei weitere beeindruckende Ausstattungsmerkmale.

Die Basilika ist nach wie vor Ziel zahlreicher Wallfahrten. Zur Betreuung der Wallfahrer existiert noch ein kleines Franziskanerkloster. Neben Gottesdiensten gibt es von Mai bis August jeden Freitag um 15 Uhr kostenlose Orgelkonzerte. Geöffnet ist die Basilika in dieser Zeit bis 19 Uhr, in den Monaten Oktober bis April bis 17 Uhr.

Das auf der anderen Mainseite gegenüberliegende **Kloster Banz** ist eine ehemalige Benediktinerabtei und seit 1978 im Besitz der *Hanns-Seidel-Stiftung*, die es vor allem als Tagungszentrum nutzt. Die Gründung des Klosters geht auf das 11. Jahrhundert zurück. Nach dem Dreißigjährigen Krieg musste es neu errichtet werden, hierfür wurden die damaligen Stararchitekten Leonhard und Johann Dientzenhofer gewonnen. Die Bauarbeiten begannen 1698 und endeten 1719. Im Gegensatz zu Vierzehnheiligen haben wir es hier also noch nicht mit Rokoko zu tun, sondern mit süddeutschem Barock. Die Kirche von Banz steht der inneren Opulenz von der anderen Mainseite dabei aber in nichts nach. Altare, Statuen, Fresken und sogar das Chorgestühl sind zweifellos Meisterwerke ihrer Zeit.

Das Museum des Klosters unternimmt eine ausgiebige Darstellung seiner Geschichte, außerdem enthält es eine historische »Petrefaktensammlung« (Fossilien) und die »Orientalische Sammlung« des Herzogs Maximilian in Bayern. Da Banz aber doch etwas abseits unserer Route liegt, sollte ein Abstecher gut überlegt und eingeplant sein.

Der **Staffelberg** schließlich ist für Radwanderer am Main auch nicht das ideale Ziel. Dennoch wollen wir ihn ob seiner historischen Bedeutung nicht verschweigen. Er ist – wie auch das Walberla – ein Tafelberg, also eine Erhebung mit einer größeren Gipfelebene und steilen Hängen. Durch diese Topografie eigneten sie sich schon immer gut für Besiedlungen. Beim Staffelberg geht man davon aus, dass ab 5.000 v. Chr. bis ins 5. Jahrhundert mehrere unterschiedliche Ansiedlungen bestanden. In der Zeit zwischen 450 bis 50 v. Chr. soll hier das keltische Oppidum »Menosgada« gelegen haben, das mit einer 2,8 Kilometer langen Schutzmauer umgeben war. Im frühen Mittelalter befanden sich germanische Burganlagen auf dem Gipfel. Später wurde eine Kirche zu Ehren der heiligen Adelgundis errichtet, die im Bauernkrieg zerstört und nach dem Dreißigjährigen Krieg neu errichtet wurde. Von 1696 bis 1929 bewohnten Eremiten eine Klause neben der Kapelle. Heute bietet die *Staffelberg-Klause* den ausgezehrten Wanderern Speis und Trank.

So, jetzt wird's richtig schwer: Nachdem die bisherigen Stationen unserer Tour schon nicht gerade arm an Geschichte und Sehenswürdigkeiten waren, ist die Altstadt von **Bamberg** mit der Bergstadt, der Inselstadt und der Gärtnerstadt als Weltkulturerbe eine einzige, komplexe Attraktion (s. auch S. 112ff.). Hier können nur höchst subjektiv einige Highlights empfohlen werden. Einen Gesamtüberblick verschafft man sich dagegen am besten bei der Tourist-Info, wo auch alle Fach- und Detailfragen geklärt werden können. Um diese zu erreichen, durchschreitet man am besten das Alte Rathaus vom Obstmarkt kommend auf

Kultur und Geschichte widmet und das natürlich nicht nur in-, sondern auch outdoor.

Eine letzte Attraktion sei noch erwähnt, bevor wir uns für alle nicht genannten oder womöglich gar vergessenen Großartigkeiten entschuldigen: die **Hainbadestelle**. Im Luisenhain, der sich südlich an die Altstadt anschließt, befindet sich am linken Regnitzarm ein 1935 eingerichtetes Flussbad, das weitgehend in seinem Originalzustand erhalten ist. Unter großen alten Bäumen kann man sich hier auf historischen Holzstegen in der Sonne aalen, für Kinder gibt es einen großen Spielplatz und ein Planschbecken und das benachbarte *Bootshaus* sorgt für Speis und Trank. Schwimmen darf man im Hainbad seit einigen Jahren auf eigene Gefahr auch. Außerhalb des Hainbadbereichs ist das Schwimmen in der Regnitz dagegen verboten.

Veit Bronnenmeyer

Ausgewählte Adressen und Tipps

Burgkunstadt, www.burgkunstadt.eu

Deutsches Schustermuseum, Marktplatz 1, 96224 Burgkunstadt
Tel. 0 95 72/47 03, www.deutsches-schustermuseum.de
Mo, Di, Do, So 10.00–18.00, Fr 10.00–22.00

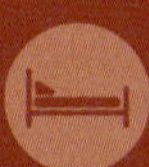

Hotel Drei Kronen, Lichtenfelser Str. 24, 96224 Burgkunstadt
Tel. 0 95 72/38 60 50, www.hotel-3kronen.de
Fahrradfreundlicher Betrieb

Michelau i. OFr., www.gemeinde-michelau.de

Deutsches Korbmuseum, Bismarckstr. 4, 96247 Michelau i. OFr.
Tel. 0 95 71/8 35 48, www.deutsches-korbmuseum.de
Fr 12.00–16.30, Sa, So u. Fei 10.00–16.30

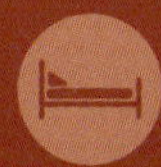

Gasthof Goldene Krone, Kirchplatz 14, 96247 Michelau i. OFr.
Tel. 0 95 71/9 70 50, www.krone-michelau.de
Fahrradfreundlicher Betrieb

Bad Staffelstein, www.bad-staffelstein.de

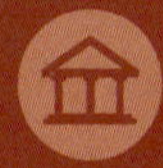

Basilika Vierzehnheiligen, Vierzehnheiligen 2, 96231 Bad Staffelstein
Tel. 0 95 71/95 08 0, www.vierzehnheiligen.de
Basilika: Mai–Sep 6.30–19.00, Okt–Apr 7.30–17.00

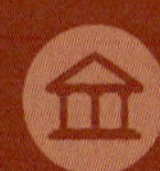

Museum Kloster Banz, 96231 Bad Staffelstein
Tel. 0 95 73/3 37-7 44 (Museum), www.hss.de/museum-kloster-banz
Museum: März u. Nov 10.00–16.00, Apr–Okt 10.00–17.00
Dez geschlossen, Sonderöffnungszeiten in Weihnachtsferien

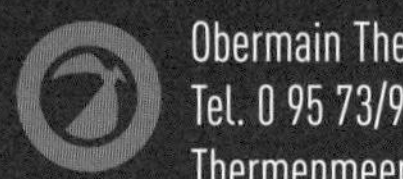

Obermain Therme, Am Kurpark 1, 96231 Bad Staffelstein
Tel. 0 95 73/9 61 90, www.obermaintherme.de
Thermenmeer: Mo–Mi u. So 8.00–21.00, Do–Sa 8.00–23.00

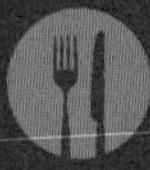

Brotzeit-Stadl, Bauersgasse 3b, 96231 Bad Staffelstein
Tel. 0 95 73/3 30 56 56, www.brotzeit-stadl.de

Bamberg (s. auch S. 117), www.bamberg.info

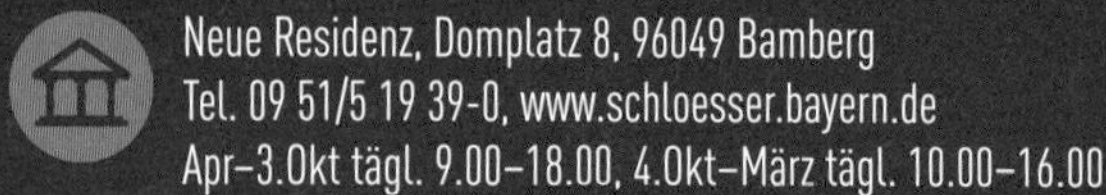

Neue Residenz, Domplatz 8, 96049 Bamberg
Tel. 09 51/5 19 39-0, www.schloesser.bayern.de
Apr–3.Okt tägl. 9.00–18.00, 4.Okt–März tägl. 10.00–16.00

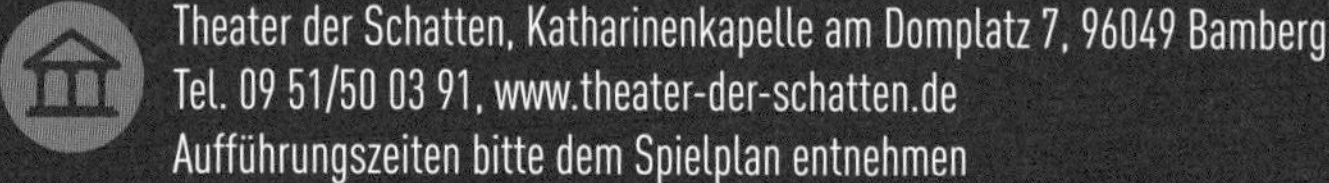

Theater der Schatten, Katharinenkapelle am Domplatz 7, 96049 Bamberg
Tel. 09 51/50 03 91, www.theater-der-schatten.de
Aufführungszeiten bitte dem Spielplan entnehmen

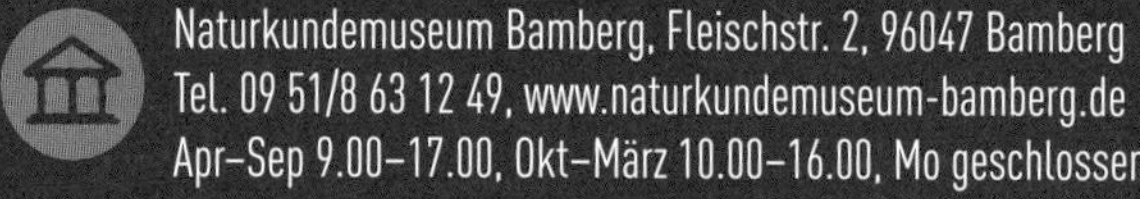

Naturkundemuseum Bamberg, Fleischstr. 2, 96047 Bamberg
Tel. 09 51/8 63 12 49, www.naturkundemuseum-bamberg.de
Apr–Sep 9.00–17.00, Okt–März 10.00–16.00, Mo geschlossen

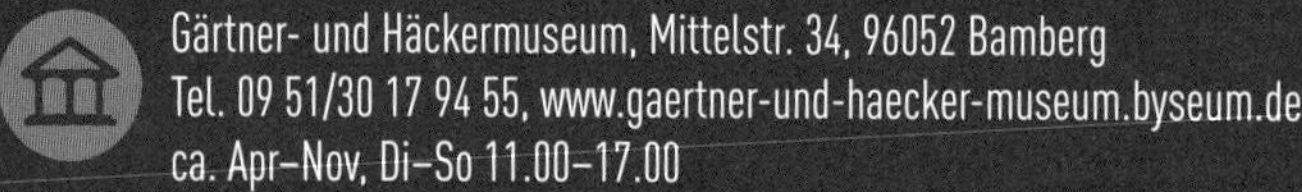

Gärtner- und Häckermuseum, Mittelstr. 34, 96052 Bamberg
Tel. 09 51/30 17 94 55, www.gaertner-und-haecker-museum.byseum.de
ca. Apr–Nov, Di–So 11.00–17.00

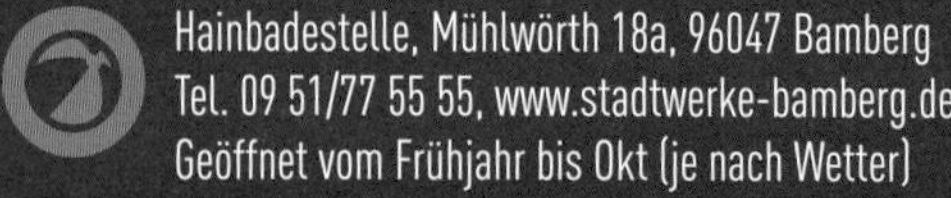

Hainbadestelle, Mühlwörth 18a, 96047 Bamberg
Tel. 09 51/77 55 55, www.stadtwerke-bamberg.de
Geöffnet vom Frühjahr bis Okt (je nach Wetter)

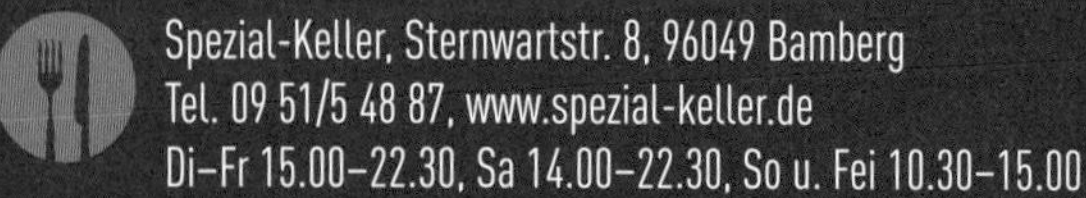

Spezial-Keller, Sternwartstr. 8, 96049 Bamberg
Tel. 09 51/5 48 87, www.spezial-keller.de
Di–Fr 15.00–22.30, Sa 14.00–22.30, So u. Fei 10.30–15.00

Hotel Tandem Café, Untere Sandstr. 20, 96049 Bamberg
Tel. 09 51/51 93 58 55, www.tandem-hotel.de
Fahrradfreundlicher Betrieb

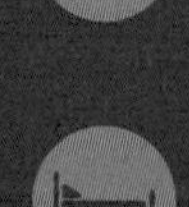

Hotel-Gasthof Wilde Rose, Keßlerstr. 7, 96047 Bamberg
Tel. 09 51/98 18 20, www.hotel-wilde-rose.de
Fahrradfreundlicher Betrieb

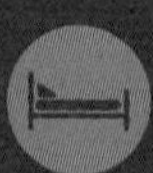

Jugendgästehaus am Kaulberg, Unterer Kaulberg 30, 96049 Bamberg
Tel. 09 51/29 95 28 90, www.bamberg.jugendherberge.de
Fahrradfreundlicher Betrieb

Viele weitere Tipps und Infos zum Mainradweg unter:
www.mainradweg.com

Fahrradservice und E-Bike-Verleih

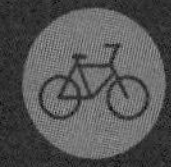

Mr. Bike, Victor-von-Scheffel-Str. 31, 96215 Lichtenfels
Tel. 0 95 71/75 74 28, www.mr-bike.de

Radsport Höppel, Angerstr. 4, 96231 Bad Staffelstein
Tel. 0 95 73/60 22, www.radsport-hoeppel.de

Fahrradhaus Griesmann, Gangolfsplatz 4, 96050 Bamberg
Tel. 09 51/2 29 67, www.fahrradhaus-griesmann.de

Fahrradladen Schneider, Franz-Ludwig-Str. 7a, 96047 Bamberg
Tel. 09 51/ 2 09 87 04

4 Reben, Römer, Rokoko

Entlang des Mains von Dettelbach nach Veitshöchheim

Auf dem Fünf-Sterne-Radweg haben wir spannende Begegnungen mit Narren, Römern und Lamas. Außerdem tauchen wir tief in traditionsreiche Geschichten der historischen Weinorte am Mainufer ein. Diese Tour lässt sich ideal kombinieren mit Tour 5 (s. S. 66).

INFO

Die Strecke: Dettelbach – Kitzingen – Marktbreit – Ochsenfurt – Sommerhausen – Würzburg – Veitshöchheim
Länge: 53,2 km
Markierung: MainRadweg, sehr gut beschildert
Einstiegspunkt: Dettelbach, Parkplatz Mainstockheimer Straße, Bushaltestelle Raiffeisenbank
Anreise mit ÖPNV: Anreise mit Pkw empfohlen, bei Anreise mit Zug Tour erst am Bahnhof Buchbrunn beginnen (liegt fast direkt am Main)
Rückfahrt mit ÖPNV: Rück- und Weiterfahrten mit dem Zug ab Kitzingen, Marktbreit, Ochsenfurt, Goßmannsdorf (andere Mainseite), Winterhausen (andere Mainseite), Würzburg und Veitshöchheim möglich
Wetter: Hauptsächlich asphaltierter Radweg, teils Schatten durch Bäume und Sträucher, auf manchen Strecken bei gutem Wetter aber sehr viel Betrieb
Schwierigkeitsgrad: Einfach; flache, fast durchgehend asphaltierte Strecke; Abstecher zu Sehenswürdigkeiten teils mit steilen Anstiegen
Für Familien: Besonders gut geeignet – viele Rast- und Spielplätze, auch Freibäder auf dem Weg; genügend Biergärten und Gaststätten auf der Strecke, aber auch Rastplätze für ein Picknick
Übernachtung: Ferienwohnungen und Pensionen in allen Ortschaften, ebenso Campingplätze in Kitzingen, Ochsenfurt und Würzburg

Hier geht's lang

Vom Parkplatz in **Dettelbach** aus starten wir stadtauswärts, biegen gleich nach der Unterquerung der B22 links ab und befinden uns direkt am Mainufer beim Skulpturenpark. Wir folgen dem Radweg nach rechts. Wir radeln unter der Autobahn hindurch und passieren in **Mainstockheim** eine Gartenkolonie (beim Sportgelände ist eine E-Bike-Ladestation). Am Ortsausgang macht der Weg eine Biegung nach rechts, dann fahren wir links direkt an der Hauptstraße entlang Richtung Kitzingen. Vorbei an der *Weinkellerei Röser* unterqueren wir die Nordtangente.

In **Kitzingen** angekommen biegen wir vor der Alten Mainbrücke rechts ab auf die Kirche zu, am Kreisverkehr geht es links weiter, dann nochmals links über die Alte Mainbrücke hinüber. Auf der anderen Seite geht es in einem Linksbogen über den Parkplatz (rechts ein großer Spielplatz) unter der Mainbrücke hindurch und weiter durch das Landesgartenschaugelände von 2011. Weiter geht es unter der B8 (Konrad-Adenauer-Brücke) hindurch, am Schwimmbad (rechts über eine Brücke befindet sich das Freibad auf der Mondseeinsel) und am Campingplatz vorbei und am Ende unter den Bahngleisen und der Südbrücke

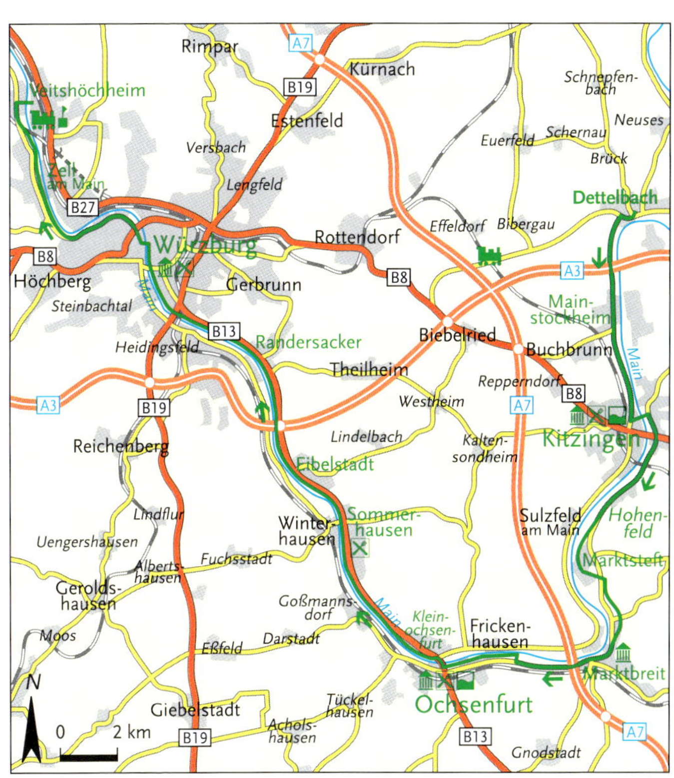

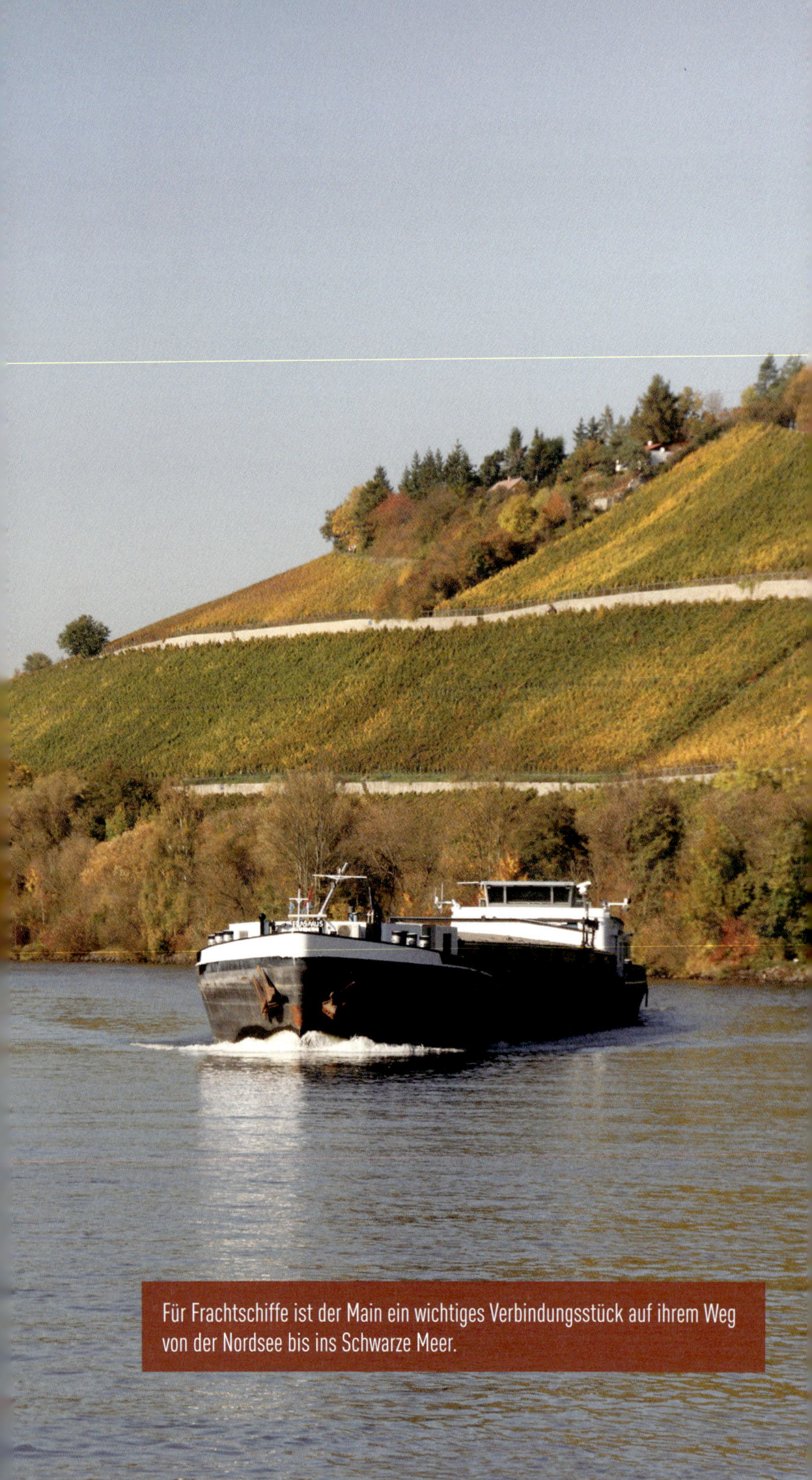

Für Frachtschiffe ist der Main ein wichtiges Verbindungsstück auf ihrem Weg von der Nordsee bis ins Schwarze Meer.

hindurch. Wir radeln direkt an der Staatsstraße entlang und haben rechts einen Blick auf den Schutzhafen und die Schleuse Kitzingen, die gegenüber des Mains liegen.

Am Ortsschild **Marktsteft** können wir uns an einem Rastplatz auf einer Infotafel über weitere Radwege in der Umgebung informieren. Beim Radlimbiss halten wir uns rechts und steuern über die Untere Maingasse auf die älteste Hafenanlage Bayerns zu (ab hier startet der 6 km-Panorama-Rundweg). Am Ende der Unteren Maingasse biegen wir nach links, überqueren die Straße und biegen rechts in den Tiefenstockheimer Weg ein. An dessen Ende wiederum radeln wir ein Stück rechts neben der Staatsstraße, unterqueren diese und biegen dann wieder rechts ab. Die Fahrradroute zweigt dann nach links ab, führt über einen Anliegerweg an Firmengebäuden vorbei, an Weinfeldern entlang, überquert die Landstraße und bringt uns ins Gewerbegebiet von **Marktbreit**. Über die Mainstraße erreichen wir das Tor zur Ortsmitte, überqueren hier aber die Straße zum Mainufer. Der Radweg setzt sich in linker Richtung fort und führt uns zwischen Main und Ochsenfurter Straße unter der Autobahn A7 hindurch und an der Mainschleuse vorbei. Nach einer Linkskurve überqueren wir Bahngleise und streifen ein Gewerbegebiet, während wir rechts auf der anderen Seite des Mains die Weinberge leuchten sehen. Bevor wir das Zentrum von **Ochsenfurt** erreichen, haben wir einen schönen Blick auf den mittelalterlichen Weinort Frickenhausen mit seiner Valentinskapelle im Weinberg.

Dann radeln wir an dem riesigen Werksgelände von *Südzucker* vorbei. Wir unterqueren die Alte Mainbrücke, die wir dann in einem Bogen in Richtung **Kleinochsenfurt** überqueren. Nahe am Fluss entlang erreichen wir die Schleuse Goßmannsdorf. Weinberge und Obstplantagen prägen nun das Bild auf unserem weiteren Weg direkt am Main entlang nach **Sommerhausen**. Wir passieren eine kleine Sportanlage und finden auf unserem weiteren Weg auch in **Eibelstadt** Fußballfeld und Skaterpark direkt am Main. Nach der Unterquerung der Autobahn erreichen wir die Schleuse Randersacker – und danach beginnt, gesäumt von zahlreichen Weinbergen rechter Hand, bereits der Ringpark von **Würzburg**.

Bis vor die Innenstadt zieht sich das viel besuchte Naherholungsgebiet mit Bäumen, Spielgeräten, Bänken und Picknickmöglichkeiten, das bei Alt und Jung, bei Familien, Radlern,

Skatern und Spaziergängern beliebt ist. Wir unterqueren Bahngleise und die B19 und haben schließlich von unserem Radweg aus einen fantastischen Blick auf die Festung Marienberg und das Käppele. Über die Kurt-Schumacher-Promenade und den Willy-Brandt-Kai radeln wir an Kapelle und Festung vorbei und überqueren über die Alte Mainbrücke den Fluss. Hier kann es sein, dass man bei schönem Wetter sein Rad durch die Menschenmengen hindurchschlängeln muss. Nach der Brücke müssen wir über die Straße, diese unterqueren wir dann in einem Linksbogen und fahren unter der Alten Mainbrücke hindurch. Links des Mains geht es dann für uns weiter Richtung Zell am Main. Wir »tauchen« unter der Friedensbrücke und der Brücke der Deutschen Einheit hindurch, radeln über das Festivalgelände und am Fußballplatz vorbei und genießen den Blick auf die hohen Weinberge zu unserer rechten Seite. Wir passieren Skaterpark und Grillwiesen, Spielplätze und den Grüngürtel direkt am Wasser. Nach dem Kloster Oberzell und dem großen Montessori-Schulgelände auf der linken Seite, unterqueren wir eine Brücke und erreichen bereits **Zell am Main**.

Wir fahren direkt zwischen Main und Staatsstraße an Zell vorbei, unter der Bahnstrecke hindurch, am Sportplatz von **Margetshöchheim** vorbei und können dann über den Ludwig-Volk-Steg nach **Veitshöchheim** übersetzen. Wer die Maintour II (s. S. 36) direkt anschließen möchte, bleibt einfach auf der linken Seite des Mains und radelt weiter Richtung Erlabrunn.

Das gibt's zu sehen

Der erste Halt auf unserer heutigen Radtour ist in **Kitzingen**. An der urigen Stadt im Herzen des fränkischen Weinlandes kommt niemand vorbei. Ein Stadtbummel zwischen Fachwerkromantik, schicken Bürgerhäusern und am Renaissance-Rathaus vorbei ist das Mindeste, was man hier einplanen sollte. Außerdem hat der Weinort ein spaßiges Museum zu bieten. Das **Deutsche Fastnachtmuseum** lädt ein, dem bunten Treiben rund um Fasching, Fastnacht und Karneval auf den Grund zu gehen. Und wir sind wirklich überrascht! Auf drei Stockwerken begegnen wir Narren und Jecken aus aller Herren Länder und Regionen. Was hatte Goethe mit dem Karneval in Rom zu tun? Oder warum wird das

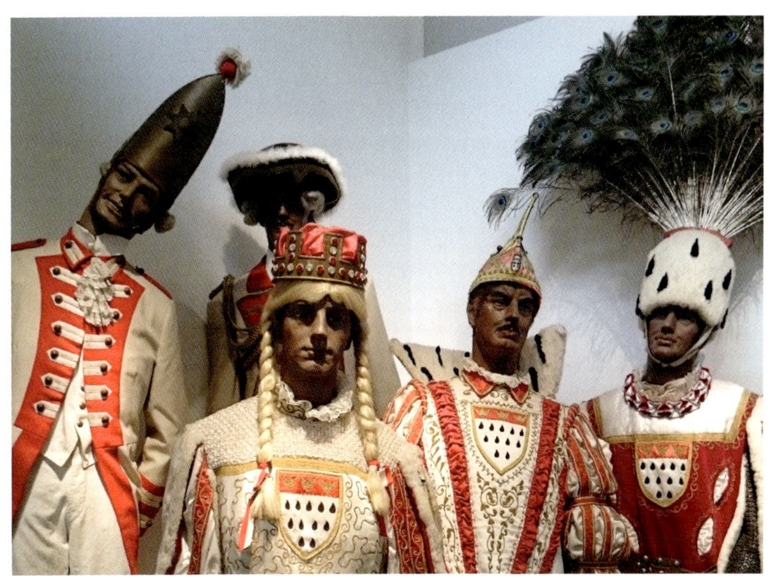

Im »Fastnachtmuseum« treffen wir unter anderem auf die Rote-Funken-Gardisten.

Fastnachtstreiben meist von ohrenbetäubendem Lärm begleitet? Für Kinder gibt es einen »Verkleideraum«, außerdem werden wir bei einer Multi-Media-Show vom »virtuellen Narrentheater« unterhalten.

Als Ausgleich zum Indoor-Spaß, radeln wir im Anschluss durch das blühende Areal der ehemaligen **Landesgartenschau** direkt am Main. Das Gelände wird immer noch als Veranstaltungsort für musikalische Frühschoppen und Konzerte genutzt. Am liebsten möchte man hier gleich wieder vom Rad steigen und auf den Liegen mit Blick auf den Main und die gegenüberliegende Stadt einfach nur die Seele baumeln lassen.

Doch der nächste geschichtsträchtige Ort lässt nicht lange auf sich warten. Wer wusste schon, dass sich die alten Römer einst in **Marktbreit** aufgehalten hatten? Wer sich vom 1. bis zum 3. Jahrhundert n. Chr. in dieser Gegend herumtrieb, hatte jedenfalls gute Chancen, einem römischen Legionär zu begegnen. Dabei wissen selbst die Experten nicht sicher, warum die Römer so weit weg vom Limes und sonstigen Römergebieten unterwegs waren, und auch fanden Archäologen trotz intensiver Grabungen so gut wie keine Überreste, die heute besichtigt werden könnten. Allerdings ließ sich der Aufenthalt des römischen Militärs anhand dunkler Verfärbungen auf dem ehemaligen Stützpunkt am Kapellenberg in Markbreit nachweisen. Auf dem 2,5 Kilometer langen **Römerrundwanderweg** können wir auf Tafeln nachlesen, mit welchen wissenschaftlichen Methoden die einstige Militäranlage rekonstruiert werden konnte und wie das Leben der Soldaten vermutlich ausgesehen hat. Außerdem reisen wir anhand zahlreicher Ausgrabungsfunde in noch frühere Zeitalter zurück und begegnen am Ende sogar einem Skelett aus der Zeit um 2800–2400 v. Chr. Im **Malerwinkelhaus** im Zentrum von Marktbreit treffen wir im Anschluss einen beinahe lebensechten Legionär und können uns mit einem zwei Kilogramm schweren Römerhelm auf dem Kopf noch ein bisschen mehr in jene Zeit hineinversetzen.

Ein wenig in alte Zeiten versetzt fühlen wir uns auch in der nächsten Stadt. Beim Anblick der vielen Türme und Tore kann man sich gut vorstellen, wie gut **Ochsenfurt** einst gegen ungebetene Gäste geschützt war. Dabei wurden die Türme nicht nur als Wehrbauten, sondern teilweise auch als Gefängnis genutzt. Ein beliebtes Fotomotiv ist auf jeden Fall das **Neue Rathaus** mit seinem Lanzentürmchen, das als Wahrzeichen der Stadt gilt. Das Schau-

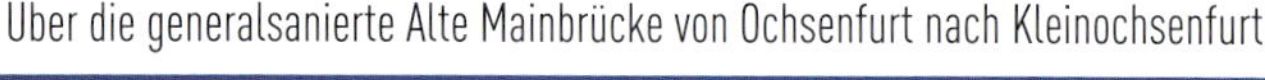
Über die generalsanierte Alte Mainbrücke von Ochsenfurt nach Kleinochsenfurt

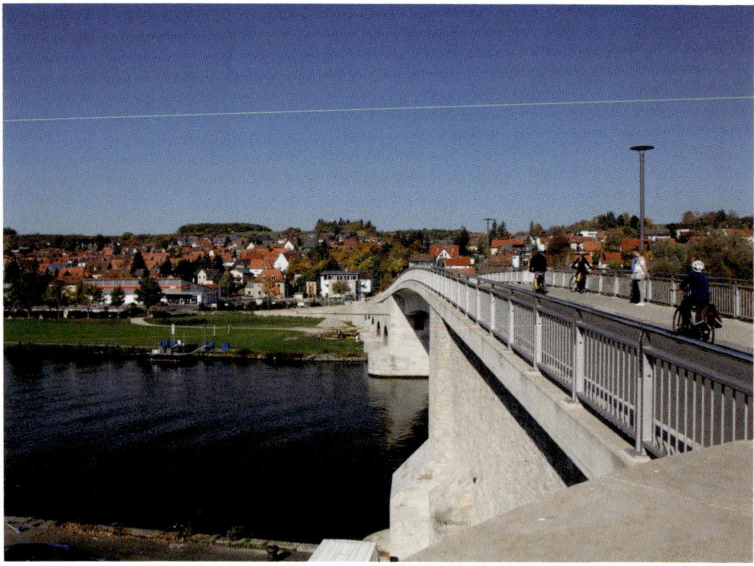

spiel von Figuren- und Monduhr zu jeder vollen Stunde sollte man sich auf keinen Fall entgehen lassen. Bevor wir Ochsenfurt über die Alte Mainbrücke wieder verlassen, treffen wir rechts in der Spitalgasse noch auf das kleine, aber feine **Trachtenmuseum**, das bestens zu diesem traditionsreichen Ort passt. Wir erfahren, warum die Ochsenfurter Gautracht aus kostbaren Seiden-, Samt- und Brokatstoffen gefertigt wurde und zu welchen Anlässen welche Tracht zum Tragen kam. Es ist erstaunlich, aus wie vielen verschiedenen Tüchern und Teilen eine komplette Tracht besteht. Am Ende können wir sogar selber eine solche anziehen. So kann man auch mit Geschichte auf Tuchfühlung gehen.

Wer einen steilen Anstieg nicht scheut, kann am Ortsbeginn von **Sommerhausen** rechts die Straße unter der B13 hindurch Richtung Wildpark abzweigen. Zwischen herrlichen Weinbergen führt die Straße bergauf, und wer einen echten Panoramaausblick genießen möchte, folgt oben am Berg nicht dem Hinweisschild zum Wildpark geradeaus, sondern biegt am *Weingut Artur Steinmann* links ab (Hinweisschild »terroir f«). Hier kann man hoch über den Weinbergen die schmale Straße entlang fahren und eine atemberaubende Sicht auf Sommerhausen und den von oben winzig erscheinenden Main genießen. An dem kleinen **Skulpturenpark terroir f**, der unter dem Titel »Kunst und Wein« über Sommerhausen errichtet wurde, lässt sich eine kurze Rast einlegen und man kann sieben Winzerfiguren aus unterschiedlichen Materialien und von unterschiedlichen Künstlern begutachten, die das Thema »Arbeit am Weinberg« darstellen sollen und auch in einen Wein-und-Kulturweg integriert sind. Zum Wildpark fährt man dann an der nächsten Kreuzung nach rechts, dann nach links und hat bereits den schattigen kleinen Tiergarten erreicht.

Der **Tierpark Sommerhausen** hat als gemeinnützige Einrichtung vor allem das Ziel, behinderten Menschen mit der Arbeit im Park und an den Tieren eine sinnvolle Beschäftigung zu ermöglichen und als offene Begegnungsstätte zwischen Menschen mit und ohne Behinderung zu fungieren. Für uns als Besucher bietet sich die Möglichkeit, Wildschweine, Mufflons, Lamas und weitere Tiere aus nächster Nähe anzuschauen und auch zu füttern. Ein besonderes Projekt der Einrichtung ist die Umweltstation, die immer wieder naturnahe und spannende Veranstaltungen, wie Lamatrekking oder Nachtwanderungen, anbietet. Die Kinder können sich am Ende noch auf einem riesigen Spielplatz mit einem Hüpfkissen, einer Seilbahn und zahlreichen Kletter- und Schaukelelementen austoben.

Wer durch **Würzburg** fährt, kommt an der **Marienburg** eigentlich nicht vorbei (die allerdings momentan saniert wird und nur teilweise besichtigt werden kann). Der Weg zur Festung ist in jedem Fall mit etwas Anstrengung verbunden, allerdings kann man hier oben tief in die mehr als 1000-jährige Vergangenheit des imposanten Baudenkmals eintauchen. Wer nicht so hoch hinaus will, kann sich auch in der prachtvollen **Residenz** von den Kunstschätzen des 18. Jahrhunderts beeindrucken lassen. Hier empfiehlt sich auch ein Spaziergang durch den blumenreichen **Hofgarten**. Freunde moderner und zeitgenössischer Kunst kommen im Museum im **Kulturspeicher**, das direkt am Main gelegen ist, auf ihre Kosten. Allein die Sammlung »Konkrete Kunst« präsentiert über 300 Gemälde und Skulpturen von mehr als 200 Künstlern. Und wer sich weder für Geschichte noch für Kunst interessiert? Mit einem kleinen Umweg zum Unigelände im Osten der Stadt können wir uns interaktiv in die Welt der Wissenschaften vertiefen. Mit Lichtgeschwindigkeit auf dem »Einstein-Rad« fahren? In der **Ausstellung »Touch Science«** des *Mind-Centers* kein Problem. Überhaupt hat uns die Radelfahrt durch Würzburg vor allem eines vermittelt: Die Residenzstadt ist so reich an Sehenswürdigkeiten und Erlebnissen, dass wir uns hierfür einmal mehr Zeit nehmen müssen. Schließlich lassen wir uns vor unserer Weiterfahrt noch einmal durch die Menschenmengen auf der Alten Mainbrücke treiben, um unserer letzten Station auf unserer Mainradtour entgegenzusteuern.

Und hier in **Veitshöchheim** lassen wir uns einen Spaziergang in einem der schönsten Hofgärten seiner Art nicht entgehen. Rund um das beeindruckende **Schloss** entdecken wir Pavillons, Brunnen, Skulpturen und sogar einen großen See. Im Inneren des Schlosses informiert eine Ausstellung über die Geschichte des berühmten Rokokogartens. Ein Modell zeigt die Gartenanlage zu ihrer Hochzeit gegen Ende des 18. Jahrhunderts. Für Kinder wurde eine spannende Hörspielführung mit Marionetten kreiert, die von historischen Persönlichkeiten rund um den Hofgarten erzählt.

Sylvia Schaub

Ausgewählte Adressen und Tipps

Mainstockheim, www.mainstockheim.de

Roadhouse, Hauptstr. 2, 97320 Mainstockheim
Tel. 01 60/7 83 76 29, Di–So 10.00–22.00, Mo Ruhetag
Mit Biergarten direkt am MainRadweg

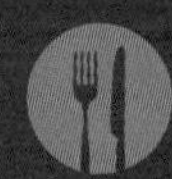

Kitzingen, www.kitzingen.info

Deutsches Fastnachtmuseum, Luitpoldstr. 4, 97318 Kitzingen
Tel. 0 93 21/2 33 55, www.deutsches-fastnachtmuseum.byseum.de
Di–So 13.00–17.00

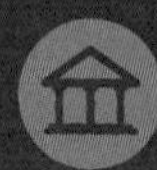

Conditoreimuseum, Marktstr. 26, 97318 Kitzingen
Tel. 0 93 21/92 94 35, www.conditorei-museum.de
Öffnungszeiten telefonisch erfragen

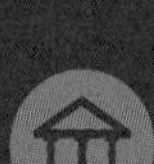

aqua sole mit Freibad auf der Monseeinsel, Marktbreiterstr. 8, 97318 Kitzingen
Tel. 0 93 21/3 90 07-0, www.aqua-sole.de/freibad.html
Tägl. 9.00–11.00 u. 18.00–20.00, bei Freibadwetter 9.00–20.00

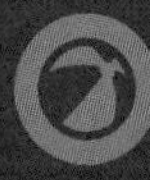

Marktbreit, www.marktbreit.de

Museum Malerwinkelhaus, Bachgasse 2, 97340 Marktbreit
Tel. 0 93 32/59 15 96, www.malerwinkelhaus.de
Apr–Anfang Nov Do–So u. Fei 14.00–17.00

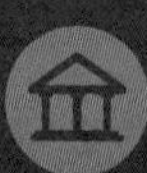

Ochsenfurt, www.ochsenfurt.de

Trachtenmuseum Ochsenfurt, Spitalgasse 13, 97199 Ochsenfurt
Tel. 0 93 31/58 55 (Tourist-Info)
Ostern–Allerheiligen Sa, So u. Fei 14.00–17.00

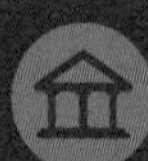

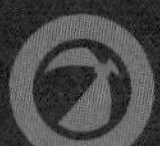

Main Insel Bad, Frickenhäuser Str. 35, 97199 Ochsenfurt
Tel. 0 93 31/26 00, www.kso-ochsenfurt.de

Sommerhausen, www.sommerhausen.de

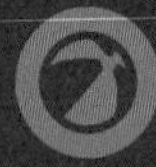

Tierpark Sommerhausen, An der Tränk, 97286 Sommerhausen
Tel. 0 93 33/10 76, www.tierparksommerhausen.de
Apr–Okt 9.00–21.00, Nov–März 10.00–17.00

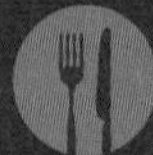

Gasthof Anker, Maingasse 2, 97286 Sommerhausen
Tel. 0 93 33/2 32, www.gasthof-anker.de
Di, Mi u. Fr ab 17.00, Sa u. So ab 11.00, Mo u. Do Ruhetag
gesonderte Winteröffnungszeiten beachten

Würzburg, www.wuerzburg.de

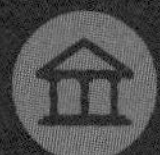

Festung Marienberg, Marienberg, 97082 Würzburg
Tel. 09 31/3 55 17-50, www.schloesser.bayern.de

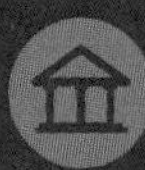

Würzburger Residenz, Residenzplatz 2, 97070 Würzburg
Tel. 09 31/35 51 70, www.residenz-wuerzburg.de
Apr–Okt tägl. 9.00–18.00, Nov–März tägl. 10.00–16.30
Hofgarten tägl. bis Einbruch Dunkelheit (längstens bis 20.00)

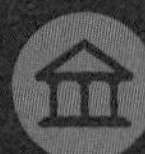

Museum im Kulturspeicher, Oskar-Laredo-Platz 1, 97080 Würzburg
Tel. 09 31/32 22 50, www.kulturspeicher.de
Di 13.00–18.00, Mi u. Fr–So 11.00–18.00, Do 11.00–19.00

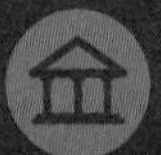

Touch Science Mind, Universität Würzburg, Matthias-Lexer-Weg 25, 97074 Würzburg
Tel. 09 31/3 18 36 24, www.uni-wuerzburg.de/einrichtungen/mind/bildungspfade/entdecken
Mi, Sa u. So (außer Fei) 14.00–18.00

Veitshöchheim, www.veitshoechheim.de

Schloss u. Hofgarten Veitshöchheim, Echterstr. 10, 97209 Veitshöchheim
Tel. 09 31/9 15 82, www.schloesser.bayern.de
Apr–Mitte Okt Di–So 9.00–18.00, Hofgarten tägl. bis Einbruch der Dunkelheit

Weitere Infos zum MainRadweg und zur Region unter:
www.mainradweg.de, www.fraenkisches-weinland.de
www.frankentourismus.de, www.marktsteft.de/panoramaweg

Fahrradservice und E-Bike-Verleih

S' Fahrradlädle, Am Markt 4, 97339 Dettelbach
Tel. 01 51/14 81 18 81, www.s-fahrradlaedle.de

Sport Matthaei, Schrannenstr. 17, 97318 Kitzingen
Tel. 0 93 21/3 25 43, www.sport-matthaei.de

Fahrrad Franken Müller, Hafenstr. 3, 97340 Marktbreit
Tel. 0 93 32/59 07 50, www.fahrrad-franken.com

Main Rad, Brückenstr. 24, 97199 Ochsenfurt
Tel. 0 15 20/1 52 32 78, www.main-rad.de

Fahrradverleih Prötzel, Kreuzweg 1, 97286 Sommerhausen
Tel. 0 93 33/82 81, www.fahrradverleih-info.net

S&S Bikes, Thüngersheimer Str. 16, 97209 Veitshöchheim
Tel. 09 31/96 06 26, www.sunds-bikes.de

5 Von Weihnachtspost bis Märchenzauber

Entlang des Mains von Veitshöchheim nach Lohr am Main

Einfach mal den Brief fürs Christkind beim Weihnachtspostamt persönlich einwerfen oder Schneewittchen leibhaftig die Hand schütteln? Briefmarkensammler können auf Entdeckungsreise gehen und Weinkenner einen Schoppen Franken genießen – auf dieser Tour ist (fast) alles möglich. Die Tour kann als Anschluss auf Tour 4 (s. S. 54) oder unabhängig davon als Tagestour gefahren werden.

INFO

Die Strecke: Veitshöchheim – Zellingen – Himmelstadt – Karlstadt – Gemünden – Lohr am Main

Länge: 50,4 km

Markierung: MainRadweg, sehr gut beschildert

Einstiegspunkt: Veitshöchheim, Parkplatz beim Minigolfplatz, direkt am Main (Mainlände 10)

Anreise mit ÖPNV: Ab Würzburg mit RB nach Veitshöchheim, vom Bahnhof erst rechts, dann links über Bahnhofsstr. in wenigen Fahrminuten bis Untere Maingasse und an den Main

Rückfahrt mit ÖPNV: Rück- und Weiterfahrten mit dem Zug ab Thüngersheim, Zellingen, Karlstadt, Wernfeld, Gemünden, Lohr am Main möglich

Wetter: Hauptsächlich asphaltierter Radweg, teils Schatten durch Bäume und Sträucher, auf manchen Strecken bei gutem Wetter aber sehr viel Betrieb

Schwierigkeitsgrad: Einfach; flache, fast durchgehend asphaltierte Strecke; kurzer steiler Anstieg in Hofstetten und in Gemünden ein Stück durch die Stadt; Besichtigung von Ruinen über steile Fußwege

Für Familien: Für Familien besonders geeignet – viele Rast- und Spielplätze sowie Badeseen und Freibäder zum Abkühlen; auf der Strecke auch mehrere Biergärten und zahlreiche Bänke mit Tischen für ein Picknick; Badesachen mitnehmen!

Übernachtung: In Ortschaften werden zahlreiche Ferienwohnungen und Pensionen angeboten, ebenso gibt es Campingplätze in Zellingen, Karlstadt, Gemünden und Lohr am Main

Hier geht's lang

Wir starten bei den Parkplätzen an der Minigolfanlage in **Veitshöchheim** und schieben unser Fahrrad über den Ludwig-Volk-Steg bis ans andere Mainufer. Ab hier setzt sich die Maintour I (s. S. 54) fort. Links neben dem Main teilen wir uns die asphaltierte Strecke mit Joggern, Skatern, Spaziergängern und weiteren Radfahrern. Nach Wiesen und Streuobstfeldern taucht links ein Eingangstor zum **Erlabrunner Badesee** auf. Nach dem Freibadgelände macht der Weg eine Biegung nach rechts und dann gleich wieder nach links – vorbei an Fußball- und Tennisplätzen. Wir durchqueren eine Kleingartenanlage, danach rückt der Fahrradweg näher an die Hauptstraße heran. Von hier haben wir einen schönen Blick auf das Erlabrunner Käppele, links oben am Hügel. Viele Rastplätze laden hier zu Picknicks ein. Zwischen

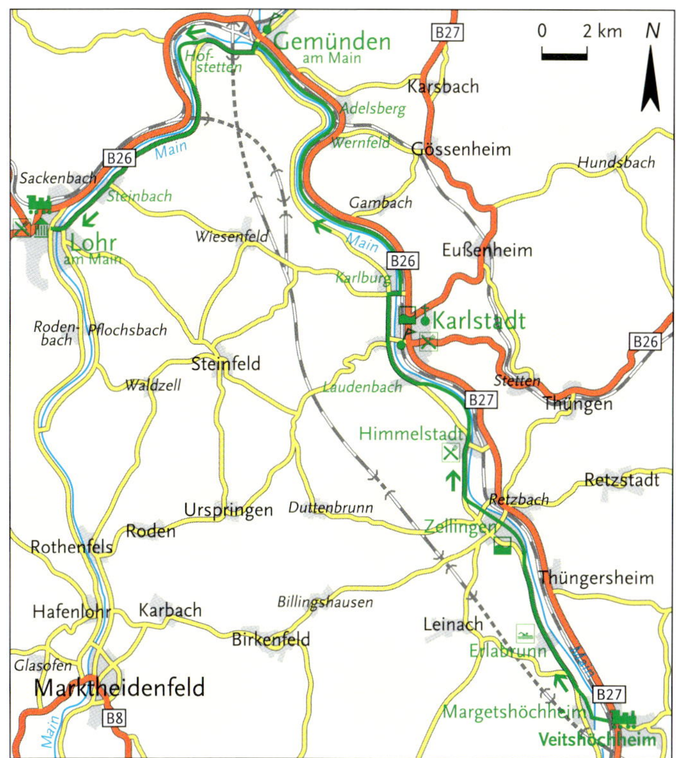

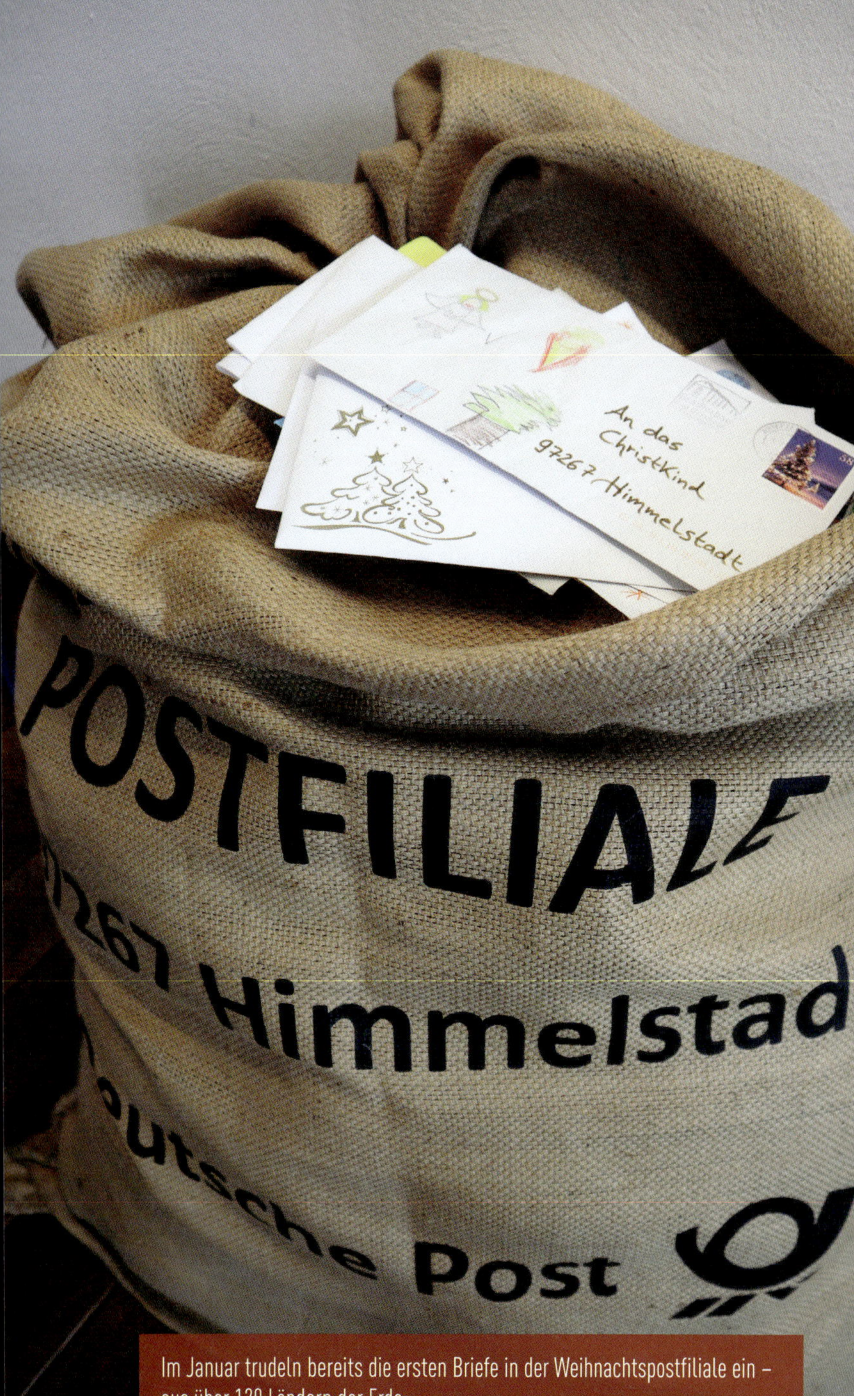

Im Januar trudeln bereits die ersten Briefe in der Weihnachtspostfiliale ein – aus über 120 Ländern der Erde.

Wiesen und Feldern auf der rechten und den schattenspendenden Sträuchern und Bäume auf der linken Seite radeln wir bis nach **Zellingen**.

Wir passieren über die Gassenwiese das Industriegebiet, biegen Richtung Freibad bzw. Campingplatz zweimal rechts und vor dem Campingplatz wieder links ab. Rechts auf der gegenüberliegenden Seite des Mains sehen wir die beeindruckende Benediktushöhe bei **Retzbach**. Es geht weiter unter der Zellingen-Brücke, am Ortsrand vorbei, unter einer weiteren Brücke hindurch und hinaus aus dem Ort Richtung Himmelstadt. Bis zur Schleuse **Himmelstadt** halten wir uns geradeaus zwischen Main und Landstraße und sind umgeben von Bäumen, Feldern und Wiesen. Vor der Unterquerung der Brückenstraße können wir links zum *Weihnachtspostamt* abbiegen oder geradeaus am Weihnachtspark von Himmelstadt vorbeiradeln. Am Ende des Ortes liegt links ein schöner Biergarten.

Auf dem nächsten Abschnitt haben wir einen herrlichen weiten Blick über die Felder, während sich auf der rechten Seite jenseits des Mains die Weinhänge entlangziehen. Dann können wir schon von Weitem den spitzen Kirchturm von **Laudenbach** erkennen. Nach leichter Abfahrt fahren wir vorbei am Schloss und einem weiteren Biergarten. Vor dem Steinbruch, der auf der linken Seite auftaucht, macht der Weg einen Schwenk nach rechts und wieder nach links, dann geht es weiter geradeaus und wir können links oben bereits die Ruine Karlsburg sehen. Nach einem Rechts- und nachfolgenden Linksknick fahren wir über die Fährgasse auf die Hauptstraße und biegen hier rechts ab. An der nächsten Kreuzung biegen wir wieder rechts ab auf die Brückenstraße und überqueren den Main Richtung Innenstadt. Nach einer Rechtsbiegung zweigen wir links in den Baggertsweg ab und schwenken unten wiederum nach rechts, sodass wir zwischen Stadtmauer und Mainufer entlangfahren. Bei der Maingasse wenden wir uns nach rechts Richtung Fußgängerzone. Wir überqueren den Marktplatz mit Blick auf das historische Rathaus und passieren die Hauptstraße.

Schließlich zweigen wir nach links ab zur Mainpromenade und folgen dem Radweg nach rechts Richtung Gemünden. Zwischen Main und Eisenbahnstrecke verläuft nun der Radweg vorbei an viel Grün. Hinter dem Kraftwerk Haarbach erreichen wir schon bald den Gemündener Stadtteil **Wernfeld**. Wir unterqueren einen Steg, dann führt der Radweg über den Wern, der hier in den Main mündet. Wir halten uns weiter links unterhalb der Bahnlinie, teils geschützt durch Büsche und Bäume, bis wir die ersten Gebäude von **Gemünden** erreichen. Rechts neben uns taucht der Gemündener Bahnhof auf, und von Weitem können wir bereits die Mainbrücke sehen. Hinter dem früheren Biergarten radeln wir rechts unter den Bahnschienen hindurch, weiter geradeaus durch die Mainstraße – direkt vor uns am Berg thront die Ruine Scherenburg – und biegen links über die Obertorstraße Richtung Marktplatz ab.

Am Marktplatz halten wir uns rechts, überqueren dann links über die Saalebrücke sowohl den Mühlbach als auch die Fränkische Saale. Das *Infozentrum Naturpark* lassen wir rechts liegen und radeln linker Hand über die neue Mainbrücke, die 2018 – nach aufwendiger, fast zwei Jahre andauernder Sanierung – wieder für den Verkehr freigegeben wurde. Von oben können wir beobachten, wie die Fränkische Saale unter uns in den Main mündet. Auf der anderen Seite der Brücke wenden wir uns dreimal nach links und tauchen in einem großen Bogen unter der Mainbrücke hindurch Richtung Hofstetten. Wir genießen die etwa zwei Kilometer lange Strecke links des Mains vorbei an Fel-

Einfach mal Pause machen – wie hier zwischen Himmelstadt und Laudenbach

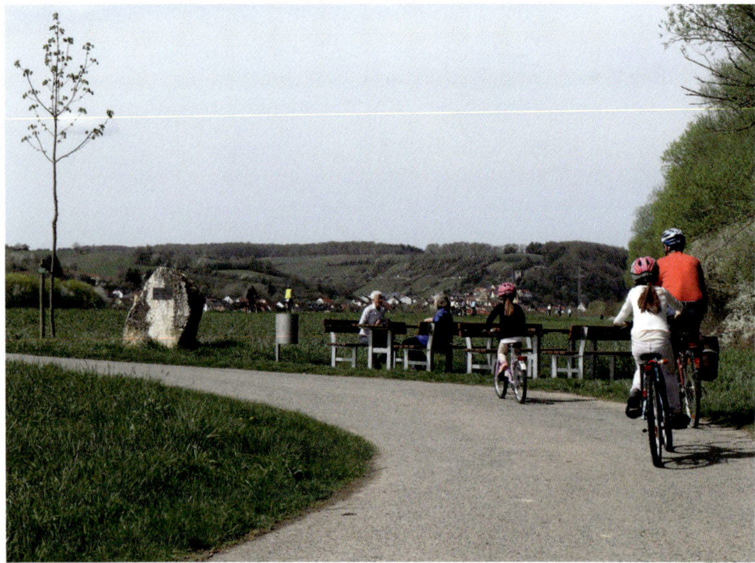

dern und am Waldrand, bis wir den kleinen Gemünder Stadtteil **Hofstetten** erreichen.

Hier geht es nun links einmal kräftig den Berg hinauf, rechts in die Pfarrgasse hinein, vor der Kirche links und oben an der Straße nach rechts in den Hofgartenweg. Über freies Feld, vorbei an Obstwiesen, kürzen wir in einem langgezogenen Bogen die Rechtskurve des Mains ein bisschen ab. Nach zwei kleinen Biegungen befinden wir uns wieder zwischen Main und Landstraße. Wir fahren unter einer Brücke hindurch und nach einer Weile entfernen wir uns ein Stück vom Main, um dann nach einem Rechtsknick wieder auf ihn zu zusteuern. Der Radweg verläuft nun schnurgerade an Bäumen und Sträuchern vorbei bis zur Mainstaustufe **Steinbach**.

Hier macht der MainRadweg eine Biegung nach links, dann geht es gleich wieder rechts am Sportheim vorbei und vor dem Fußballfeld nach links bis zur Hauptstraße. In rechter Richtung folgen wir der Staatsstraße und befinden uns bald auch wieder nah am Mainufer. Gegenüber taucht der Campingplatz von **Lohr am Main** auf. Wir fahren unter der Neuen Mainbrücke hindurch und nach der Alten Mainbrücke links hoch zur Hauptstraße, um dann links über die Alte Mainbrücke den Fluss zu überqueren und die Sehenswürdigkeiten in Lohr am Main zu entdecken.

Tipp: Wer noch weiterradeln möchte, fährt nach Unterquerung der Alten Mainbrücke weiter geradeaus Richtung Marktheidenfeld. Über Homburg und Wertheim, durch das liebliche Main-Tauber-Gebiet mit weiteren imposanten Burgen und Ruinen, lässt sich der Radweg in weiteren ein bis zwei Tagesetappen auch bis nach Aschaffenburg fortsetzen.

Das gibt's zu sehen

Lust auf einen Sprung ins kühle Nass? Dann bitte nicht in den Main springen, auch wenn das frische Wasser gerade im Sommer besonders lockt. Wer die Badesachen in den Rucksack gepackt hat, kann nach wenigen Kilometern Radeln eine Unterbrechung an den **Erlabrunner Badeseen** einlegen. Das 19 Hektar große Gelände, extra als Naherholungsgebiet angelegt, bietet neben einem großen und einem kleinen Badesee, die beide mit Quellwasser gespeist werden, einen Spielplatz, Grillmöglichkeiten und sogar eine Seilbahn, die zu einer kleinen Insel führt.

Soll das Wasser lieber ein bisschen wärmer sein? Dann müssen wir noch ein bisschen länger in die Pedale treten. In dem solarbeheizten **Freibad in Zellingen** können wir uns in verschiedenen Schwimmbecken erfrischen oder im Kneippbecken durch das Wasser waten.

Erlebnishungrige Badenixen sollten auf ihrer Tour einen Stopp im **Freibad Karlstadt** einplanen. Breitwasser-Wellenrutsche, Sprungturm, Sprudelliegen und eine Wassertemperatur von 25 bis 28 Grad, dazu direkt am Ufer des Mains gelegen mit Blick auf die Karlsburg. Was will man mehr?

Da die Sonne aber nicht immer ganz so warm vom Himmel scheint, freuen wir uns auf einen kleinen Ausblick in die Weihnachtszeit. Ist der Wunschzettel fürs Christkind schon geschrieben, so können wir ihn in **Himmelstadt** beim **Weihnachtspostamt** direkt in den Briefkasten stecken. Seit 1986 steht hier offiziell eine von sieben Weihnachtspostfilialen in Deutschland, und die einzige in Bayern. Jedes Jahr treffen dort 80.000 Briefe aus der ganzen Welt ein, und wenn am 1. Advent das Postamt seine Tore öffnet, erreicht die weihnachtliche Atmosphäre ihren Höhepunkt. Aber auch abseits der Weihnachtszeit können wir die kleine Ausstellung in der historischen Poststelle besuchen und hier zum Beispiel originelle Briefe von Kindern an das Christkind und dessen Antwortschreiben lesen.

Eng verknüpft ist der weihnachtliche Gedanke auch mit dem **Ersten Deutschen Philatelisten-Lehrpfad**. Die mehr als 30 Schautafeln informieren über Weihnachts- und Blumenbriefmarken sowie über bedeutende Sondermarken. Eine besondere Idee ist darüber hinaus der angrenzende **Philatelie-Garten**. Zu den einzelnen Blumen auf den Briefmarken wurde jeweils ein Beet mit den echten blühenden Pendants gepflanzt.

Himmelstadt ist aber nicht nur Weihnachts-, sondern auch Weindorf, und zwar eines der ältesten in Franken, denn bereits im Mittelalter wurde hier Weinbau betrieben. Im Herbst kann man beim **Ökologischen Weinlehrpfad** ausgewählte Tafeltrauben probieren.

Noch bevor wir die nächste Etappe unserer Mainradtour erreichen, entdecken wir die Ruine der **Karlsburg**, deren Mauerreste am Hang gegenüber von **Karlstadt** in der Sonne leuchten. Um

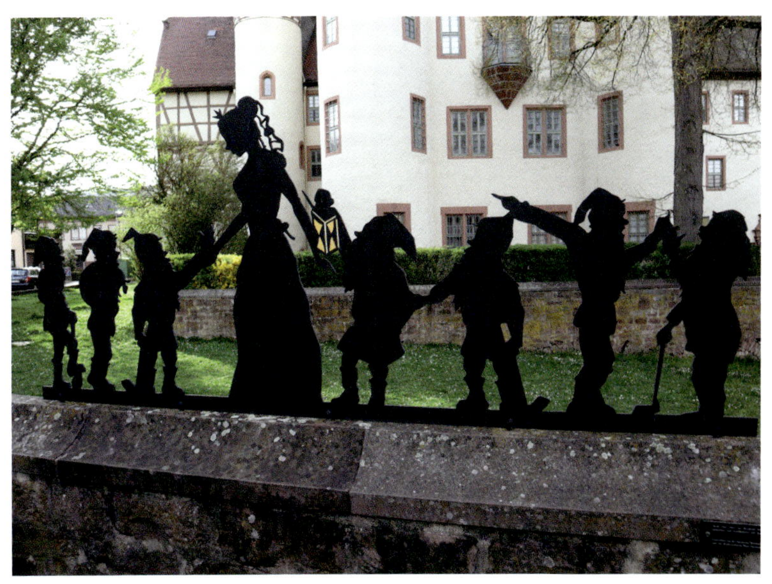

Schneewittchen und die sieben Zwerge vor dem Lohrer Schloss

diesem Bauwerk näher zu kommen, müssen wir unsere Drahtesel stehen lassen und zu Fuß die schmalen Treppen hinaufsteigen. Wir passieren über einen weiterhin ansteigenden Waldweg das Schlössle, eine 1910 erbaute Villa, und erreichen schließlich die alten Burgmauern. Der fantastische Blick auf das Maintal und die gegenüberliegende Stadt entschädigt für die Strapazen des schweißtreibenden Aufstiegs. Wie wäre es hier mit einem Picknick, während die Kinder das größtenteils ebene Gelände der Burganlage für spannende Rittergeschichten nutzen? Im Anschluss lohnt sich ein Rundgang durch die von Mauern, Türmen und Toren umgebene **Altstadt** von Karlstadt. Ob das treppengieblige historische Rathaus, die romanisch-gotische Pfarrkirche St. Andreas oder die schmucken Fachwerkhäuser wohlhabender Familien im 17. Jahrhundert, der Stadtkern hat sich den Glanz seiner wechselvollen Vergangenheit erhalten, man genießt den Blick auf die kunstvollen Bauwerke.

Unseren nächsten Halt legen wir in **Gemünden** ein. Eine Stadt, in der sich nicht nur drei Flüsse – nämlich Fränkische Saale, Sinn und Main – vereinen, sondern die auch ein Verkehrsknotenpunkt für Radler ist: Hier treffen MainRadweg, Wernradweg und die Radroute »Vom Main zur Rhön« aufeinander. Malerisch über der Stadt am Berg gelegen thront die **Ruine Scherenburg**. Am besten die Fahrräder im Ort stehen lassen und die Stufen zu Scherenburg hinaufklettern. Der Aufstieg wird mit einer atemberaubenden Aussicht ins Maintal und über die Stadt belohnt. Wer im Sommer auf Fahrradtour geht, sollte sich Karten für die *Scherenburgfestspiele* reservieren. Dann nämlich dient die mittelalterliche Ruine als imposante Kulisse für die schon traditionellen Schauspiele.

Für Familien eignet sich ein Abstecher zu dem erst 2010 erstellten **Walderlebnispfad** mit zwölf Stationen. Bei diesem interaktiven Naturerlebnis folgen wir dem Waldkobold Borke auf eine Erkundungstour durch sein Waldreich. Ob Holzxylophon, Barfußpfad oder Zielweitwurf, der Pfad ist eine Entdeckungsreise für alle Sinne.

Wer gerne mehr über die Stadt Gemünden, mit ihren engen verwinkelten Gassen und den gut erhaltenen Fachwerkhäusern wissen möchte, kann sich auch die Zeit für eine Stadtführung nehmen. Die traditionsreiche Stadt hat so viel zu erzählen, dass die kurze Zeit unseres Fahrradstopps dafür leider viel zu kurz ist.

Auf der linken Mainseite thronen die spärlichen Überreste der Karlsburg.

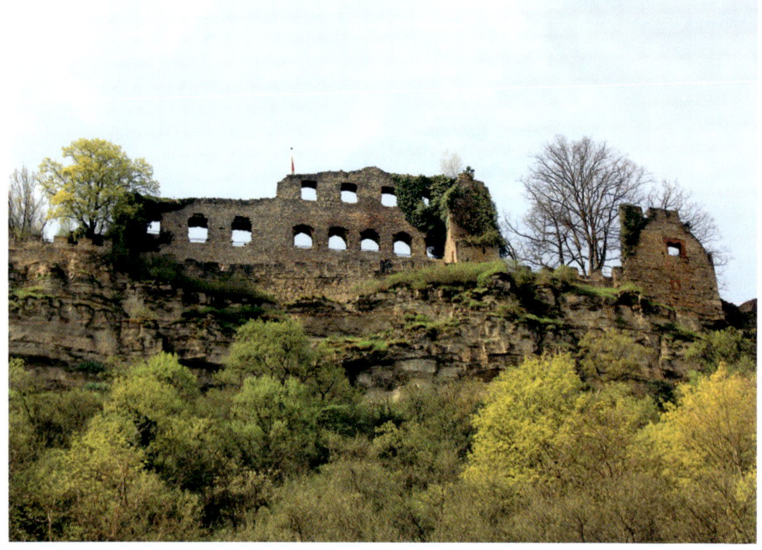

Und das ist bei der Endstation unserer heutigen Radtour nicht anders. Das märchenhafte **Spessartschloss** in **Lohr am Main** zieht uns fast magisch an. Wir haben gehört, dass Schneewittchen in diesem viertürmigen Palast aufgewachsen sein soll, und lassen es uns deshalb nicht nehmen, dem Museum im Schloss einen Besuch abzustatten. Statt auf verkleidete Märchenfiguren à la Disney zu treffen, finden wir uns in einem originalen 100 Jahre alten Krämerladen wieder. Hier werden Bonbons in allen Geschmacksrichtungen per Schäufelchen à 50 Gramm in kleine Papiertüten verpackt, auf einer nostalgischen Waage abgewogen und zu Preisen von anno dazumal verkauft. Das Originalinventar des Krämerladens der Familie Goepfert ist aber nur ein Highlight, über mehrere Stockwerke können wir im Museum Wissenswertes über den Spessart als Holzfabrik sowie die Lohrer Spiegel- und Glasmanufaktur erfahren. Aber auch die berüchtigten Spessart-Räuber werden thematisiert, und schließlich finden wir endlich auch das Zimmer von Schneewittchen.

Wer dem Lohrer Schneewittchen nun wirklich die Hände schütteln möchte, kann bei der Tourist-Information seine persönliche Schneewittchenbegegnung buchen oder an einem der kostenfreien Kulturspaziergänge teilnehmen. Überhaupt lohnt ein Spaziergang durch die malerische Altstadt. Und auch wer keine Führung bucht, kann den Tag auf den in der Stadt verteilten Hörbänken ausklingen lassen und den Lohrer Geschichten aus vergangenen Zeiten lauschen.

Sylvia Schaub

Ausgewählte Adressen und Tipps

Zellingen, www.markt-zellingen.de

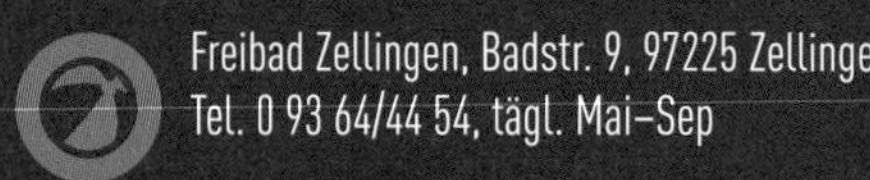

Freibad Zellingen, Badstr. 9, 97225 Zellingen
Tel. 0 93 64/44 54, tägl. Mai–Sep

Himmelstadt, www.himmelstadt.de

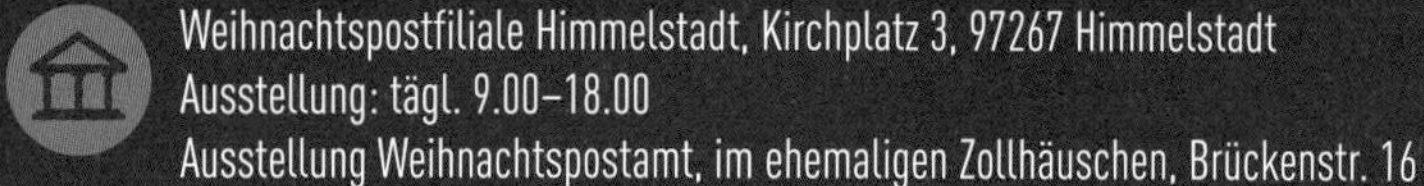

Weihnachtspostfiliale Himmelstadt, Kirchplatz 3, 97267 Himmelstadt
Ausstellung: tägl. 9.00–18.00
Ausstellung Weihnachtspostamt, im ehemaligen Zollhäuschen, Brückenstr. 16

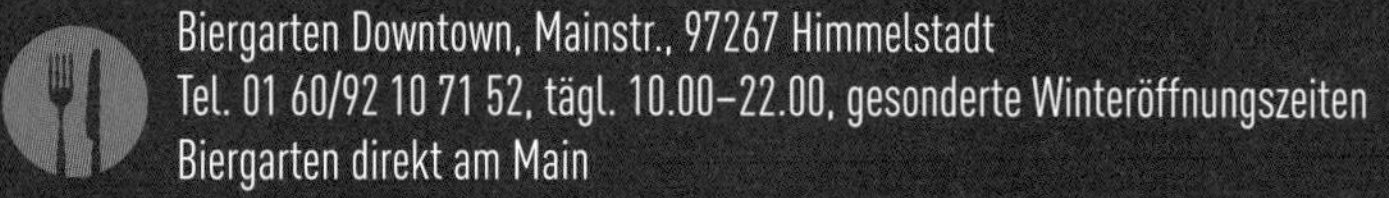

Biergarten Downtown, Mainstr., 97267 Himmelstadt
Tel. 01 60/92 10 71 52, tägl. 10.00–22.00, gesonderte Winteröffnungszeiten
Biergarten direkt am Main

Karlstadt, www.karlstadt.de

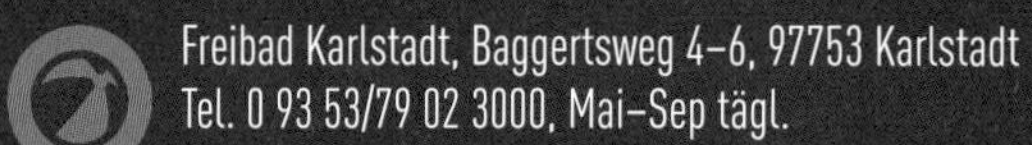

Freibad Karlstadt, Baggertsweg 4–6, 97753 Karlstadt
Tel. 0 93 53/79 02 3000, Mai–Sep tägl.

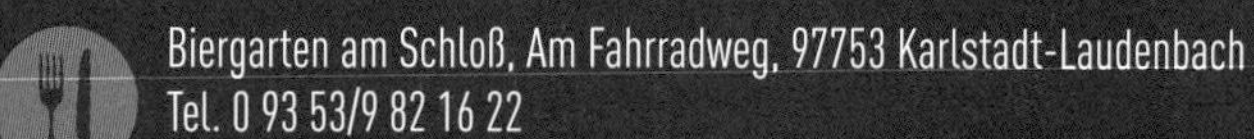

Biergarten am Schloß, Am Fahrradweg, 97753 Karlstadt-Laudenbach
Tel. 0 93 53/9 82 16 22

Gemünden am Main, www.stadt-gemuenden.de

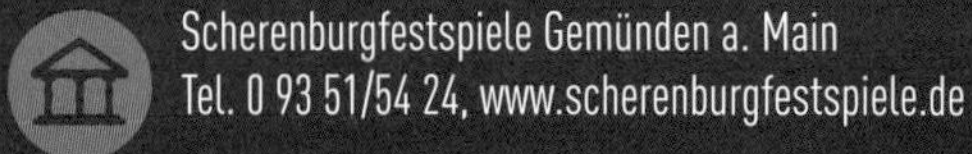

Scherenburgfestspiele Gemünden a. Main
Tel. 0 93 51/54 24, www.scherenburgfestspiele.de

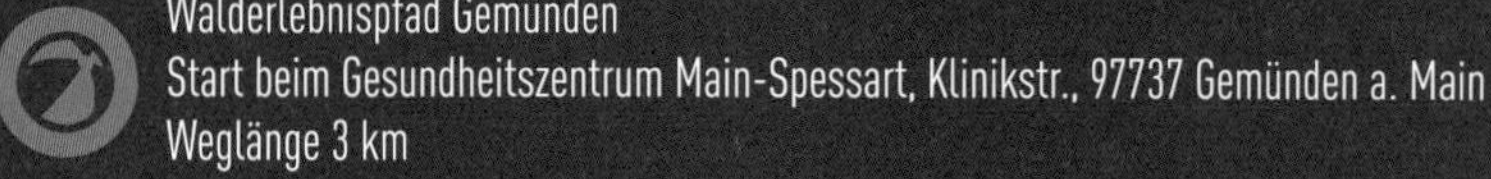

Walderlebnispfad Gemünden
Start beim Gesundheitszentrum Main-Spessart, Klinikstr., 97737 Gemünden a. Main
Weglänge 3 km

Bootsverleih Saaleinsel, Duivenallee 7, 97737 Gemünden a. Main
Tel. 01 51/17 60 57 25, www.bootsverleih-saaleinsel.de

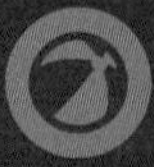

Lohr am Main, www.lohr.de

Spessartmuseum im Schloss zu Lohr am Main, Schloßplatz 1, 97816 Lohr a. Main
Tel. 0 93 53/79 3-23 99, www.spessartmuseum.de
Di–Sa 10.00–16.00, So u. Fei 10.00–17.00

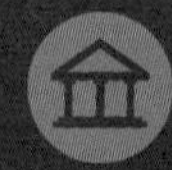

Kulturspaziergang mit Schneewittchen
Apr–Okt jeden 1. So im Monat
Treffpunkt 11.00 am Schlossplatz
Zusatztipp für Familien: Lohrer Schneewittchenrallye, Karte und Fragen einfach auf www.lohr.de herunterladen

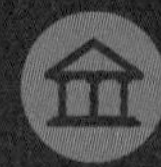

Weitere Informationen zum MainRadweg und zur Region unter:
www.mainradweg.de, www.wernradweg.de
www.vom-main-zur-rhoen.de, www.fraenkisches-weinland.de

Fahrradservice und E-Bike-Verleih

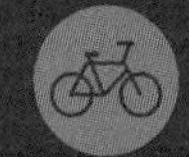

S&S Bikes Veitshöchheim, Thüngersheimer Str. 16, 97209 Veitshöchheim
Tel. 09 31/96 06 26

Radsport Volker Rosenberger, Bodelschwinghstr. 94, 97753 Karlstadt
Tel. 0 93 53/86 73

RADhaus Gemünden, Schulstr. 6, 97737 Gemünden a. Main
Tel. 0 93 51/33 44

Fahrrad Brunner, Kaplan-Höfling-Str. 3, 97816 Lohr a. Main
Tel. 0 93 52/23 54

6 Sechs Beine und zwei Räder im Taubertal

Mit Hund entlang der Tauber von Rothenburg nach Wertheim

Auf etwa 100 steigungsarmen Kilometern führt der Radweg »Liebliches Taubertal« von Rothenburg ob der Tauber über Bad Mergentheim bis nach Wertheim. Es ist eine Strecke, die man auch an einem einzigen Tag schaffen kann, aber dann verpasst man vieles: idyllische Radstrecken am Fluss entlang, die zu einem Picknick im Freien einladen, das Flanieren durch die Gassen der mittelalterlichen Städte auf dem Weg, die Einkehr im Café oder in einer Brauerei und den Besuch eines der vielen Museen. Deshalb nehmen Sie sich Zeit, den Taubertalradweg an ein, zwei oder auch drei Tagen, vielleicht wie ich zusammen mit Hund, zu erkunden.

INFO

Strecke: Rothenburg o. d. Tauber – Igersheim – Tauberbischofsheim – Wertheim

Länge: Ca. 100 km

Markierung: Rote Markierung mit LTK (Liebliches Taubertal Klassiker), in Ortschaften oft auch Radwegschilder mit »Taubertalradweg« beschriftet

Einstiegspunkt: Bahnhof Rothenburg o. d. Tauber

Anreise mit ÖPNV: Mit RE oder S-Bahn nach Rothenburg

Rückfahrt mit ÖPNV: Rückfahrt von Wertheim nach Rothenburg nicht ganz unkompliziert – mit Bus 977 nach Würzburg, von dort mit dem Zug RB nach Steinach bei Rothenburg und weiter mit RB nach Rothenburg

Wetter: Außer im tiefsten Winter eignet sich die Tour eigentlich für jede Jahreszeit; im Sommer auf ausreichenden Sonnenschutz achten

Schwierigkeitsgrad: Gering (aber Gesamtlänge der Tour beachten!); wenige Steigungen und durchweg geteerter Weg; von Wertheim zurück nach Rothenburg gibt es eine »sportliche« Variante des Taubertalradwegs (»Liebliches Taubertal – der Sportive« mit Abkürzung LTS), die anstatt am Flussufer entlang durch die Höhen übers Taubertal führt

Für Familien: Gut geeignet für Ausflüge mit etwas größeren (bzw. sportlichen) Kindern; ausreichend Verpflegungsmöglichkeiten in größeren Orten, bei schönem Wetter bietet sich an mehreren Stellen Picknick am Flussufer an, ggf. eigenen Proviant mitnehmen

Übernachtung: Gästezimmer in jeder größeren Ortschaft, u. a. Weikersheim, Tauberbischofsheim, Werbach u. Wertheim, s. S. 90f.

Hier geht's lang

Abschnitt 1: Rothenburg o. d. Tauber – Igersheim

Los geht es vom **Bahnhof in Rothenburg** aus die Bahnhofstraße entlang über den Friedhofweg auf die Nördlinger Straße. Deren Verlauf folgen wir nach rechts und geraten so auf die Taubertalstraße, die einen Bogen ins Tal schlägt, wo es nach rechts über die Doppelbrücke auf die andere Seite der Tauber geht. Der Radweg führt uns an mehreren alten Mühlen vorbei nach **Detwang**. Ab jetzt ist es einfach, der Beschilderung »Liebliches Taubertal« zu folgen, wir radeln zwischen Tauber und den Hügeln zu unserer Rechten weiter.

Auf diesem Streckenabschnitt geht es gelegentlich auch den ein oder anderen Hang hinauf, bis wir die kleine Ortschaft **Bettwar** erreichen. Der Radweg führt hinter Bettwar links der Tauber

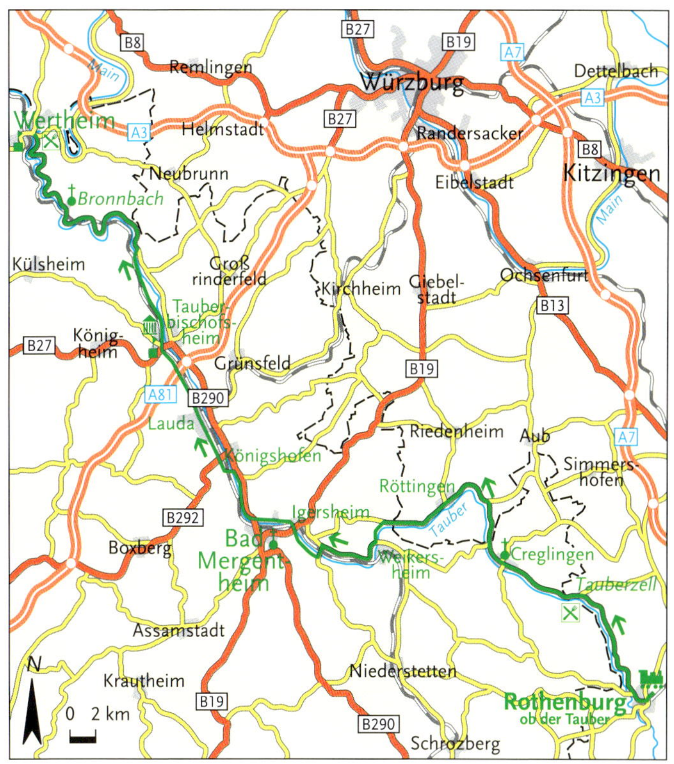

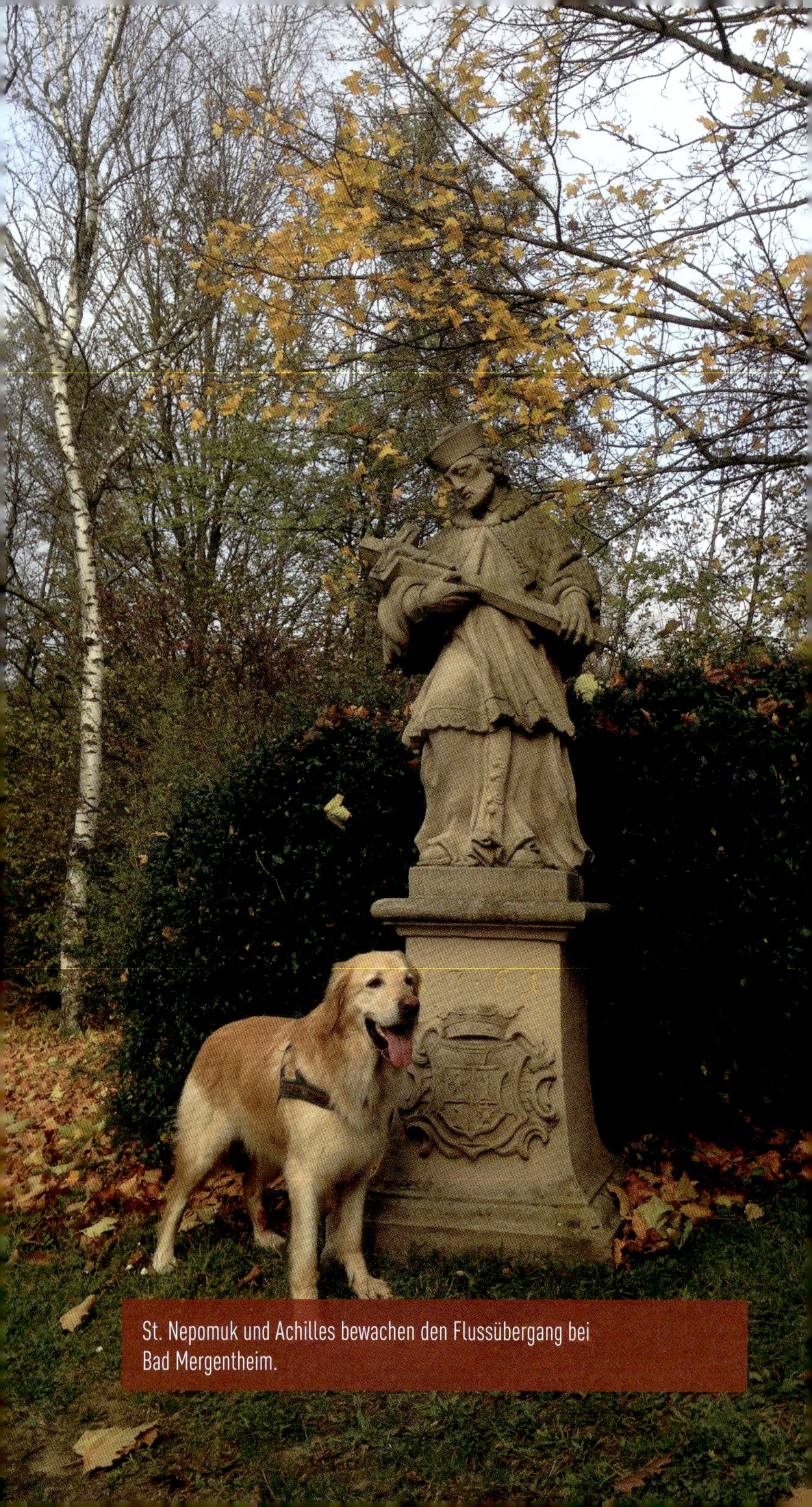

St. Nepomuk und Achilles bewachen den Flussübergang bei Bad Mergentheim.

ohne weitere Steigungen an **Tauberscheckenbach** und **Tauberzell** (zwei Ortschaften, die wir auf der anderen Flussseite »rechts liegenlassen«) vorbei. Hinter Tauberzell beginnt der Radweg, sich einen Hang hinauf zu winden und bringt uns nach **Archshofen**, wo wir – mittlerweile übrigens auf der Baden-Württembergischen Seite – wieder ins Tal zurückkehren.

Immer mit der Tauber zur Rechten fahren wir, zwischenzeitlich wieder mal mit kleinen Steigungen, weiter nach **Creglingen**, womit wir die ersten 20 Kilometer hinter uns gebracht haben. Über den Craintaler Weg kommen wir in die Innenstadt, dann über die Kieselallee wie gewohnt links der Tauber wieder aus dem Städtchen hinaus. Erst in **Klingen** biegen wir rechts auf die St 2268 ab, überqueren den Fluss, halten uns links und folgen wieder dem Radweg. Jetzt befinden wir uns auf der Trasse der stillgelegten Tauberbahn, auf der wir bequem am baumbestandenen Ufer der Tauber entlangradeln bis nach **Bieberehren**. Dort geht es vor dem Rathaus links weg über die Tauber und auf dem Radweg weiter bis kurz vor **Röttingen**, wo wir wieder einmal die (Fluss-)Seite wechseln und direkt zum Marktplatz geführt werden. Auf der Taubergasse geht es zurück zum Fluss, den wir auf der Straße erneut überqueren, um bald darauf wieder rechts ins Tal abzubiegen.

Vor **Tauberrettersheim** fahren wir eine Weile am Waldrand entlang. Der Radweg führt uns am Ortsrand entlang und dann durch ein weites Tal nach **Weikersheim**. Wir kommen durch den Stadtkern mit dem schönen Marktplatz, folgen der Hauptstraße aus Weikersheim heraus und gelangen über den Taubermühlenweg auf unseren Radweg am linken Tauberufer zurück. In **Elpersheim** biegen wir rechts auf die Deutschordenstraße ab, radeln über die Tauber und dann links weiter an der Bahnlinie entlang nach **Markelsheim**, wo wir wieder einmal links ans andere Flussufer hinüber fahren und im Ort rechts über die Scheuerntorstraße wieder aus dem Ort herauskommen. Durch Streuobstwiesen geht es weiter nach **Igersheim**.

Abschnitt 2: Igersheim – Tauberbischofsheim

Wir überqueren in **Igersheim**, vom Ortskern kommend, die Bahnlinie und fahren rechts in die Herrenwiesenstraße. Links der Gleise geht es nun an Streuobstwiesen vorbei in Richtung Bad Mergentheim. Wir unterqueren kurz vor dem Ort die Autobrücke und halten uns halb rechts, bis wir zum Quellenhäuschen kommen. Kurz danach geht es links über die Brücke und auf der anderen Flussseite rechts weiter durch eine schöne Parkanlage. Noch vor der nächsten Brücke biegen wir links ab, folgen den Radwegweisern am Pavillon vorbei und an der Mauer des Schlossgeländes entlang, bis wir auf die Straße stoßen, die uns nach rechts ins Zentrum von **Bad Mergentheim** führt.

An der Hofapotheke geht es rechts vorbei in die Ledergasse und um einige gut beschilderte Ecken herum, bis wir schließlich Bahnlinie und Tauber überqueren und nach der Brücke links fahren. Erst geht es durch ein Wohngebiet, dann wird die breite Teerstraße zu einem Fahrradweg, der an der Straße entlangführt. Dieses Wegstück ist ein wenig laut und nicht besonders anziehend, aber sobald wir in **Edelfingen** ankommen, wenden wir uns an der Ampel bei der Kapelle nach links und folgen der Alten Frankenstraße ein Stück bergab, bis wir links auf die Theobald- und gleich darauf rechts auf die Tauberstraße stoßen. Diese führt uns aus dem Ort hinaus und durch eine Wiesen- und Gartenlandschaft. Vor **Unterbalbach** biegen wir links ab (sofern wir nicht im Ort einkehren, dann geht es nach rechts) und fahren weiter. Nach einer Weile überqueren wir wieder einmal den Fluss, halten uns rechts und stoßen auf eine große Straße, die wir überqueren. Wieder halten wir uns links und folgen den Wegweisern Richtung Lauda.

Vor dem Bahnübergang biegen wir rechts in die Eisenbahnstraße, die zu einem Radweg wird, der uns bald an der Bahnlinie entlangführt. An der Haltestelle »Lauda« mit ihrem gelben Bahnhofshäuschen unterqueren wir die Schienen und radeln auf der anderen Seite in der gleichen Richtung weiter, bis die Wegweiser uns nach links von der Bahn wegführen. Diesem Weg folgen wir nun immer weiter, erst durch Felder, dann durch den Ort **Lauda-Königshofen**. Wenn wir den Ortskern erreicht haben, geht es an der T-Kreuzung nach links und dann wieder rechts weiter. An der Kirche mit ihrem eindrucksvollen Pulverturm überqueren wir die große Straße und folgen dem Weg, die Schienen erst rechts, dann links von uns, an vielen Feldern vorbei, bis wir **Distelhausen** erreichen. Hinter der Wolfgangskapelle und dem Friedhof halten wir uns links, kommen unter einer enormen

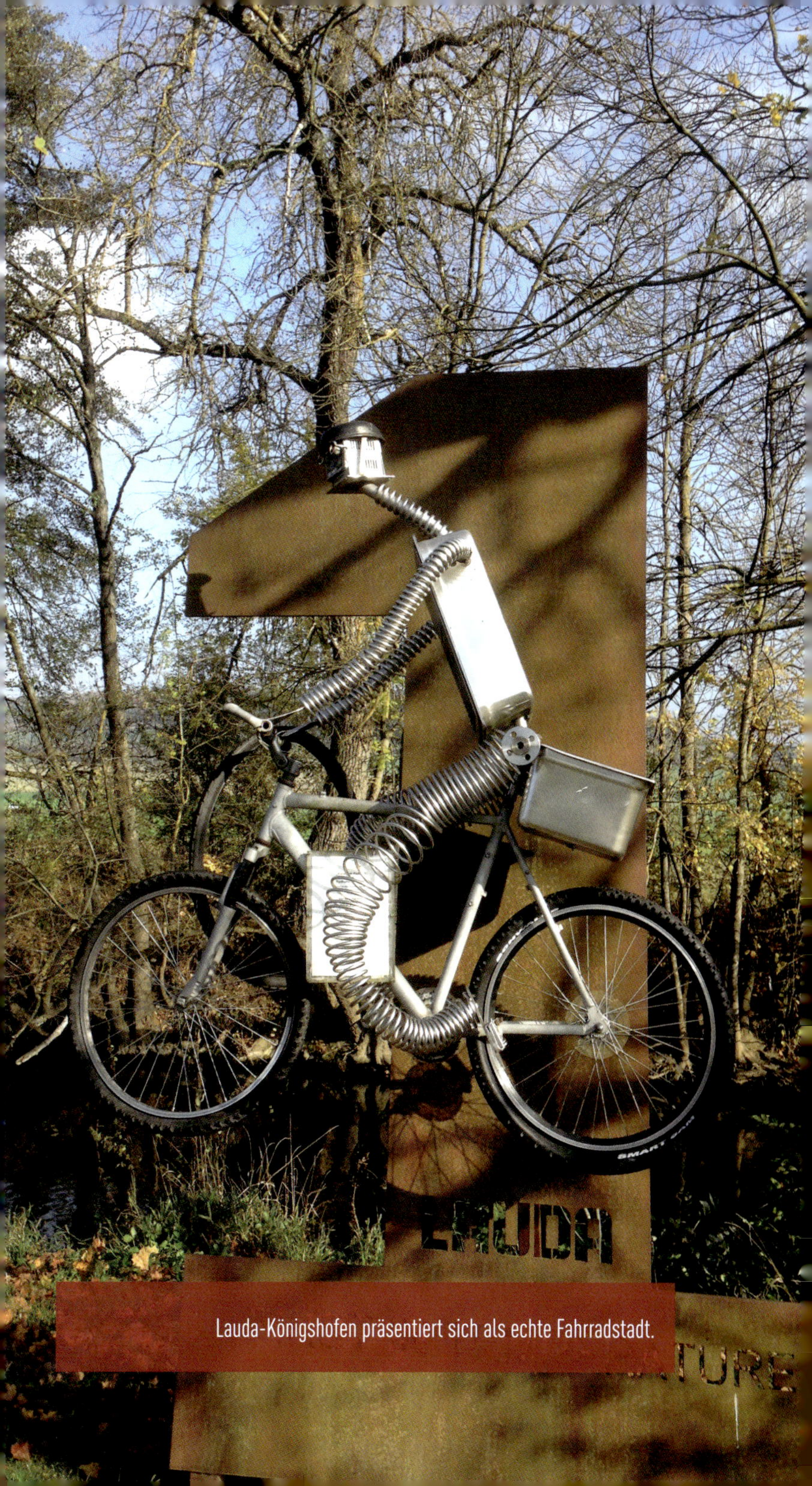

Lauda-Königshofen präsentiert sich als echte Fahrradstadt.

beginnt der »Keltenlehrpfad« zu der siebtgrößten keltischen Wehranlage in Europa, dem **Oppidum** von Finsterlohr-Burgstall, aus dem ersten oder zweiten vorchristlichen Jahrhundert. Seinen Anfang nimmt der Lehrpfad an der *Flachsbrechhütte*, einem Kleinstmuseum, in dem die Herstellung von Kleidung und Wäsche aus dem vor dem Siegeszug der Baumwolle allgegenwärtigen Flachs thematisiert wird. (Für Führungen am *Oppidum* ist Herr Kopanitsak, Tel. 0 79 33/20 190, für die *Flachsbrechhütte* Herr Strauß, Tel. 0 98 65/497, oder Herr Geißendörfer, Tel. 0 98 65/547, zuständig.) Die Ausgrabungen und Rekonstruktionen am »Keltenwall« vermitteln einen Eindruck der einstigen Wehranlage, die mit ihren Gräben und Palisadenwällen eine Stärke von sechs bis acht Metern hatte und möglicherweise vor wandernden germanischen Stämmen schützen sollte.

In **Tauberzell** kommen vor allem Weinfreunde auf ihre Kosten. Die Südlage der steilen Hänge dort begünstigt den **Weinbau**. Außer den typischen weißen Frankenweinen wird dort mittlerweile auch wieder Rotwein hergestellt.

Etwa einen Kilometer südlich von **Creglingen** und westlich des Radwegs liegt die **Herrgottskirche**, ein Meisterwerk der fränkischen Gotik – und wieder einmal eine Kirche, die einen Marienaltar von Tilman Riemenschneider beherbergt. In unmittelbarer Nähe davon findet sich ein weiteres eher ungewöhnliches Privatmuseum, das *Fingerhutmuseum*, in dem Fingerhüte und Nähutensilien aus aller Welt und aus unterschiedlichen Zeiten ausgestellt sind – etwa Knochenstücke, mit denen Mammutjäger vor 30.000 Jahren Perlstickerei auf Leder nähten.

Der Kurort **Bad Mergentheim** kann mit einer Menge Sehenswürdigkeiten aufwarten, aber am besten flanieren Sie einfach selbst durch den Ort, sehen sich die Zwillingshäuser auf dem Marktplatz, das Deutschordenschloss und den Kurpark an. Wenn Sie aber mit Kindern unterwegs sind, die Kirchen, Pestsäulen und Spitälern gerade nicht so viel abgewinnen können, oder Sie selbst bereits einer Überdosis an Riemenschneideraltären ausgesetzt wurden, verabreden Sie sich doch mit Wolf, Adler und Luchs im **Mergentheimer Wildpark**. Die Wildtiere leben in möglichst naturnahen Gehegen, und die Fütterungen morgens ab 10.40 Uhr und nachmittags ab 13.30 Uhr gehören zu den Highlights für viele Besucher. In der Koboldburg können große Kindergruppen sogar übernachten, ansonsten aber die

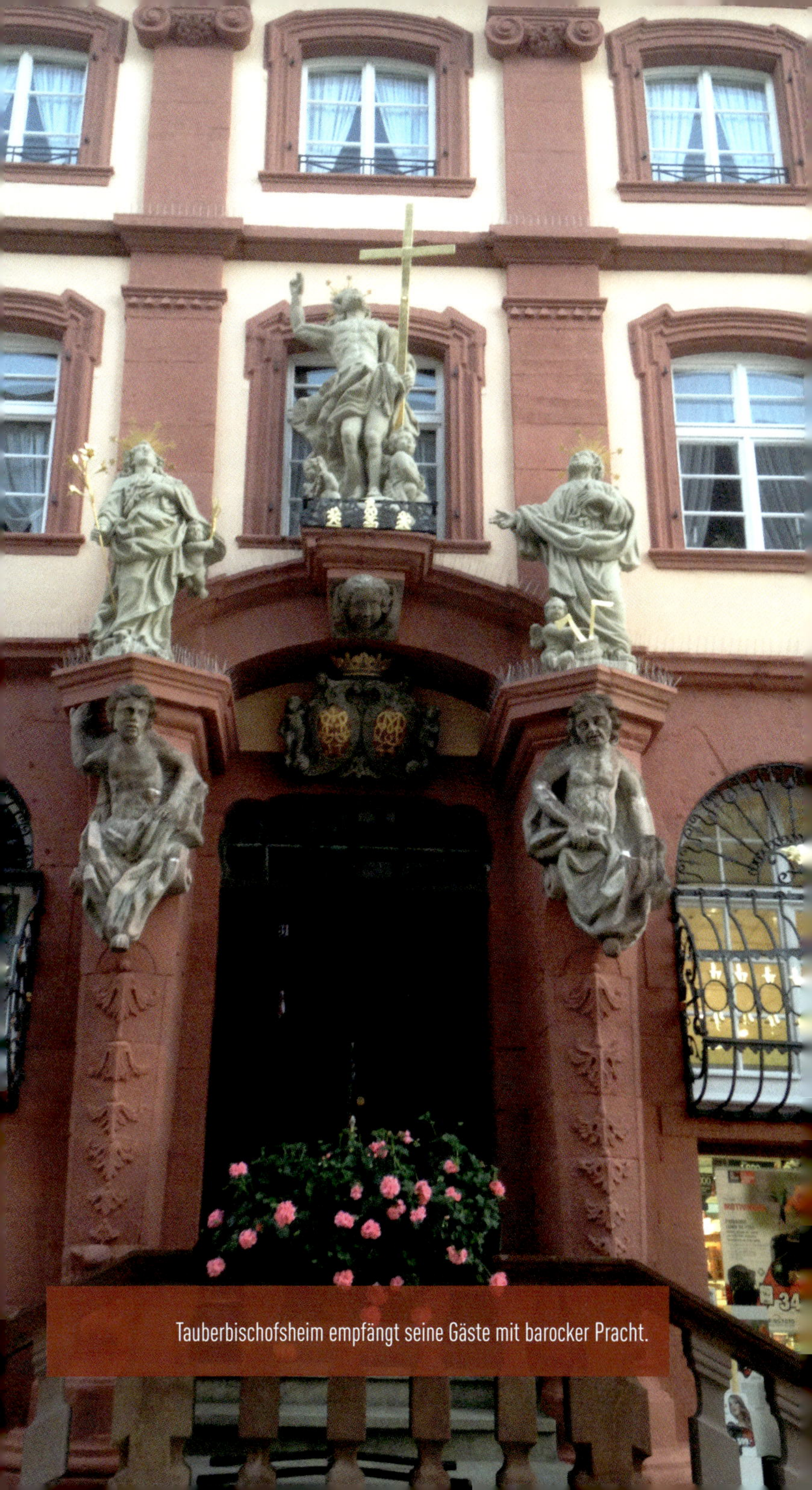

Tauberbischofsheim empfängt seine Gäste mit barocker Pracht.

Erlebnisspielplätze des Parks zum Herumtoben und für kleine Abenteuer nutzen.

Im nächsten Abschnitt radeln wir nahe an verschiedenen Orten vorbei, die mit ihren eigenen interessanten Bauwerken, Kirchen und Schönheiten aufwarten können, auch wenn man sicherlich nicht alle anschauen oder besuchen kann. Wer sich für Kirchen und sakrale Architektur interessiert, wird **St. Vitus** in **Dittigheim** einen Besuch abstatten wollen. Die Barockkirche ist nach Entwürfen von Balthasar Neumann gebaut worden und kann mit einem prächtigen Hochaltar und Deckengemälden aufwarten.

Tauberbischofsheim ist der nächste größere Ort, der mehr Möglichkeiten zum Sightseeing bietet, als der vielleicht doch etwas ermüdete Radwanderer in diesem Moment braucht. Dennoch – das **Kurmainzische Schloss**, einst eine mittelalterliche Wehranlage, ist sicherlich zumindest einen Blick von außen wert. Im Inneren findet sich ein Museum mit einer Sammlung vor- und frühgeschichtlicher Exponate, mehreren Räumen zu Trachten und Volkskunde und über 30 Uhren aus dem 17. bis 19. Jahrhundert. Dass Tauberbischofsheim bis 2017 auch ein **Olympiastützpunkt** mit Schwerpunkt Fechten war und SportlerInnen des dortigen Fechtclubs bei Olympischen Spielen und Weltmeisterschaften über 300 Medaillen gewonnen haben, gehört vielleicht doch eher zu esoterischem Wissen, das an sportlich uninteressierteren Zeitgenossen leicht vorbeigeht – nicht allerdings an den jährlich 50.000 Besuchern des Stützpunkts (in Zukunft nur noch Bundesstützpunkt), in dem man auch übernachten kann.

Hinter Tauberbischofsheim wird es auf unserem Weg noch ländlicher als zuvor, auf den letzten knapp 30 Kilometern geht es an sehr kleinen, verschlafenen Orten meist vorbei. Wer dort irgendwo einkehren will, muss fast immer erst den Fluss überqueren und findet auch dann nicht unbedingt gerade geöffnete Gaststätten vor. Dafür steht das Naturerlebnis im Vordergrund: die Route entlang der Tauber, der Weg hinauf in den Wald, die fernen Schüsse einer Treibjagd. Bei angenehmem Wetter ist ein Picknick an einer der Rastbänke vielleicht die schönste Möglichkeit, sich vor Wertheim zu verpflegen. Trotzdem lohnt es sich, wenn die Zeit und das Wetter es zulassen, durchaus, etwa bei **Niklashausen** ans andere Tauberufer zu fahren, schon um sich mit der Geschichte des »Pfeifers« vertraut zu machen, der dort im Jahr 1476 nach einer Vision der Jungfrau Maria zum Sozialrevolutionär wurde, gleichen Besitz für alle und ein Ende des Frondienstes forderte. Zehntausende pilgerten daraufhin nach Niklashausen, um seinen Reden zuzuhören. Die Sache ging nicht gut aus: Schon im Juli desselben Jahres wurde Hans Böhm, alias »der Pfeifer«, als Ketzer und Aufwiegler verbrannt.

In **Bronnbach** kann das ehemalige **Zisterzienserkloster** aus dem 12. Jahrhundert besichtigt werden. Das nahe gelegene Gasthaus *Klosterhof* öffnet normalerweise nur für größere Reisegruppen; man kann sich also als Radwanderer nicht darauf verlassen, dort etwas zu essen zu bekommen. Aber von hier aus ist es ohnehin nicht mehr allzu weit bis ans Ziel **Wertheim**, wo uns der Anblick der **Burg** schon von Weitem begrüßt. Ich für meinen Teil lasse die Burg bei meiner Ankunft aber Burg sein und suche – ausgekühlt von mehreren Stunden in der Herbstluft – als erstes einen schönen warmen Ort zum Kaffeetrinken, wo auch der Vierbeiner willkommen ist. Wir finden alles – Wärme, Kaffee und Willkommen – im *Kaffeeraum* in der Innenstadt. Und das, obwohl in dem kleinen Raum nicht mehr allzu viel Platz ist, sobald sich der Hund erschöpft auf dem Boden ausgestreckt hat. Neben einem reichhaltigen Sortiment an schonend gerösteten Kaffeesorten, losen Tees und feinem Gebäck gibt es auch verschiedene Geschenkideen und freundliche Unterhaltungen. Ein schöner Ausklang nach einer langen Tour auf dem Rad.

Sigrun Arenz

Ausgewählte Adressen und Tipps

Creglingen, www.creglingen.de

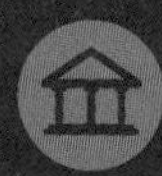

Fingerhutmuseum, Kohlesmühle 6, 97993 Creglingen
Tel. 0 79 33/3 70, www.fingerhutmuseum.de
Apr–Okt Di–So 10.00–12.30 u. 14.00–17.00, Nov–März Di–So 13.00–16.00

Weikersheim, www.weikersheim.de

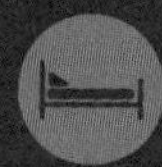

Hotel Laurentius, Marktplatz 5, 97990 Weikersheim
Tel. 0 79 34/9 10 80, info@hotel-laurentius.de, DZ ab 94 Euro
Weine aus den Weinregionen des Taubertals; Haustiere erlaubt (vorher anfragen)

Bad Mergentheim, www.bad-mergentheim.de

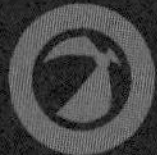

Wildpark Bad Mergentheim, Wildpark 1, 97980 Bad Mergentheim
Tel. 0 79 31/56 30 50, www.wildtierpark.de, tägl. 9.00–18.00 (Winter nur So u. Fei)

Distelhausen, www.taubertal.de

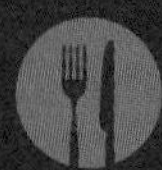

Distelhäuser Brauerei, Grünsfelder Str. 3, 97941 Tauberbischofsheim
Tel. 0 93 41/8 05-0, www.distelhaeuser.de, Brauereiführungen möglich

Tauberbischofsheim, www.tauberbischofsheim.de

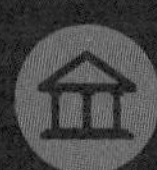

VS-Schulmuseum (Vereinigte Spezialmöbelfabriken)
Mit Dauerausstellung »Das Klassenzimmer« (Schulmöbel des 20. Jahrhunderts)
Buchungen und Kontaktaufnahme unter Tel. 0 93 41/8 80

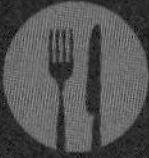

Mocca.espressobar, Hauptstr. 46, 97941 Tauberbischofsheim
Tel. 0 93 41/84 76 88, Mo–Fr 9.30–18.00, Sa 10.00–14.00, So Ruhetag
Kleines Kaffeehaus mit schönem Ambiente

Hotel Badischer Hof, Sonnenplatz, 97941 Tauberbischofsheim
Tel. 0 93 41/98 80, reception@hotelbadischerhof.de
Haustiere erlaubt (auf Anfrage)
Mit eigenem Filmtheater, das tägl. außer Mo Filme zeigt

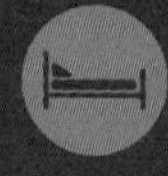

Werbach, www.werbach.de

Hotel Belle Maison, Oberes Tor 7, 97956 Werbach
Tel. 0 93 41/6 00 53 00, www.belle-maison-hotel.de
Kleines, liebevoll eingerichtetes Hotel, eignet sich besonders gut für Familien

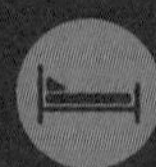

Wertheim, www.tourismus-wertheim.de

Kaffeeraum Wertheim, Maingasse 19, 97877 Wertheim
Tel. 0 93 42/8 59 36 82, www.kaffeeraum-wertheim.de
Mo–Fr 10.00–18.00, Sa 10.00–14.00, So Ruhetag

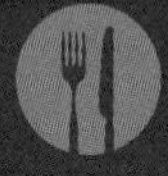

Altstadthotel Baunachshof, Friedleinsgasse 2, 97877 Wertheim
Tel. 0 93 42/9 15 38 30, www.altstadthotel-wertheim.de
Haustiere erlaubt (auf Anfrage)

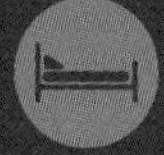

Fahrradservice und E-Bike-Verleih

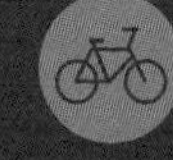

Zweiradcenter Seyfer, Schäftersheimer Str. 44, 97990 Weikersheim
Tel. 0 79 34/2 97, www.zweiradcenter-seyfer.de

Mott Radwelt, Wilhelm-Frank-Str. 82, 97980 Bad Mergentheim
Tel. 0 79 31/5 20 21, www.mott-radwelt.de

2-Rad Esser, Daimlerstr. 5, 97941 Tauberbischofsheim
Tel. 0 93 41/51 18, www.2-rad-esser.de

Lothar Platz Bike & Sports, Bahnhofstr. 29, 97877 Wertheim
Tel. 0 93 42/91 31 61

Tipp: Radwandern mit Hund

Hunde bereiten uns viele schöne Stunden im Freien, da erscheint es nur richtig, sie auch mitzunehmen, wenn wir uns mal vom »durchgetakteten« Nachmittagsspaziergang freimachen und einen ganzen Tag – oder vielleicht sogar mehrere – unterwegs im Freien verbringen.

Damit eine Fahrradtour mit Hund Zwei- wie Vierbeinern Spaß macht und nicht mit Tränen, kaputtem Hund oder kaputtem Rad (oder Radler) endet, sollte man ein paar Dinge beachten:

Zunächst einmal sollte ein Hund frühestens im **Alter** von 12 Monaten ans Rad gewöhnt werden. Dann braucht es gründliches Üben, damit er sicher nebenher mitläuft und weder sich noch andere gefährdet, und regelmäßiges **Training**, bis er die nötige Kondition für längere Strecken am Rad hat. Aber selbst ein fitter, geübter Hund kann natürlich nicht stundenlang bei hoher Geschwindigkeit durch die Landschaft galoppieren. Deshalb will eine Radtour mit Hund gut geplant sein.

Viele Hundebesitzer schaffen sich einen **Anhänger** an, in dem sie ihren Vierbeiner streckenweise transportieren können. Auch das Sitzen in so einer fahrenden Hundehütte will natürlich geübt sein, aber wenn es funktioniert, kann man seine Tagesstrecke nach eigenem Belieben festlegen, ohne die Gefahr, den Hund zu überfordern. Wer freilich einen Berner Sennenhund, eine Dogge oder einen Hund, in dessen Ahnenreihe irgendwann ein blonder Elefant vorkam, sein eigen nennt, wird sich schwertun, einen ausreichend großen Anhänger zu finden – gar nicht zu reden von der Aufgabe, 40, 50 oder 60 Kilogramm Lebendgewicht hinter sich herzuziehen. In dem Fall muss die Tagesetappe an die Möglichkeiten des Hundes angepasst werden.

Dass in jedem Fall genügend **Pausen** eingeplant werden sollten, versteht sich von selbst. Und denken Sie daran, dass ein größerer Hund zwar längere Beine hat, aber auch mehr **Gewicht** mit sich herumträgt als ein kleiner. Sehr schwere Rassen sind nicht unbedingt die ausdauerndsten Läufer am Rad. Wie viele Kilometer pro Tag Sie Ihrem Hund wirklich zumuten können, lässt sich also pauschal nicht sagen; das hängt von vielen Faktoren ab. Bei meiner Tour durchs Taubertal (s. S. 78ff.) habe ich mit meinem großen, aber recht agilen und raderprobten Hovawart an zwei Tagen sechzig Kilometer in relativ gemächlichem Tempo zurückgelegt. Danach war er zwar ziemlich müde, zeigte aber am nächsten Tag keine Anzeichen von Muskelkater oder Abneigung gegen einen langen Spaziergang.

Die Größe und Kondition Ihres Vierbeiners sind nicht die einzigen Kriterien, nach dem Sie ihre Etappen auswählen sollten. Denken Sie daran, dass Hunde **nicht schwitzen** können. Lange Radtouren im Hochsommer sollten Sie mit Ihrem Tier vermeiden. **Trinkwasser** muss natürlich im Gepäck mitgeführt werden, und Möglichkeiten zum **Abkühlen** für wasserbegeisterte Hunde bietet auf dem Taubertalradweg der Fluss, wenn er nicht gerade eine zu steile Uferböschung aufweist. Obwohl der Taubertalradweg durchgehend asphaltiert ist, gibt es oft grasige Wegränder, die für Hundepfoten einen angenehmeren und schonenderen Untergrund bieten.

Und dann kann es eigentlich schon fast losgehen. Beispielsweise der Weg zwischen Igersheim und Wertheim führt durch viele Ortschaften, an denen der Hund natürlich an die **Leine** muss. Auch im Wald sollte man besser nicht das Risiko eingehen, sein Tier frei laufen zu lassen. Aber dazwischen gibt es lange Strecken, in denen ein gut erzogener Hund durchaus von der Leine kann. Wenn er dann noch ausreichend Pausen zum Schnüffeln, Wassertrinken und Ausruhen hat, wird die Radtour mit seinen Menschen auch für ihn zu einem tollen Erlebnis.

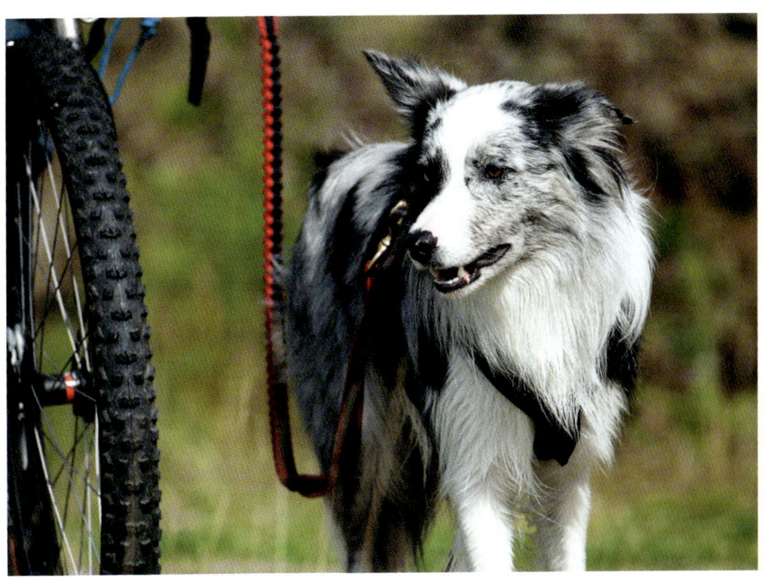

7 Mittelalterliche Geschichte und fränkische Nostalgie

Von Rothenburg durchs Aischtal nach Neustadt an der Aisch

Eine angenehme Strecke mit günstigem Höhenprofil führt uns durch kleinere Ortschaften und zwei kulturelle »Hochburgen«: Rothenburg ob der Tauber und Bad Windsheim, deren zahlreiche Sehenswürdigkeiten des Öfteren zum Verweilen einladen. Wir erkunden die mittelalterliche Altstadt Rothenburgs und erleben in Bad Windsheim historisches fränkisches Landleben. Für den Muskelkater vom In-die-Pedale-Treten gibt es wohl kein besseres Gegenmittel als die ebenfalls in Bad Windsheim beheimatete Wohlfühloase *Franken-Therme*.

INFO

Die Strecke: Rothenburg o. d. T. – Hartershofen – Burgbernheim – Bad Windsheim – Ipsheim – Neustadt a. d. Aisch
Länge: 72 km
Markierung: Abschnittsweise Aischtalradweg-Markierung; grünes Fahrrad auf quadratischem Schild
Einstiegspunkt: Bahnhof Rothenburg ob der Tauber
Anfahrt mit ÖPNV: Problemlos mit dem Zug nach Rothenburg ob der Tauber
Rückfahrt mit ÖPNV: Gute Bahnverbindungen in Bad Windsheim und Neustadt, aber auch Bahnhöfe mit RB-Anschluss in Hartershofen, Burgbernheim und Ipsheim
Wetter: Keine schattigen Waldwege, daher nicht an zu heißen Tagen
Schwierigkeitsgrad: Mittel, kaum Steigungen, aber relativ lang
Für Familien: Eher für kulturell Interessierte, doch das Freilandmuseum könnte auch Kindern gefallen; aufgrund schöner Rastplätze eigener Proviant empfehlenswert, allerdings genügend Einkehrmöglichkeiten auf der Strecke
Übernachtung: In Bad Windsheim und Neustadt a. d. Aisch

Hier geht's lang

Vom **Rothenburger Bahnhof** aus gelangen wir relativ schnell auf den Aischtalradweg. Wir fahren die Obere Bahnhofstraße hinauf, bis wir, oben angekommen, an einer großen Kreuzung nach rechts in die Schweinsdorfer Straße einbiegen. Dieser folgen wir aus dem Ort hinaus und biegen kurz nach dem Ortsausgang wieder rechts in einen Feldweg ein. Direkt nach der Bahnschiene geht es nach links und gleich wieder rechts, dann geradeaus, bis wir auf eine Straße stoßen. Diese führt uns linker Hand nach **Schweinsdorf** und ist erstmals mit der Aischtalradweg-Markierung beschildert, die sich ansonsten auf dem ersten Abschnitt der Tour etwas rarmacht. Das quadratische Schild mit dem grünen Fahrrad vertritt unsere »eigentliche« Markierung aber würdig und leitet uns zuverlässig durch die Ortschaften Schweinsdorf und **Hartershofen**.

Am Ortsausgang von Hartershofen entscheiden wir uns an einer Abzweigung für die rechte der beiden linken Straßen und folgen weiterhin dem grünen Fahrrad. Es geht kurz über offenes

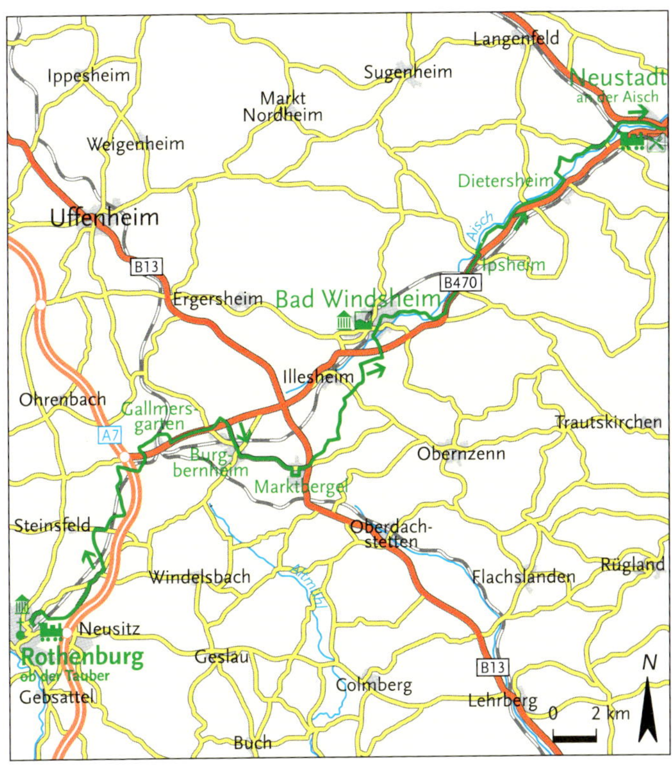

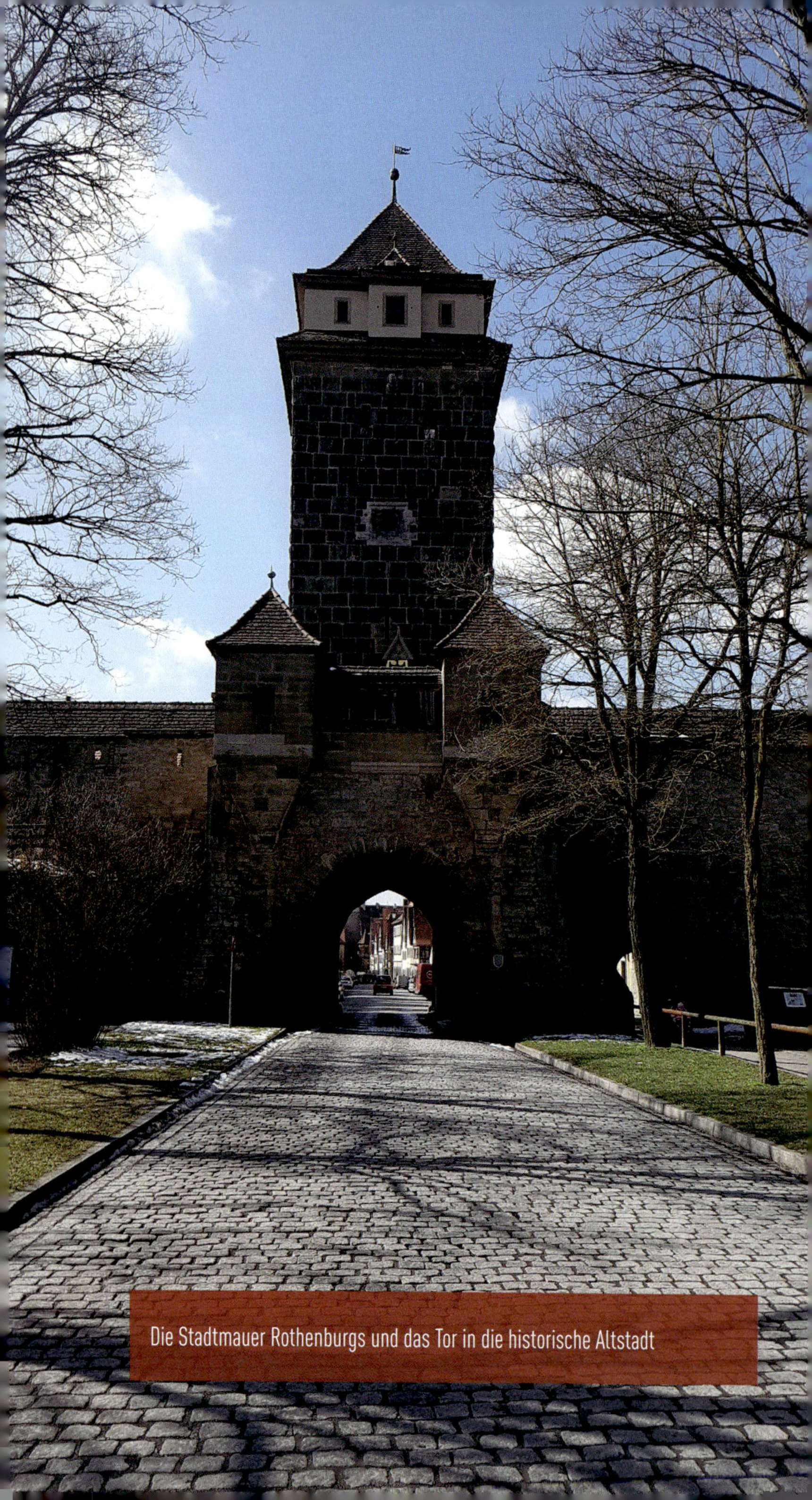

Die Stadtmauer Rothenburgs und das Tor in die historische Altstadt

Gelände, dann durch den Wald nach **Endsee**, wo wir wieder unsere Aischtalradweg-Markierung entdecken. Weiter geht's über **Gallmersgarten** in Richtung Bad Windsheim. Unsere Markierung lässt sich nun öfter blicken. Bei **Burgbernheim** passieren wir eine Seengruppe, in die der Ensbach und der Tiefenbach münden, und lassen uns vielleicht von den Bänken mit Blick auf den See zu einer Rast verleiten.

Wir radeln an Feldern und Äckern vorbei, bis unser Weg irgendwann eine scharfe Linkskurve macht und an den Schienen entlang- und eine Unterführung hindurchführt. Direkt hinter der Unterführung halten wir uns links, dann ein Stück geradeaus und schließlich rechts. Wir fahren durch **Illesheim** und erblicken kurz nach der Ortschaft zum ersten Mal die Aisch. Nachdem wir sie über eine kleine Brücke überquert haben, fahren wir weiter nach links und erreichen Bad Windsheim. Alternativ lässt sich ab dem Ortsausgang von Burgbernheim auch der ebenso schöne – und in der Tourenkarte aufgeführte – Radweg über **Marktbergel** nehmen, der uns schließlich ebenfalls an den Rand von Illesheim und in den Ortskern von Bad Windsheim führt.

In der Ortsmitte von **Bad Windsheim** finden wir beide Markierungen – Aischtalradweg und grünes Fahrrad – wieder und fahren weiter in Richtung Lenkersheim. Wir folgen der grünen Markierung durch **Oberndorf** und gelangen kurz darauf nach **Ipsheim**. Von hier an bieten sich uns regelmäßig Möglichkeiten, den Weg abzukürzen – allerdings muss der Aischtalradweg dafür verlassen werden. In Ipsheim biegen wir links von der Hauptstraße ab, werden aber von der Markierung wieder auf diese zurückgeführt. Auch die Aischtalradweg-Markierung gesellt sich wieder zum grünen Fahrrad hinzu, dem wir hinter Ipsheim über Felder und Fluren folgen. Bald führt uns der Weg ein Stück an der Aisch entlang, bis wir sie über eine Holzbrücke überqueren. Hier entfernen wir uns kurz vom Fluss, begegnen ihm aber wieder nach einer Linksbiegung. **Dottenheim** streifen wir nur kurz, dann verläuft der Weg weiter zwischen Wiesen und Feldern hindurch, mal ganz nah, mal weiter weg von der Aisch.

Angekommen in **Dietersheim** fahren wir mit der Markierung nach links und dann wieder links von der Hauptstraße ab. Erneut führt eine Brücke über die Aisch, wir radeln rechts am Reiterhof vorbei und halten uns auf freiem Feld wieder rechts. Schon bald kommen wir nach **Schauerheim** und fahren dann, Schauerheim hinter uns lassend, unter einer kleinen Bahnunterführung hindurch. Die letzten Meter verlaufen inmitten von Wiesen und Feldern, bis wir unser Etappenziel **Neustadt an der Aisch** erreichen.

Das gibt's zu sehen

Das Herzstück der Tour ist zugleich ihr Ausgangspunkt: In **Rothenburg ob der Tauber** (s. auch S. 85) könnte man Tage verbringen. Manche Touristen kommen von weit her, um das mittelalterliche Flair auf sich wirken zu lassen und die Kultur des europäischen Mittelalters kennenzulernen. Da nimmt es nicht wunder, dass die Sehenswürdigkeiten unserer Tour sich hauptsächlich in Rothenburg – und in Bad Windsheim – befinden.

Die überdachte **Stadtmauer** von Rothenburg ist komplett erhalten und auf fast zwei Kilometern begehbar. Außerdem gibt es seit 2014 den »Rothenburger Turmweg«, der vier Kilometer lang an der Stadtmauer entlang um die Altstadt herumführt. An 22 Stationen erfahren wir vieles über die »Stadt der Türme«. Überall stößt der einschlägig interessierte Spaziergänger auf Türme und Tore der Stadtbefestigung, die in Rothenburg in größerer Zahl und besserem Zustand erhalten sind als in den meisten anderen Altstädten Deutschlands. »Rödertor«, »Klingentor«, »Kobolzeller Tor« … es würde zu weit führen, sie alle einzeln aufzuzählen und zu beschreiben. Für diesen Rundweg kann und sollte man circa zwei Stunden einplanen, aber es ist ohne Weiteres möglich, an beliebigen Stellen ein- und wieder auszusteigen; auch die thematischen Stationen folgen trotz Nummerierung keiner strikt aufeinander aufbauenden Reihenfolge. Und natürlich begnügen wir uns nicht damit, nur um die Altstadt herumzuspazieren – wir schlendern auch durch sie hindurch. Auf dem **Marktplatz** bekommen wir das Rathaus mit seinem Turm sowie die *Ratsherrntrinkstube* mit dem Glockenspiel »Meistertrunk« zu sehen.

Prägend für das Rothenburger Stadtbild sind die gewaltigen Türme der **Jakobskirche**, die im Spätmittelalter von vielen Wallfahrern besucht wurde. An der Südseite der Kirche ist Christus mit seinen schlafenden Aposteln in Stein gemeißelt. Leider kann Rothenburg nicht mehr mit einer Burg dienen, da diese 1356 von einem Erdbeben zerstört und fortan als »Steinbruch« für die

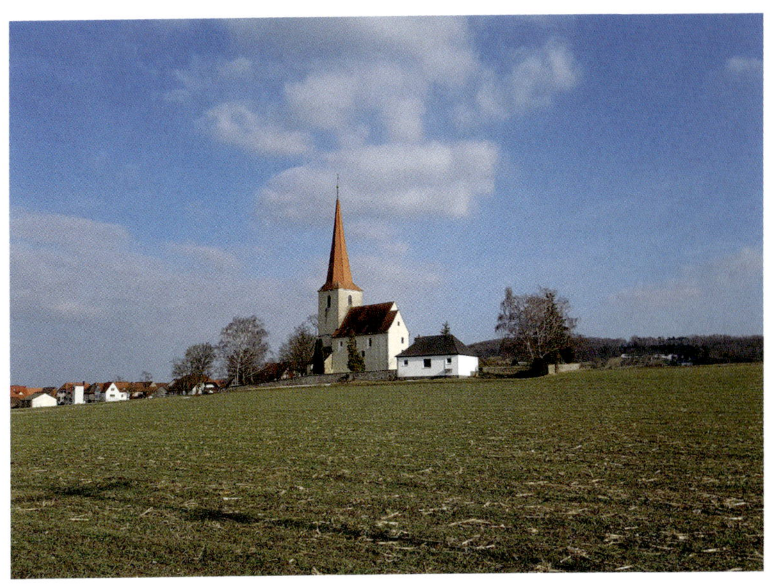

Felder und Fluren zwischen Bad Windsheim und Neustadt an der Aisch

Stadtmauer genutzt wurde. Überbleibsel der einstigen Burg ist (nach ihrer Renovierung) die Blasiuskapelle, ehemals das »Hohe Haus der Herzöge«, in dem der König vermutlich diese und andere hohe Gäste zu empfangen pflegte. Anstelle der Burg finden wir aber einen herrlichen **Burggarten** vor, der in jedem Fall einen Spaziergang lohnt.

Das wohl beliebteste Foto- und Postkartenmotiv Rothenburgs ist das **Plönlein**, dessen Name vom lateinischen Wort »planum« herrührt, welches in etwa »ebener Platz« bedeutet. Hierbei handelt es sich um ein Fachwerkhaus mit einem kleinen Brunnen davor, flankiert vom **Kobolzeller Tor** und vom **Siebersturm** – und umgeben von nostalgischen Bürgerhäusern.

Ein Klassiker in der fränkischen Museumslandschaft ist das **Mittelalterliche Kriminalmuseum**. Hexen, Henker, Folterknechte – der Rückblick auf eine tausendjährige Rechtsgeschichte ist zugleich ein Blick in die Abgründe des Mittelalters. Das soll aber nicht heißen, dass die circa 50.000 Exponate ausschließlich dem Vollzug drakonischer Strafen dienten. Es gibt auch noch andere Dinge zu sehen, zumal wechselnde Ausstellungen sich immer wieder mit neuen Themen und Aspekten beschäftigen.

In den Räumlichkeiten eines ehemaligen Dominikanerinnenklosters ist das **RothenburgMuseum** zu finden. Von Malereien über Skulpturen bis hin zum Kunsthandwerk ist hier auf über 2.500 Quadratmetern allerlei geboten. Und innerhalb des Museums zeigt die »Stiftung Baumann« Jagd- und Kriegswaffen, aber auch Fayencen und vieles mehr.

Nicht nur zur Weihnachtszeit heißt eine Erzählung von Heinrich Böll, deren Titel zur nächsten Attraktion wie die Faust aufs Auge passt. Doch auch wer keinen ähnlich gelagerten Fall in seiner Familie vorweisen kann, könnte am **Deutschen Weihnachtsmuseum** nicht nur zur Weihnachtszeit seine Freude haben. Mannigfache Arten von Christbaumkugeln, Nussknackern und Weihnachtspyramiden gibt es zu bestaunen, außerdem erfahren wir alles Wissenswerte über den Nikolaus, das Christkind und den Weihnachtsmann und tauchen ein ins weihnachtliche Brauchtum, angefangen bei Adventskalender und Adventskranz. Ideal, um Weihnachtsmuffel zu bekehren (oder sich in seiner Weihnachtsaversion zu bestärken). Der Grinch war leider nocht nicht da.

Das **Historiengewölbe mit Staatsverlies** informiert nicht nur über die Rolle Rothenburgs während des Dreißigjährigen Krieges, sondern vermittelt auch einen Eindruck der damaligen

Die Aisch bekommt Konkurrenz: den Seegraben bei Endsee

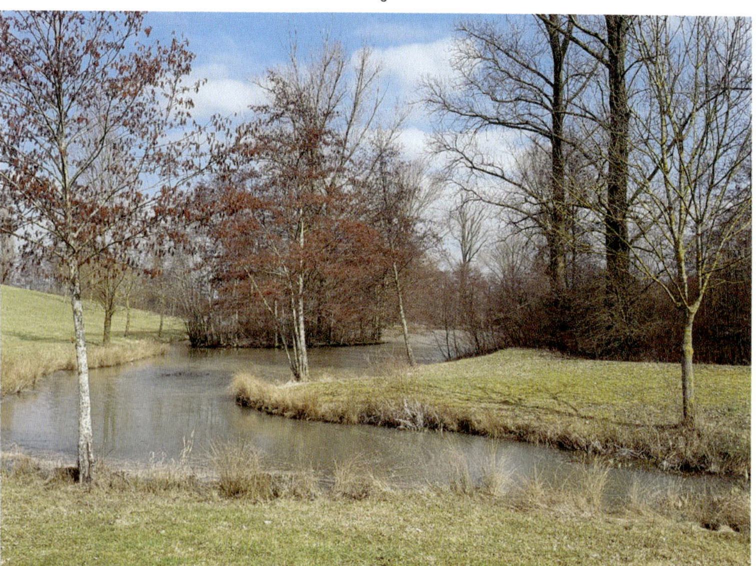

Haftbedingungen. So können eine Wachstube, eine Folterkammer und drei Gefängniszellen besichtigt werden. Den Dreißigjährigen Krieg noch anschaulicher erleben kann man nur bei dem historischen Festspiel *Der Meistertrunk*, das seit 1881 alljährlich aufgeführt wird. Es bildet den Höhepunkt der »Pfingstfestspiele«, die unter anderem vom »Historischen Heereszug«, dem »Händler- und Handwerkermarkt« sowie dem »Feldlager und Bürgerfest« eingerahmt werden und ein urig-nostalgisches Bild ergeben.

Ein Besuch in **Bad Windsheim** ist nicht denkbar ohne Besichtigung des **Fränkischen Freilandmuseums**. Auf einer Fläche von 45 Hektar laden über hundert Gebäude zu einer Zeitreise ins fränkische Dorfleben vergangener Zeiten ein. Wir betreten Bauernhöfe, Brauereien, Mühlen und Handwerkerhäuschen – um nur einige der vielen originalgetreu eingerichteten Gebäude zu nennen, die uns eine Vorstellung von 700 Jahren fränkischer Geschichte vermitteln, wie sie anschaulicher nicht sein könnte. Und auch für das leibliche Wohl wird hier bestens gesorgt: Eine Besichtigung und ein gutes Essen lassen sich dank vier Gasthäusern in und am Museum hervorragend verbinden.

Allen Wellness-Freunden und Erholungsuchenden sei die **Franken-Therme** wärmstens empfohlen. Sie verfügt über mehrere Badehallen mit Innen- und Außenbereich sowie einen siebzig Quadratmeter großen Dampferlebnisbereich mit verschiedenen Dampfbädern und Erlebnisduschen.

Abschließend noch ein persönlicher Tipp zu **Ipsheim**: Dort schriebe man den Wein auch groß, wenn man es nicht ohnehin schon täte. Es wimmelt hier von Weinbauern und Weinstuben. Zur Ermutigung: Bis zu 1,6 Promille sind für Radfahrer erlaubt. Schamlos ausnutzen.

Jonas Fehn

Ausgewählte Adressen und Tipps

Rothenburg ob der Tauber, www.rothenburg-tourismus.de

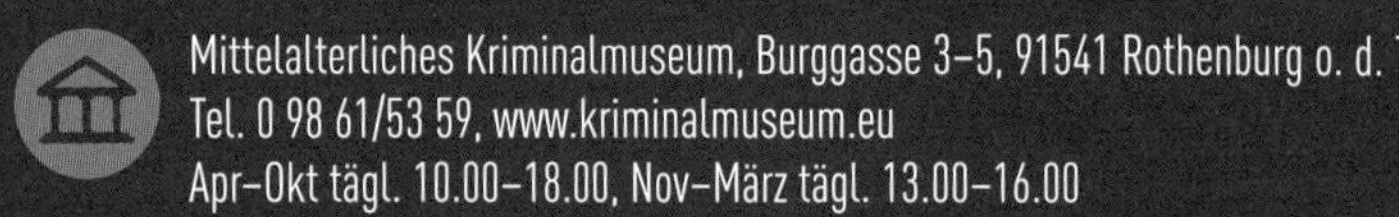

Mittelalterliches Kriminalmuseum, Burggasse 3–5, 91541 Rothenburg o. d. Tauber
Tel. 0 98 61/53 59, www.kriminalmuseum.eu
Apr–Okt tägl. 10.00–18.00, Nov–März tägl. 13.00–16.00

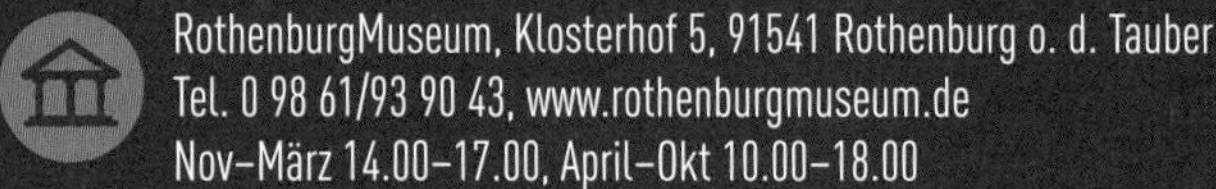

RothenburgMuseum, Klosterhof 5, 91541 Rothenburg o. d. Tauber
Tel. 0 98 61/93 90 43, www.rothenburgmuseum.de
Nov–März 14.00–17.00, April–Okt 10.00–18.00

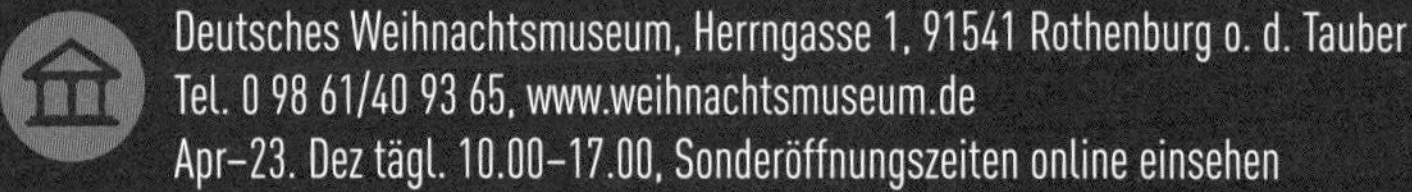

Deutsches Weihnachtsmuseum, Herrngasse 1, 91541 Rothenburg o. d. Tauber
Tel. 0 98 61/40 93 65, www.weihnachtsmuseum.de
Apr–23. Dez tägl. 10.00–17.00, Sonderöffnungszeiten online einsehen

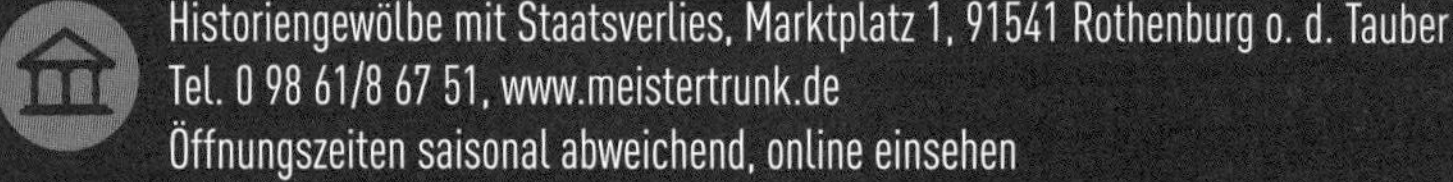

Historiengewölbe mit Staatsverlies, Marktplatz 1, 91541 Rothenburg o. d. Tauber
Tel. 0 98 61/8 67 51, www.meistertrunk.de
Öffnungszeiten saisonal abweichend, online einsehen

Gasthof Rödertor, Ansbacher Str. 7, 91541 Rothenburg o. d. Tauber
Tel. 0 98 61/20 22, www.roedertor.com
Mi–Fr 17.30–21.00, Sa 11.30–14.00 u. 17.30–21.00, So 11.30–14.00 u. 17.30–20.30

Zur Höll, Burggasse 8, 91541 Rothenburg o. d. Tauber
Tel. 0 98 61/42 29, www.hoell-rothenburg.de
Mo–Sa ab 17.00, So Ruhetag

Steinsfeld/OT Hartershofen, www.steinsfeld.de

Gasthof Zum Schwan, Hartershofen 39, 91628 Steinsfeld
Tel. 0 98 61/33 87, www.hotel-zum-schwan-rothenburg.de
Mo, Di, Fr, Sa 17.30–20.30, So u. Fei 11.30–13.30 u. 17.30–20.00

Bad Windsheim, www.bad-windsheim.de

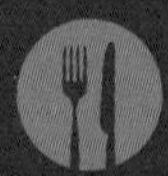

Gasthof goldener Adler, Rothenburger Str. 14, 91438 Bad Windsheim
Tel. 0 98 41/37 92, www.goldeneradler-bw.de
Mo–Mi u. Fr 11.30–14.00 u. 17.30–22.00, Sa 17.30–22.00, So 11.00–14.00

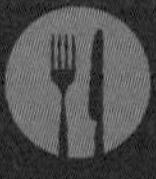

Brauhaus Döbler, Kornmarkt 6, 91438 Bad Windsheim
Tel. 0 98 41/20 02, www.brauhaus-doebler.de
Mo, Mi, Fr 10.30–22.00, Do, Sa 10.30–19.00, mit Brauereiverkauf

Burgbernheim, www.burgbernheim.de

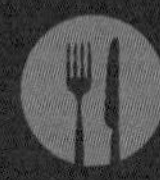

Zum Goldenen Hirschen, Windsheimer Str. 2, 91593 Burgbernheim
Tel. 0 98 43/93 68 80, pension-badwindsheim.de
Mo, Di, Fr, Sa 18.00–22.30, So 11.30–14.00

Ipsheim, www.ipsheim.de

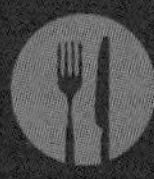

Gasthaus zur Krone/Weinkeller Oberndorf, Oberndorf 69, 91472 Ipsheim
Tel. 0 98 46/3 42, www.weinkeller-ipsheim.de
Gasthaus: So–Mi ab 15.00, Sa auf Anfrage, Weinkeller: Fr ab 18.00

Fahrradservice und E-Bike-Verleih

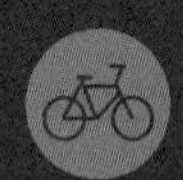

die Radkultur, Ansbacher Str. 85, 91541 Rothenburg o. d. Tauber
Tel. 0 98 61/34 95, fahrradhaus-krauss.jimdo.com

Rupp's Fahrradkiste, Mailheimer Str. 1, 91438 Bad Windsheim
Tel. 0 98 41/4 01 11 70, www.rupps-fahrradkiste.de

Zweirad Hofmann, Nürnberger Str. 4–6, 91413 Neustadt a. d. Aisch
Tel. 0 91 61/26 06, www.bike-hofmann.de

Klör Zweiräder und mehr, Karl-Eibl-Str. 52, 91413 Neustadt a. d. Aisch
Tel. 0 91 61/12 76, www.kloer-zweiraeder.de

8 Die Heimat des fränkischen Karpfens

Von Neustadt a. d. Aisch durchs Aischtal nach Bamberg

Über weite Felder und Fluren führt uns der Aischtailradweg durchs »Karpfenland Franken«. Uns erwarten malerische kleine Dörfer mit rustikalem Charme, die entlang einer gut ausgebauten und beschilderten Strecke liegen. Besonders in kulinarischer Hinsicht ist etwas geboten: Neben Karpfen – was sonst? – gibt es auch viele Gelegenheiten, die fränkische Braukunst kennen- und lieben zu lernen. Mehr Gefälle als Steigungen machen die Strecke angenehm fahrbar, einziger Wermutstropfen: Wir fahren durch das Aisch*tal*, was nicht unbedingt heißt, direkt an der Aisch entlang – diese bekommen wir nur sporadisch zu sehen.

INFO

Die Strecke: Neustadt a. d. Aisch – Höchstadt a. d. Aisch – Hallerndorf – Bamberg
Länge: 65,4 km
Markierung: »Aischtalradweg« (weißer Fisch auf vierfarbigem Schild)
Einstiegspunkt: Bahnhof Neustadt (Aisch) Mitte
Anfahrt mit ÖPNV: Mit RB bis Bahnhof Neustadt (Aisch) Mitte
Rückfahrt mit ÖPNV: Von Bamberg aus sehr gute Bahnverbindung; ab Höchstadt Bus 230E nach Erlangen, von dort ebenfalls mit dem Zug
Wetter: Keine schattigen Waldwege, daher nicht an allzu heißen Tagen
Schwierigkeitsgrad: Leicht (kaum Steigungen)
Für Familien: Eignet sich eher für kulinarische (Karpfen und Bier) und kulturelle Ausflüge (z. B. Bamberger Altstadt), Kinderspielplätze aber vorhanden (z. B. auf dem Kreuzberg); gute Einkaufs- wie Einkehrmöglichkeiten vorhanden, aber ungleichmäßig über die Strecke verteilt; eigener Proviant empfehlenswert
Übernachtung: Gute Möglichkeiten in Neustadt a. d. Aisch

Hier geht's lang

Vom **Bahnhof Neustadt (Aisch) Mitte** nehmen wir die Ansbacher Straße in Richtung Norden, wir überqueren den Plärrer und kommen auf die Alleestraße, der wir bis zu ihrem Ende folgen. Spätestens dort stoßen wir auf die uns bereits bekannte Aischtalradweg-Markierung, die uns durch **Klobenmühle** und Richtung

Diespeck führt. Wir kommen nach **Gutenstetten**, wo wir auf die Hauptstraße stoßen, und folgen dieser nach links. Am Wirtshaus mit dem treffenden Namen *Landgasthof Radlertreff* fahren wir rechts über die Steinach. Dann verlassen wir Gutenstetten Richtung Reinhardshofen, biegen kurz darauf rechts ab und genießen den Ausblick über die Felder. Als Nächstes fahren wir durch das schöne **Reinhardshofen** mit seinem bäuerlichen Charme, halten uns an einem gemütlichen Plätzchen mit Bank und Infotafel rechts und radeln durch **Rappoldshofen**. Danach durchqueren wir kurz das bzw. den aus nur ein oder zwei Gehöften bestehende(n) **Eckenhof**.

Nachdem wir die Aisch über eine kleine Brücke überquert haben, erreichen wir **Gerhardshofen**, hier lässt uns die Beschilderung im Stich. Über den Marktplatz, wo auch das Rathaus steht,

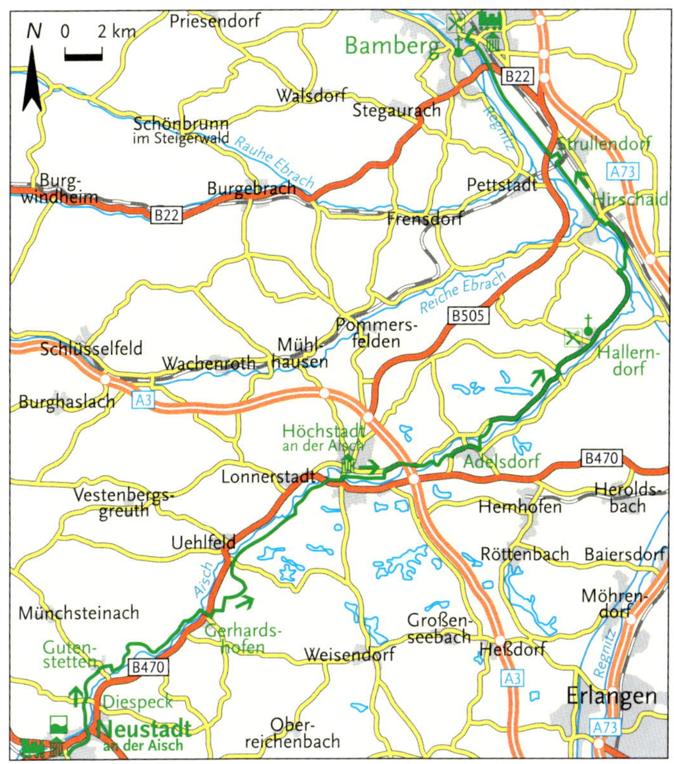

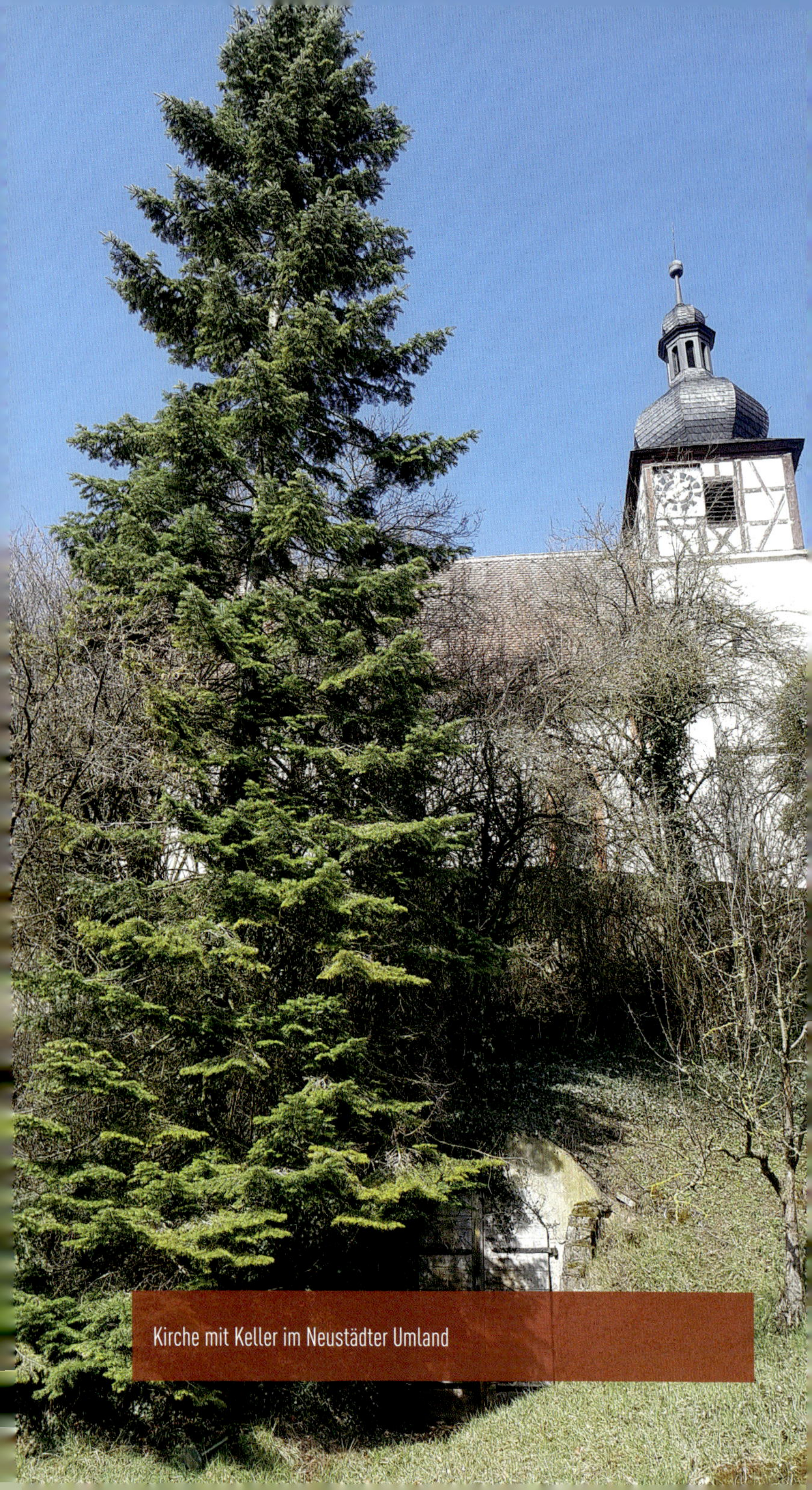

Kirche mit Keller im Neustädter Umland

gelangen wir zur Hauptstraße, wo wir uns links halten. Aber schon bald biegen wir rechts ein, fahren den Abhang hinunter und folgen kurz vor dem Ortsausgang dem Radweg nach links. Wir kommen nach **Dachsbach**, wo wir auch wieder die Aischtalradweg-Markierung entdecken. Am Ortsrand geht es ebenfalls nach links, bei der nächsten Abzweigung nach rechts. Aber auch der nach links abzweigende Weg führt nach Höchstadt an der Aisch. Wer in Kauf nehmen möchte, den Aischtalradweg zu verlassen, kann hier einen Kilometer einsparen. Solche Gelegenheiten wird es noch öfters geben, wobei die abgekürzte Strecke auch mehrere Kilometer betragen kann.

Vorsicht: Bald kreuzt ein unbefestigter Weg unseren Teerweg; die Markierung ist hier leicht zu übersehen, doch es handelt sich tatsächlich um unseren Radweg, obwohl er eher den Eindruck eines Landwirtschafts- oder Forstweges macht. Ihm folgen wir nach links und stoßen auf eine Landstraße, an der wir uns wiederum rechts halten, bis wir sie in einer Rechtskurve, die in Richtung Peppenhöchstädt führt, verlassen. Wir nehmen eine kurze Steigung und halten uns, oben angekommen, links. Für die Steigung werden wir durch eine Abfahrt entschädigt, und es geht an mehreren Teichen vorbei nach **Uehlfeld-Demantsfürth**. Am Ortseingang radeln wir rechts, bis wir kurz darauf die Straße nach links verlassen, am Ortsrand entlangfahren und wieder rechts abbiegen. Wir legen eine kurze Strecke über Wiesen und Felder zurück und gelangen in den Uehlfelder Ortsteil **Voggendorf**. Nach einer Begegnung mit einer silbernen Radlerskulptur verlassen wir den Ort in Richtung **Weidendorf**. Hier lädt der Voggendorfer Kellerberg zu einer Rast ein.

Wir folgen der Ortsstraße und verlassen Weidendorf mit einem Spielplatz zu unserer Linken und Rastbänken zu unserer Rechten. Zwischen Weidendorf und Sterpersdorf bietet sich ein Abstecher auf den *Lauberberg* an. In **Sterpersdorf** radeln wir am rechten Ufer der Aisch entlang und kommen bald nach **Greiendorf**. Auch hinter Greiendorf freuen wir uns darüber, dass die Aisch uns Gesellschaft leistet. Dann über eine Landstraße, in Richtung **Höchstadt** hinein und am Kreisverkehr nach links, der grünen Markierung folgend – nun befinden wir uns auf einem Parkplatz. Das nicht auf den ersten Blick sichtbare Schild – nicht unsere gewohnte Markierung – weist nach rechts. An der Kreuzung auf freiem Feld folgen wir der Markierung in Richtung

Seußling und Medbach über eine kleine Holzbrücke und halten uns am Sportplatz wieder rechts. Auf beiden Seiten säumen Wiesen unseren Weg, und wir erreichen eine kleine Kreuzung. Hier vermissen wir unsere Markierung und folgen der alternativen Markierung mit einem eingerahmten »B«, deren Route sich hier den Weg mit unserer teilt. Wenige Meter weiter begegnen wir aber wieder unserem grünen Fahrrad, folgen ihm nach rechts an Wiesen und Feldern vorbei und wieder links, eine »halbe« Allee entlang. An der Kreuzung am Höchstädter Ortseingang entdecken wir wieder unsere Aischtalradweg-Markierung, die uns zu einem Kreisverkehr führt. Hier geht es geradeaus weiter durch eine kleine Unterführung nach **Medbach**.

Das grüne Fahrrad leitet uns über die Ortsstraße. Hinter Medbach überqueren wir die Aisch auf einer schmalen Holzbrücke und fahren weiter Richtung **Adelsdorf**. Dorthin gelangen wir, nachdem wir über eine Wiese und einen kleinen Bach gefahren sind. Wir bleiben auf der Hauptstraße und können uns am Ortsausgang wieder an der Aischtalradweg-Markierung orientieren. Auf einer Brücke geht es nochmals über die Aisch, dann machen wir eine Rechtskurve und stoßen auf eine Landstraße in Richtung Lauf. Unser Weg führt uns nun immer geradeaus über die Dörfer **Lauf**, **Haid** und **Willersdorf**, welches wir nach Hallerndorf hin verlassen. Hier stoßen wir auf die nächste Landstraße und folgen ihr nach rechts den Abhang hinunter und durch **Hallerndorf** hindurch. Über **Trailsdorf** geht es nach **Seußling**, in Seußling an der Dorfkirche rechts, den Hang hinunter in Richtung **Altendorf**. Wir treffen auf einen »Ehrengast« unserer Tour, die unserem Tourenziel Bamberg zufließende Regnitz, überqueren sie und verlassen schon bald die Straße – hier ist Bamberg erstmals ausgeschildert. Aber Vorsicht: Nach der Linksbiegung geht es sofort wieder nach rechts, geradeaus liegt ein ausschließlich landwirtschaftlich genutzter Weg. Wenn wir uns hier nicht verfahren und im Niemandsland landen, liegt vor uns nun der Main-Donau-Kanal.

Kurz bevor sich der Kanal teilt, verlassen wir den Weg direkt am Ufer entlang und fahren auf einem Teerweg nebenher. Bei **Strullendorf** biegen wir dann links ab und nehmen ein kurzes Stück durchs Gewerbegebiet in Kauf, bis wir wieder auf den Kanal stoßen. Zu unserer Rechten erstreckt sich nun ein kleines Waldgebiet, das später abgelöst wird von Schrebergärten, den ersten Vorboten des Bamberger Stadtgebietes. Dieses erreichen wir, sobald wir eine Straße überquert haben, woraufhin wir weiter den Kanal entlangradeln bis zur Luitpoldbrücke. Kurz hinter der Brücke verlassen wir den Kanal endgültig: Dem grünen Fahrrad folgend fahren wir rechts hoch und finden uns mitten in **Bamberg** wieder, an der Oberen Königsstraße. Von hier aus ist es nicht weit zum Bahnhof oder in die Bamberger Altstadt.

Das gibt's zu sehen

Das **Alte Markgräfliche Schloss** ist mit seinen drei Museen die erste Anlaufstelle für historisch Interessierte in **Neustadt a. d. Aisch**. Es beherbergt neben dem *Aischgründer Karpfenmuseum* das *Markgrafenmuseum* mit der sogenannten »Siebenerabteilung« und die *KinderSpielWelten*. Im **Karpfenmuseum** erzählen nicht nur zahlreiche Exponate, sondern auch diverse Multimedia-Stationen von der über tausendjährigen Geschichte der Karpfenzucht in Franken. In einem Aquarium können die Teichbewohner – darunter Karpfen, Krebse, Muscheln und diverse andere Fische – auch in natura betrachtet werden; anschaulicher geht es wohl nicht.

Idylle ist am Main-Donau-Kanal zu allen Jahreszeiten zu erwarten.

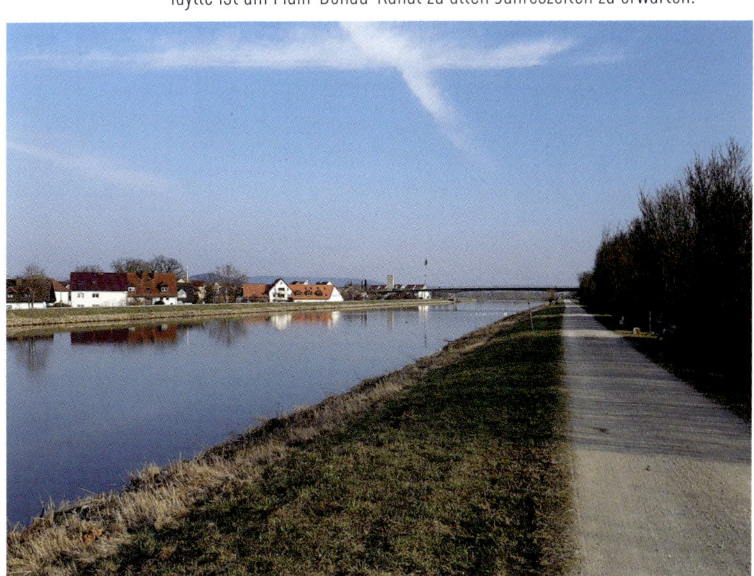

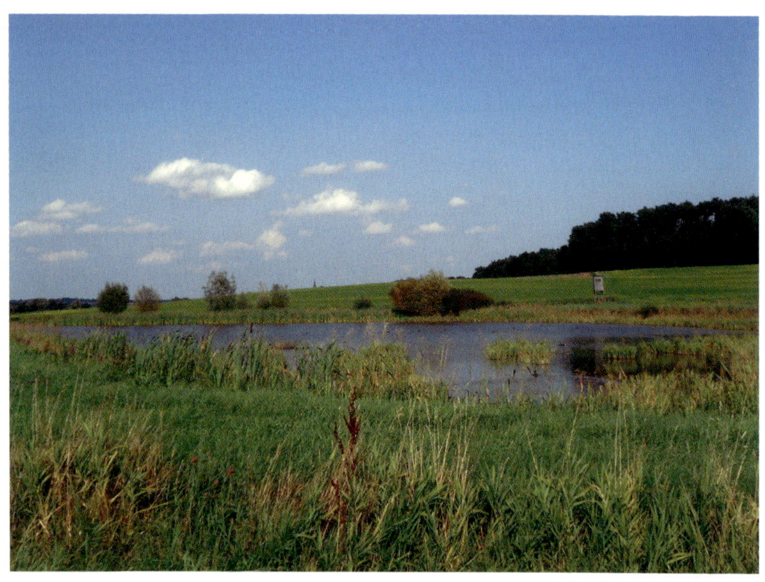

Kleine Teiche bringen hie und da mal Blau ins Grün.

Einen »politischeren« Aspekt der Regionalgeschichte beleuchtet das **Markgrafenmuseum**. Hier erfährt man vieles über das Adelsgeschlecht der Hohenzollern, dessen beide Linien zu Brandenburg-Ansbach und zu Brandenburg-Kulmbach-Bayreuth auch Neustadt a. d. Aisch geprägt haben. Die zum Museum gehörige »Siebenerabteilung« gewährt Einblicke in eines der ältesten heute noch ausgeführten Ehrenämter. Die Siebener platzieren Grenz- und Marksteine und wachen über die Einhaltung der Grenzen.

Auch die Jüngsten – und Jungebliebenen – kommen hier auf ihre Kosten: Die im ersten Stock des »Maschikelesturms« untergebrachten **KinderSpielWelten** locken mit liebevoll restaurierten Puppenstuben und -küchen sowie Kaufläden. Doch das Highlight ist wohl die Modelleisenbahn, die sich auf Knopfdruck durch eine detailverliebte Gebirgslandschaft windet und nicht nur kleine Lokführer, sondern auch große Liebhaber hellauf begeistern dürfte.

Wer danach wieder frische Luft schnappen will, ist im **Neustädter Waldbad** bestens aufgehoben. Auch für Wasserscheue ist hier etwas geboten: Beachvolleyballplatz, Tischtennisplatten,

Kinderspielplatz – und natürlich das »Adventure Golf« auf fast 1.800 Quadratmetern Fläche, ein Trendsport aus den USA, der dank des Neustädter *Golf 'n' Fun* auch in fränkischen Gefilden Fans gefunden hat. Stellen Sie sich eine Mischung aus Minigolf und klassischem Golf vor ... und lassen Sie sich überraschen.

Damit die Stadtgeschichte nicht zu kurz kommt, empfiehlt sich der **Historische Rundgang**, der ab Ostern bis Mitte Oktober immer samstags angeboten wird. Den kulturellen Höhepunkt bildet der »Jean-Paul-Leseweg«. Zwanzig Texttafeln beschreiben Leben und Werk des oberfränkischen Dichters Jean Paul und laden zum Lesen und Nachdenken ein. Und wer nicht gerne liest oder denkt, hat immerhin einen schönen Spaziergang gemacht.

Freunde des gepflegten Bildungstourismus kommen auch in **Höchstadt a. d. Aisch** auf ihre Kosten. Auch hier wollen drei Museen besichtigt werden. Das **Heimatmuseum Höchstadt a. d. Aisch** beschäftigt sich ebenfalls mit der heimischen Karpfenzucht, erzählt darüber hinaus aber auch vom Zunftwesen und präsentiert in einer gesonderten Ausstellung sogar prähistorische archäologische Funde aus der nahegelegenen Sandgrube. Es geht aber auch noch naturwissenschaftlicher: Im **Spix-Museum** erfahren wir alles Wissenswerte über die bis dato größte Expedition ins Amazonasgebiet, unternommen von dem Naturforscher Johann Baptist Ritter von Spix und dem Erlanger Carl Friedrich Philipp von Martius. Abgerundet wird die Ausstellung von einem Vorführraum für Filme und einem kleinen Urwald, in dem Besucher selbst zu Endeckern werden können. Und weil Entdecken durstig macht, ruft anschließend das **Kellerbergmuseum**, wo wir alles rund ums Bier erfahren (aber Achtung: Öffnungszeiten vorab telefonisch erfragen!).

Weil Theorie aber wirklich nicht ohne Praxis auskommt, machen wir in **Hallerndorf** einen Abstecher zum Kreuzberg. Hier erwarten uns gleich drei **Brauereien** mit ihren Bierkellern: *Lieberth*, *Rittmayer* und das *Brauhaus am Kreuzberg* – Letzteres sogar mit hauseigener Brennerei, die auf Anfrage auch besichtigt werden kann. Damit geistige und geistliche Erbauung sich die Waage halten, sei darauf hingewiesen, dass auf dem Kreuzberg auch eine Kirche steht. Die Wallfahrtskirche Heilig Kreuz (uns beschleicht eine leise Ahnung, woher der Berg seinen Namen nimmt ...), erbaut von den Herren von Seckendorf, ist nicht nur wegen ihrer Bau- und Kunstgeschichte interessant; sie erzählt uns vermittelst einer bebilderten Tafel auch die Legende des Kreuzberges. Ihr zufolge erschien einem Zimmermann ein heiliges Kreuz. Dieserart inspiriert, erhielt er obendrein den Befehl Gottes, ein nämliches aus Holz zu fertigen und auf den Berg Hohenrode – so der eigentliche Name des Berges – zu stellen. Verspottet von den Bauern, zerstörte er es wieder – woraufhin er acht Tage lang mit Blindheit geschlagen wurde. Erst durch das Versprechen, ein neues Kreuz anzufertigen, erbarmte sich Gott seiner, sodass er sein Werk vollenden konnte. Seither sollen Zeichen und Wunder geschehen sein, und man munkelt, ein oder zwei davon hätten mit dem Kreuz zu tun.

Unser Etappenziel **Bamberg** (s. auch S. 47ff.) könnte ganze Bücher füllen, und das tut es wohl auch. Wir wollen uns indessen mit den sehenswertesten unter den vielen Sehenswürdigkeiten begnügen. Dass wir in Bamberg an der Oberen Königsstraße herauskommen, ist ein Segen für durstige Drahteselreiter: Zwei legendäre Bamberger **Hausbrauereien**, *Fässla* und *Spezial*, unterhalten hier ihre Wirtschaften. Unbedingt einkehren! Das Bier ist aus gutem Grund überregional bekannt. Im Sommer haben beide Brauereien andernorts auch ihre Keller geöffnet.

Schon bald biegen wir nach links in die Kettenbrückstraße ein und überqueren, weil Nomen eben Omen ist, den kurz zuvor verlassenen Kanal über die »Kettenbrücke«. Hier bestaunen wir die vielen Liebesschlösser, die Bamberger Paare an die Brücke hängen, um ihrer Liebe Ausdruck zu verleihen. Es soll schon Jungvermählte gegeben haben, die extra einen Ehevertrag schlossen, um zu klären, wer das Schloss im Falle einer Scheidung zu entfernen hätte. Alles kann romantisch sein mit etwas gutem Willen.

Wir betreten nun die Bamberger Innenstadt und halten uns geradeaus Richtung Maxplatz. Diesen lassen wir links liegen und gehen über den Grünen Markt dem Herzen Bambergs entgegen, der als Weltkulturerbe geltenden Altstadt. Wir überqueren die Straße genau an der Schnittstelle, wo sie sich nicht entscheiden kann, ob sie noch Lange Straße oder schon Obstmarkt heißen mag, und folgen einer kleinen Gasse hinauf zur Oberen Brücke. Von nun an können wir uns nicht mehr verlaufen, ohne dabei über die Bamberger Sehenswürdigkeiten zu stolpern.

Da wäre zum Beispiel das **Alte Rathaus**, das auf einer künstlichen Insel inmitten der Regnitz steht – der Sage nach hausgewordene Notlösung und Trotzreaktion der Bamberger Bürger, denen der Bischof den Platz für ein Rathaus verweigert haben soll. Heute schmeichelt es dem Auge durch seine bunten Fresken und regt durch ein kleines Kuriosum zum Schmunzeln an: Ein Bein ragt als Skulptur aus den Wandfresken heraus – der hand-, besser: beinfeste Beweis dafür, dass die 3-D-Technik älter ist als allgemein angenommen. Das Alte Rathaus beherbergt heute übrigens den »Rokokosaal« und die »Sammlung Ludwig«.

Der **Kaiserdom St. Peter und St. Georg**, den wir Bamberger dem Kaiser Heinrich II. zu verdanken haben, bildet einen eigenen kleinen Mikrokosmos der Sehenswürdigkeiten. Schauen Sie unbedingt rein, es gibt vieles zu entdecken. Darunter das Hochgrab des besagten Kaisers und seiner Gemahlin, Kaiserin Kunigunde, der Marienaltar von Veit Stoß und das Grab des Papstes Clemens II. Und natürlich: der »Bamberger Reiter«, dessen Identität noch immer nicht zweifelsfrei geklärt werden konnte.

Unweit des Doms liegt die **Neue Residenz**, der ehemalige Sitz der Bamberger Fürstbischöfe. An und für sich schon sehenswert, beherbergt sie auch die *Altdeutsche Galerie* und die *Barockgalerie* mit bedeutenden Werken der bayerischen Staatsgemäldesammlungen. Im Innenhof der Neuen Residenz entfaltet der Rosen-

Achtung Huhnwechsel! Für Radfahrer zählt immer vollste Konzentration.

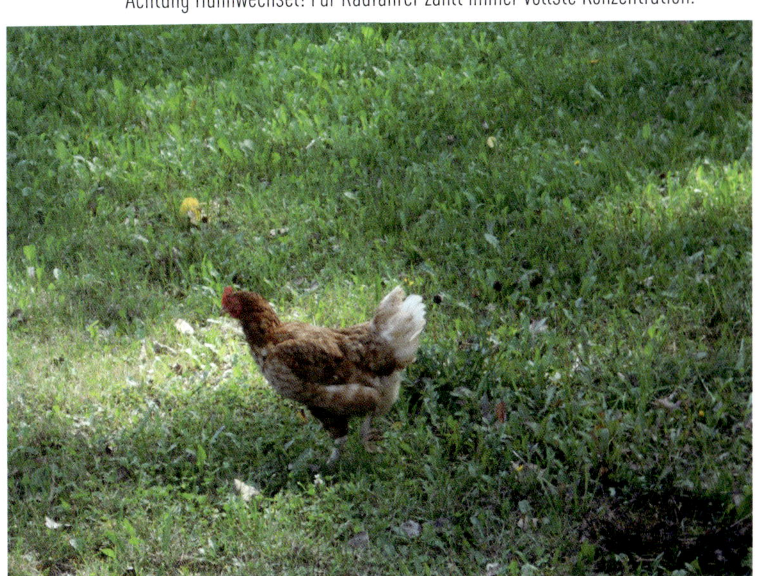

garten seine Pracht, der eine hervorragende Aussicht auf die Altstadt und den Michaelsberg gewährt. Das auf seinem Gipfel thronende Kloster St. Michael mitsamt anliegendem Klostergarten ist seinerseits eine Sehenswürdigkeit. Ebenfalls angrenzend an den weitläufigen Domplatz befindet sich die **Alte Hofhaltung**, die den Bischöfen früher als Wohnstätte diente. Der Bildhauer Pankras Wagner zeichnet für ihren kunstvollen Eingang, die »Schöne Pforte«, verantwortlich. In einem Relief sind die Muttergottes, die Heiligen Petrus, Georg, Kunigunde und Heinrich sowie die personifizierten Flüsse Main und Regnitz zu sehen. Der Innenhof, in den man durch sie hindurchschreitet, ist ein Augenschmaus für Fachwerkfreunde. Außerdem sind in der Alten Hofhaltung das *Historische Museum* und die Katharinenkapelle beheimatet.

Zu guter Letzt darf das Bauwerk nicht fehlen, das mit dem Dom um den Status des Bamberger Wahrzeichens konkurriert: die **Altenburg** auf dem höchsten der sieben Hügel Bambergs. Im Hochmittelalter Flieh- und Trutzburg, im Spätmittelalter Bischofsresidenz, wurde sie 1553 im Zweiten Markgrafenkrieg von Markgraf Albrecht Alcibiades beinahe vollständig zerstört. In der Blütezeit der Romantik wurde sie wiederaufgebaut, und so war es denn auch der Romantiker E. T. A. Hoffmann, der 1812 in einem der Mauertürme Quartier bezog und der Gaststube *Hoffmannsklause* im Neubau des früheren Palas seinen Namen lieh.

Und noch ein kleiner Tipp zum gastronomischen Leben in Bamberg: Man kann hier wenig falsch machen, wenn man folgende Faustregel befolgt: Nachmittags in die Austraße, abends in die Sandstraße. Denn dann verlagert sich das Bamberger Altstadtleben von den Cafés der einen »Flaniermeile« in die Kneipen der anderen.

Jonas Fehn

Ausgewählte Adressen und Tipps

Neustadt an der Aisch, www.neustadt-aisch.de

Museen im Alten Schloss, Untere Schlossgasse 8, 91413 Neustadt a. d. Aisch
Tel. 0 91 61/6 62 09 05, www.museen-im-alten-schloss.de
Mi, Fr, Sa u. So 14.00–17.00

Neustädter Waldbad, Eilersweg 5, 91413 Neustadt a. d. Aisch
Tel. 0 91 61/24 16, www.waldbad-neustadt.de, Mai–Sep

Gasthaus zur Sonne, Nürnberger Str. 18, 91413 Neustadt a. d. Aisch
Tel. 0 91 61/24 88, www.sonne-nea.de
Mi–Sa ab 17.30, So 11.00–14.00 u. 17.00–20.00

Eiscafé Venezia, Bahnhofstr. 1, 91413 Neustadt a. d. Aisch
Tel. 0 91 61/10 99, Feb–Okt Mo–Do 9.00–22.00

Gutenstetten, www.gutenstetten.de

Landgasthof Radlertreff, Hauptstr. 14, 91468 Gutenstetten
Tel. 0 91 61/6 11 64, www.radlertreff-gutenstetten.de
Mi–So 11.00–14.00 u. 17.00–21.00

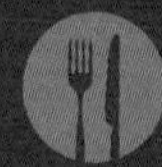

Uehlfeld, www.uehlfeld.de

Brauerei & Gasthof Zwanzger, Burghaslacher Str. 10, 91486 Uehlfeld
Tel. 0 91 63/95 97 56, www.brauerei-gasthof-zwanzger.de
Di ab 16.00, Mi, Fr, Sa ab 11.00, Do 11.00–14.30, So 10.00–20.00
In Sachen Bier ein Höhepunkt der Tour

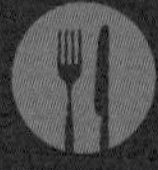

Braugaststätte Prechtel, Hauptstr. 24, 91486 Uehlfeld
Tel. 0 91 63/2 28, www.brauerei-prechtel.de
Sep–Apr 11.00–13.30 u. 18.00–21.00, Mai–Aug: 11.00–13.30

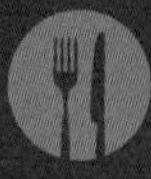

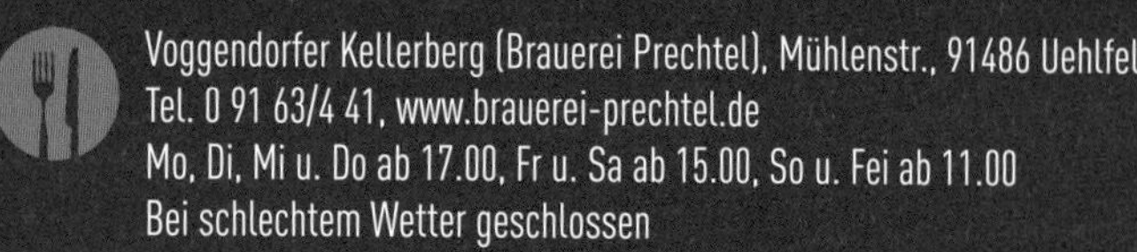

Voggendorfer Kellerberg (Brauerei Prechtel), Mühlenstr., 91486 Uehlfeld
Tel. 0 91 63/4 41, www.brauerei-prechtel.de
Mo, Di, Mi u. Do ab 17.00, Fr u. Sa ab 15.00, So u. Fei ab 11.00
Bei schlechtem Wetter geschlossen

Höchstadt an der Aisch, www.hoechstadt.de

Heimatmuseum Höchstadt a. d. Aisch, Hauptstr. 5, 91315 Höchstadt a. d. Aisch
Tel. 0 91 93/34 62, www.heimatmuseum-hoechstadt.de
2. So im Monat 14.00– 16.00

Spix-Museum, Badgasse 7, 91315 Höchstadt a. d. Aisch
Tel. 0176/835 18 222, jeden 1. u. 3. So im Monat 14.00–16.00

Kellerbergmuseum, Kellerberg 7, 91315 Höchstadt a. d. Aisch
Tel. 0176/804 70 988, www.kellerberg-hoechstadt.de
Öffnungszeiten auf Anfrage

Alte Mälzerei, Steinwegstr. 1a, 91315 Höchstadt a. d. Aisch
Tel. 0 91 93/5 07 59 95, www.altemaelzerei.com
Mi–Sa 17.00–22.00, So 11.30–14.00 u. 17.00–22.00

Hallerndorf, www.hallerndorf.de

Brauereigaststätte Rittmayer, Trailsdorfer Str. 4, 91352 Hallerndorf
Tel. 0 95 45/50 92 14, www.rittmayer.de
Di, Mi, Do u. Fr 16.30–23.00, Sa u. So 10.00–22.00
Gleich zwei Keller in u. um Hallerndorf: Gartenkeller u. Kreuzbergkeller!

Brauerei Lieberth, Forchheimer Str. 2, 91352 Hallerndorf
Tel. 0 95 45/85 58, Mo–Fr 8.00–12.00 u. 13.30–18.00, Sa 8.00–14.00
Auch auf dem Kreuzberg vertreten u. unterhält einen weiteren Keller im Dorf

Brauhaus am Kreuzberg, Kreuzberg 1, 91352 Hallerndorf-Schnaid
Tel. 0 95 45/47 36, www.brauhaus-am-kreuzberg.de
Öffnungszeiten variieren sehr je nach Jahreszeit; bitte Homepage beachten
Spätestens jetzt dürfte jedem klar geworden sein: Ein Abstecher zum Kreuzberg lohnt sich!

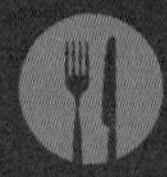

Bamberg (s. auch S. 52f.), www.bamberg.info

Brauerei Fässla, Obere Königsstr. 19–21, 96052 Bamberg
Tel. 09 51/2 65 16, www.faessla.de
Mo–Sa 8.30–23.00, So u. Fei 8.30–12.00
Beste Brauerei Bambergs, bestes Bier der Welt. Übertreibung vorbehalten, Keller vorhanden

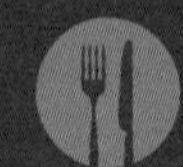

Fahrradservice und E-Bike-Verleih

Fahrrad Dresel, Lappacher Weg 27, 91315 Höchstadt a. d. Aisch
Tel. 0 91 93/69 61 89, www.fahrrad-dresel.de
Mo–Fr 9.00–12.30 u. 13.30–18.00, Sa 9.00–13.00

Fahrrad Warti, Hauptstr. 26, 91315 Höchstadt a. d. Aisch
Tel. 0 91 93/5 08 54 44, www.fahrrad-warti.de
Mo–Fr 9.00–18.00, Sa 9.00–13.00, gesonderte Winteröffnungszeiten beachten

9 Von Seerosen und Schleusenwärtern

Entlang des Ludwig-Donau-Main-Kanals von Nürnberg nach Neumarkt

Von der Nürnberger Gartenstadt aus fahren wir mit wenigen kurzen Ausnahmen immer am »Ludwigskanal« entlang und gelangen, an einigen kleineren und größeren Ortschaften vorbei, an unser Tourenziel Neumarkt in der Oberpfalz. Die nostalgischen Schleusen mit ihren Wärterhäuschen werden größtenteils von schattigen Wäldern flankiert. An manchen Stellen bietet es sich an, die Strecke zu verlassen, um die Sehenswürdigkeiten der am Kanal gelegenen Dörfer zu erkunden. Diese Tour kann durch Tour 10 (s. S. 134) ergänzt werden.

INFO

Die Strecke: Nürnberg-Gartenstadt – Worzeldorf – Wendelstein – Röthenbach bei Sankt Wolfgang – Feucht – Burgthann – Schwarzenbach – Berg – Neumarkt i. d. OPf.

Länge: Ca. 42 km

Markierung: Keine spezielle Markierung, teilweise »Fünf-Flüsse-Radweg«

Einstiegspunkt: Nürnberg-Gartenstadt, Bushaltestelle »Am Ludwigskanal«

Anreise mit ÖPNV: Mit der S-Bahn bis Nürnberg Hbf. oder an eine der südlich gelegeneren Nürnberger S-Bahn-Stationen, jeweils nur wenige Radfahrminuten bis Gartenstadt

Rückfahrt mit ÖPNV: Gute Bahnverbindungen ab Neumarkt; alternativ mit S-Bahn ab Feucht oder Burgthann

Wetter: Am besten bei schönem Wetter, aber gute Einkehrmöglichkeiten vorhanden und Indoor-Aktivitäten möglich

Schwierigkeitsgrad: Leicht (kaum Steigungen)

Für Familien: Sehr gut geeignet; viele Einkehrmöglichkeiten auf der Strecke, kein Proviant erforderlich

Übernachtung: Übernachtungsmöglichkeiten vorhanden in allen größeren Orten

Hier geht's lang

Unsere Tour beginnt in Gartenstadt im Süden Nürnbergs, wo der heute noch erhaltene Teil des Alten Kanals seinen Anfang nimmt oder, genau genommen, sein Ende findet. Hier befand sich früher die Schleuse 73, von deren Überresten wir leider nur noch wenig entdecken können. Lange müssen wir das aber nicht bedauern, denn auf unserem Weg entlang des Kanals werden wir noch vielen Schleusen begegnen, die vollständig erhalten und vielleicht – wer weiß? – sogar funktionstüchtig sind. Die Bushaltestelle »Am Ludwigskanal« in Nürnberg-Gartenstadt ist der ideale Anfahrts- und Ausgangspunkt für die Tour (Linien 67, 98, N6). Wer diese gerne abkürzen möchte, kann außerdem bereits in Feucht (S2, S3) bzw. Feucht-Ost (S3) oder in Burgthann in die S-Bahn steigen (S3).

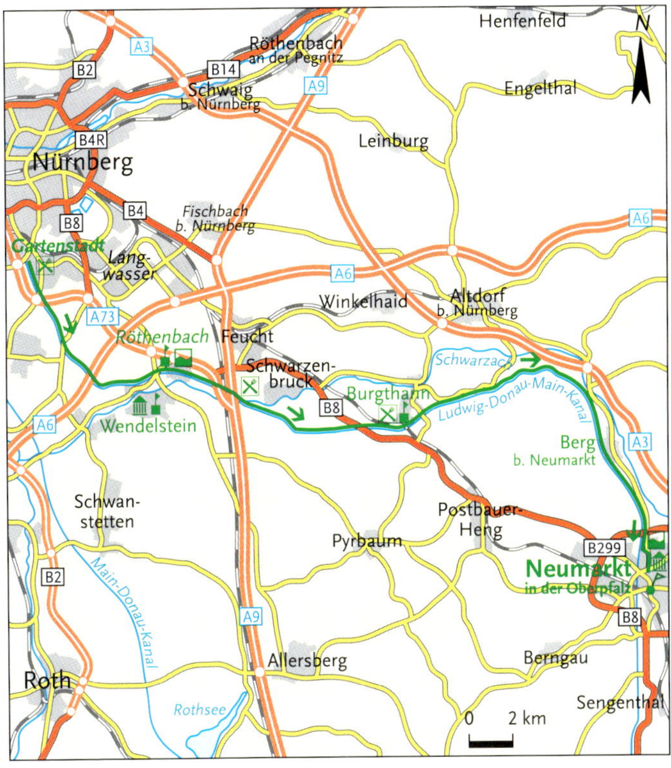

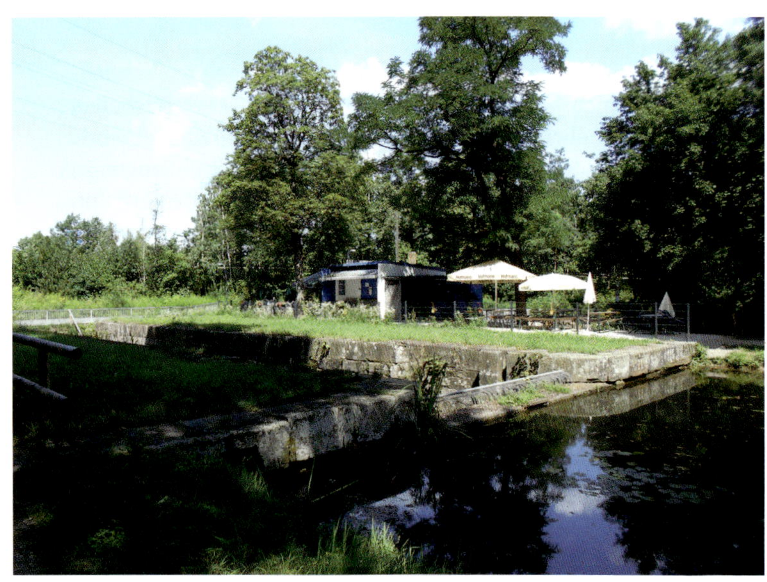

Das beliebte Weiße Häusla an der Schleuse

Direkt an der A73 und doch idyllisch und einladend liegt das **Weiße Häusla**, das unter Einheimischen wie Ausflüglern Kultstatus genießt. Bei Currywurst oder Kuchen kann hier eine erste Rast eingelegt werden – mit Blick auf den Kanal inklusive Schleuse, versteht sich.

In Worzeldorf bietet sich ein kleiner Abstecher nach **Kornburg** an, wo das **Rieterschloss** steht (die Spitzwegstraße hinunter, bis diese zur Seckendorfstraße und schließlich zur Kornburger Hauptstraße wird – von hier an nicht mehr zu verfehlen). Das je nach Quellenlage 1236 oder 1288 erbaute Schloss wurde im Laufe der Geschichte stark in Mitleidenschaft gezogen: Viermal wurde es zerstört – im Städtekrieg von 1388, im Ersten Markgrafenkrieg 1449, im Zweiten Markgrafenkrieg 1552 und während des Dreißigjährigen Krieges 1632 – und mal vollständig, mal provisorisch wiederaufgebaut. Den 18 Meter hohen Bergfried umgab im Mittelalter ein Wassergraben, doch in der Neuzeit sank durch den Bau der Kanalisation der Grundwasserspiegel, wodurch hier ein kleiner Schlosspark entstanden ist. Aber Achtung: Die Burg selbst ist nicht ohne Weiteres begehbar – sie beherbergt teilweise Ferienwohnungen, die der heutige Burgherr an Urlauber vermietet.

Kornburg, dessen Ortsname sich weder von Getreide noch von einer Burg herleitet, sondern vom mittelhochdeutschen Wort für »Mühlstein« (noch heute ist bei Worzeldorf ein Steinbruch in Betrieb), ist reich an (mehr oder weniger eindrucksvollen) Schlössern. Neben erwähntem Rieterschloss gibt es hier noch das Seckendorff-Eggloffstein'sche Freihaus von 1709, genannt **Seckendorff'sches Schloss**, sowie das Müller-Vargeth'sche Freihaus von 1731, auch bekannt als **Serz'sches Schloss**. Letzteres wird aber mittlerweile gewerblich genutzt und kommt als Sehenswürdigkeit daher nicht mehr infrage. Vielversprechender ist die in unmittelbarer Nähe gelegene evangelische **St. Nikolaus Kirche**, ehemals eine gotische Wehrkirche, die nach ihrer Zerstörung im Dreißigjährigen Krieg als Markgrafenkirche wiederaufgebaut wurde. »Tut mir auf die schöne Pforte«, so steht es über dem Eingangstor – eine Bitte, der man sich nur anschließen kann.

In **Wendelstein**, der nächsten größeren Ortschaft, kommen Liebhaber von Schlössern erneut auf ihre Kosten, denn das 1647 erbaute barocke **Schloss Sorg** ist ganzjährig zu besichtigen und entfaltet insbesondere im Sommer die Reize seines gepflegten Schlosshofes. Da nimmt es nicht wunder, dass der genutzt werden will: Eine Kunst- und Gartenausstellung, ein Oster- und Kunstmarkt sowie ein Weihnachtsmarkt locken hier jeweils einmal im Jahr zahlreiche Besucher aus der Umgebung an. Handwerklich Interessierten sei außerdem ein Besuch im **Drechsler- und Metalldrückermuseum** nahegelegt. In den Räumlichkeiten des ehemaligen Wasserwerkes können einschlägige Werkzeuge und Produkte betrachtet werden; dort wird auch die technische Entwicklung des Handwerkes nachgezeichnet und seine historische Bedeutung für die örtliche Wirtschaft erklärt.

Alle drei Jahre wird es in **Wendelstein** poetisch: Dann finden die *Kunigunde Creutzer Festspiele* statt. Diese Tochter Wendelsteins war die Frau von Hans Sachs, des berühmten Nürnberger Dichters. Verschiedene Veranstaltungen rund um Kunigunde und ihren ungleich bekannteren Gatten gewähren einen Einblick in die alltägliche wie poetische Welt der beginnenden Frühen Neuzeit. Wendelstein besucht man übrigens am besten im Frühjahr, denn dann wird das seit fast 25 Jahren stattfindende **Jazz & Blues Open** gefeiert, ein Stelldichein hochkarätiger internationaler Künstlerinnen und Künstler. In der **Jegelscheune** wiederum findet sogar zweimal im Jahr eine Konzertreihe statt. Wer sich schon müde gestrampelt hat und mal vom Rad steigen möchte – die perfekte Ausrede.

Nicht lange nachdem wir Wendelstein hinter uns gelassen haben, erwarten uns in **Röthenbach bei Sankt Wolfgang** bereits die nächsten Sehenswürdigkeiten. Und natürlich das nächste Schloss. Das etwas östlich von Röthenbach gelegene **Schloss Kugelhammer** bezieht seinen Namen von dem historischen Handwerk, das hier bereits im 14. Jahrhundert ausgeübt wurde: der Herstellung eiserner Kugeln. Und es wäre kein richtiges Schloss, wenn es nicht mindestens einmal im Krieg zerstört worden wäre, so geschehen im Zweiten Markgrafenkrieg 1552. Es ist Eigentum der Schlüsselfelder'schen Familienstiftung und kann auf Anfrage beim derzeitigen Administrator, Christoph von Volckamer, besichtigt werden. Auch die im Ort befindliche **Wolfgangskirche** lohnt einen Blick und ist ebenfalls auf Anfrage bei den Zuständigen – auch mit Führung – zu besichtigen. Und wer nach den vielen Schlössern und Kirchen frische Luft schnappen will, ohne sofort wieder auf den Drahtesel zu steigen, dem sei der nicht weit entfernte **Jägersee** im Lorenzer Reichswald angeraten – ein allseits bekannter und beliebter Badesee, der eigentlich aus zwei durch einen Damm getrennten Baggerseen besteht und im Winter auch gerne fürs Eislaufen genutzt wird.

Die **Waldschänke Brückkanal** bei Feucht gehört eigentlich zum unverzichtbaren Pflichtprogramm eines jeden Wanderers und Radfahrers. In uriger Bierkeller-Atmosphäre gibt es fränkische Spezialitäten oberhalb der »Schwarzachklamm«. Unbedingt vorbeischauen! Und wer dann auf den Geschmack gekommen ist und die Klamm erkunden möchte, der sei auf die Karlshöhle und die Gustav-Adolf-Höhle verwiesen, die über Stufen, die in die Klamm hinabführen, zu erreichen sind. Letztere verdankt ihren Namen übrigens dem Schwedenkönig Gustav Adolf, der hier, wie eine Gedenktafel bezeugt, während des Dreißigjährigen Krieges zum Dank für sein Kriegsglück einer Predigt des Nürnberger Pfarrers Cornelius Mareius beiwohnte.

Wer einen Abstecher nach **Feucht** machen möchte, kann dort das **Zeidel-Museum** ansteuern, das seine Besucher umfassend über die Imkerei informiert. Und wem das zu irdisch ist, der kann dem **Hermann-Oberth-Raumfahrt-Museum** einen Besuch abstatten und sich auf ferne Planeten entführen lassen. Übrigens

Ein Fest für Ichthyologen und solche, die es werden wollen.
Und für alle, die es ganz genau wissen wollen.

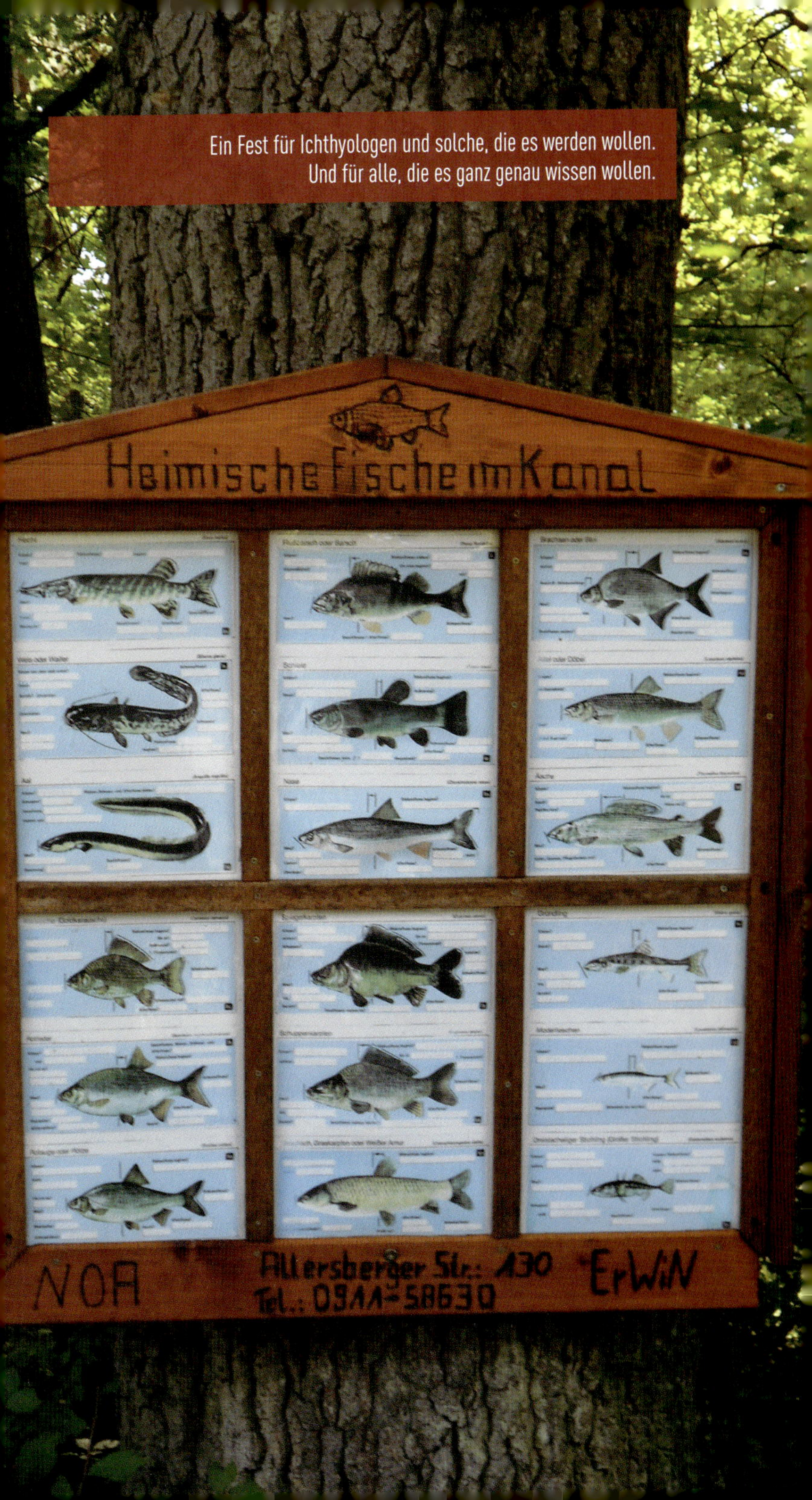

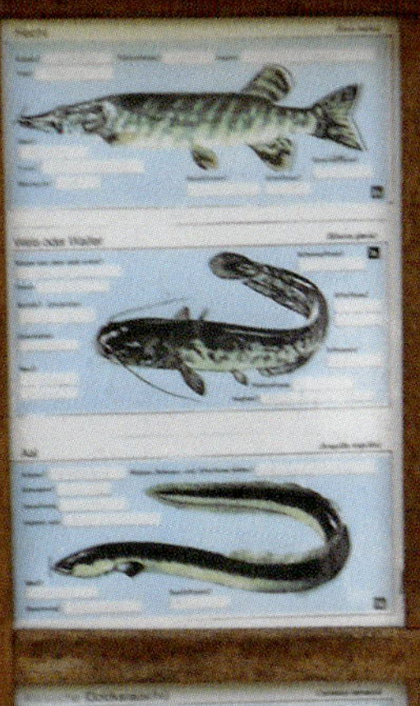

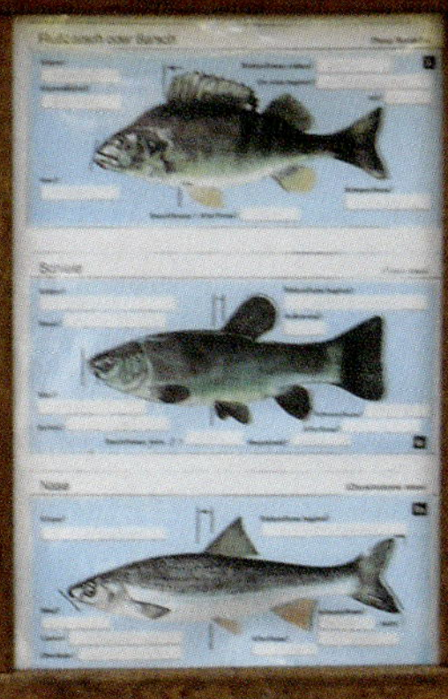

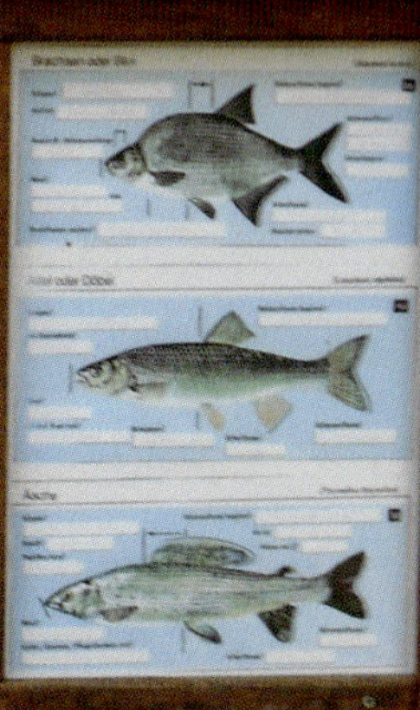

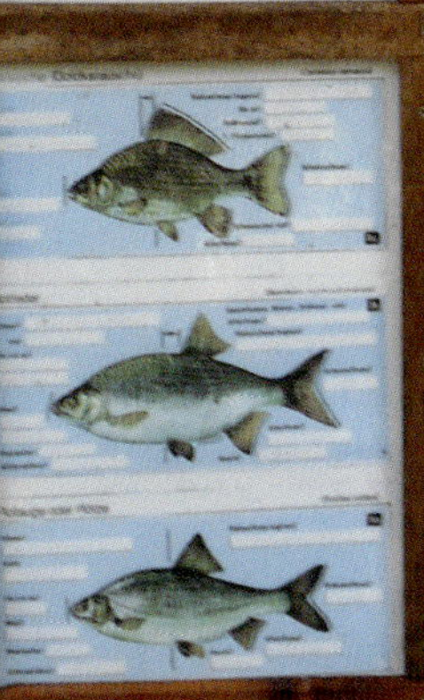

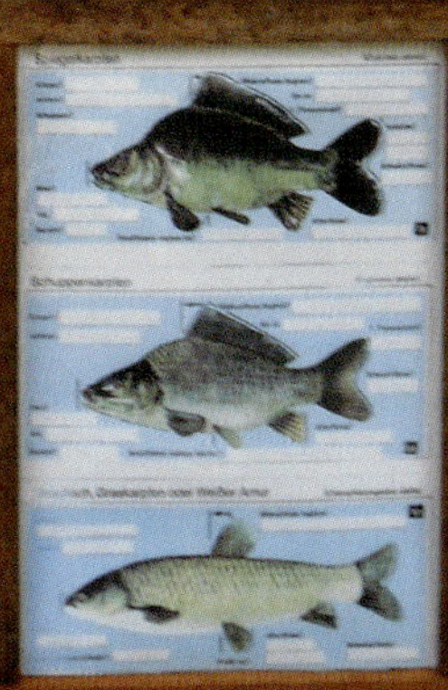

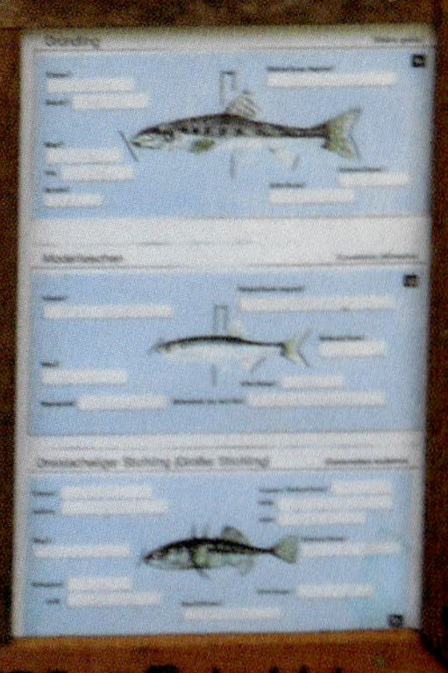

ist auch Feucht reich an Schlössern, doch Schaulustige sollen gewarnt sein: Das Zeidlerschloss, das Pfinzingschloss und das Tucherschloss mit seinem Barockgarten sind nur mit Einschränkungen zugänglich. Für die Wasserratten unter den Radlern gibt es an heißen Sommertagen wohl kein lohnenderes Ziel als das Freibad **Feuchtasia**.

Ganz oben im Norden von **Burgthann**, im etwas abgelegenen Ortsteil **Pattenhofen**, ist die gleichnamige und namengebende **Burg Burgthann** zu besichtigen. 1160 erbaut, diente sie ihren Herren als wehrhafte Veste zum Schutz vor feindlichen Streitkräften und vagabundierenden Raubrittern, die aufgrund der damals zu verzeichnenden Verarmung des Ritterstandes zunehmend zu einem Problem wurden. Sogar der berüchtigte Raubritter Eppelein von Gailingen (zur Erinnerung: der tollkühne Recke, der angeblich zu Pferde über den Nürnberger Burggraben sprang) wurde im Jahr 1381 hier für eine Nacht eingekerkert, nachdem er im nahen Postbauer gefangen genommen worden war. Und natürlich hat die Burg Burgthann wie jede anständige Burg, die etwas auf sich hält, ihre eigene »Weiße Frau«. In diesem Fall ist es die Gräfin Kunigunde von Orlamünde, ehemalige Eigentümerin der Burg Mitte des 12. Jahrhunderts, die ihr Hausrecht auch postum

Das Treidelschiff »Elfriede« vor Anker

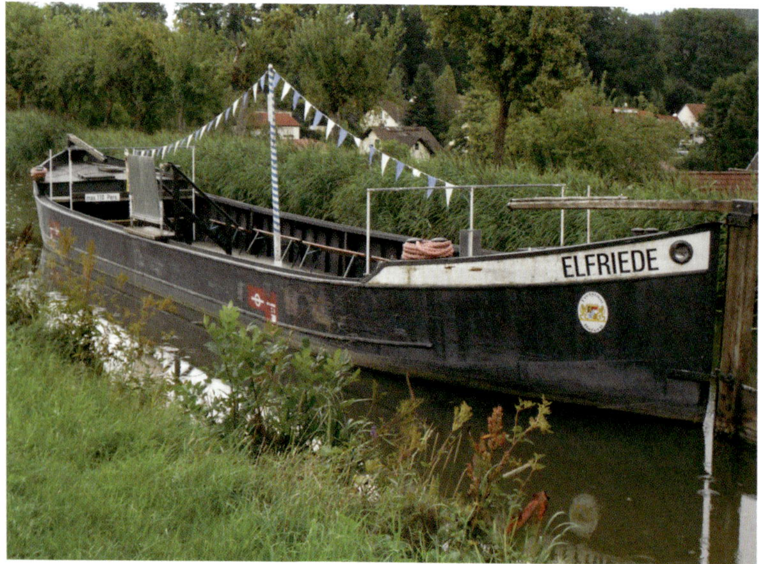

geltend macht, indem sie als Gespenst durch die mittelalterlichen Gemäuer geistert. Und als wäre die Burg allein nicht schon sehenswert, gibt es noch weitere gute Gründe für eine Besichtigung: Allen voran ist hier das **Bayerische Ludwig-Donau-Main-Kanal-Museum** beheimatet, das für alle, die genauer wissen wollen, woran sie da eigentlich entlangradeln, zum Pflichtprogramm gehört. Aber auch das **Heimatmuseum** mit seinen alten Handwerkerstuben, das in liebevoller Kleinarbeit von der *Fördergemeinschaft Burg Burgthann e. V.* eingerichtet wurde, ist allemal einen Besuch wert. Außerdem fungiert die Burg als Veranstaltungsort für zahlreiche Festivitäten wie die alle drei Jahre stattfindenden *Eppelein-Festspiele*, bei denen Schauspieler in eindrucksvoller Kostümierung die Welt des Mittelalters vor unseren Augen aufleben lassen.

Zur Schleuse 35 am südlichen Ortsrand von Burgthann wartet mit der nächsten Einkehrmöglichkeit auf. Der kleine, beschauliche Biergarten gewinnt nicht nur durch seine Lage direkt am Kanal an Charme, sondern vor allem durch sein uriges, irgendwie aus der Zeit gefallenes Dasein als ehemaliges Schleusenwärterhäuschen. Ungefähr drei Kilometer weiter wird die Reise in die Vergangenheit noch handfester: Im Sommer schippert in **Schwarzenbach** das **Treidelschiff »Elfriede«** wie ehemals den Kanal auf und ab – mit dem kleinen, aber feinen Unterschied, dass wir für einen geringen Obolus mitfahren dürfen. Während der Hengst »Florian« uns zwei Kilometer von Schwarzenbach bis auf die Höhe von Dörlbach zieht (und wieder zurück), erzählt uns die Crew der »Elfriede« von der Geschichte des Kanals.

Die letzte Sehenswürdigkeit vor Neumarkt, für die der Kanal aber wieder in nördlicher Richtung verlassen werden muss, ist das **Kloster Gnadenberg** im nördlichsten Teil von **Berg bei Neumarkt i. d. OPf.** In den alten Gemäuern, die für sich genommen schon eine romantisch-nostalgische mittelalterliche Atmosphäre atmen, befindet sich eine Ausstellung zu mittelalterlichem Klosterleben, Architektur und Archäologie.

Auch unser Tourenziel, **Neumarkt in der Oberpfalz** hat einiges zu bieten. Da wäre zum Beispiel der **LGS Park**, ein weitgehend erhaltenes Überbleibsel der Landesgartenschau von 1998, in dem sich heute eine Minigolfanlage befindet. Oder die **Burgruine Wolfstein**, die ganzjährig begehbar ist – in den Sommermonaten bietet der Verein *Wolfsteinfreunde Neumarkt e. V.* auch regelmäßig

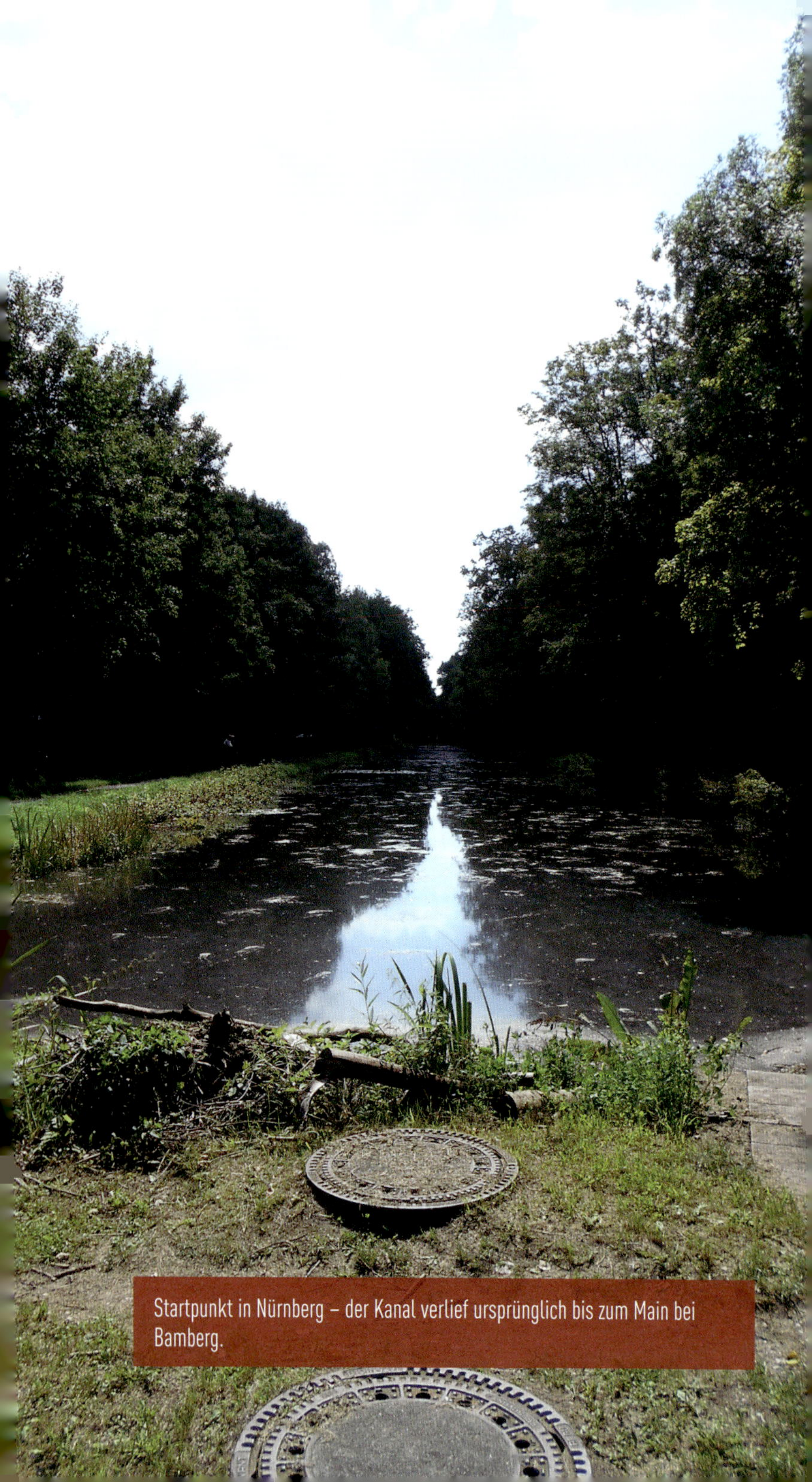

Startpunkt in Nürnberg – der Kanal verlief ursprünglich bis zum Main bei Bamberg.

Führungen an. Ebenfalls zur Sommerzeit kann man sich an heißen Tagen im **Schlossbad Neumarkt** abkühlen.

Die Wissensdurstigen unter den Radlerinnen und Radlern kommen auch nicht zu kurz: Neumarkt verfügt über **fünf Museen**: *Stadtmuseum*, *Museum Lothar Fischer*, das *Museum für historische Maybach-Fahrzeuge*, das *Glossner Brauereimuseum* sowie das *1. Bayerische Metzgerei- und Weißwurstmuseum*. Und wer dann wieder raus in die Natur will, der kann sich um Neumarkt herum bestens bewegen: Hier locken zahlreiche gut ausgeschilderte Wanderwege und ein Nordic-Walking-Parcours im Lengenbachtal, außerdem nicht weniger als fünf Golfplätze im Umkreis Neumarkts. Auch feiern können die Neumarkter, was sie jährlich dreimal beweisen mit ihrem »Frühlingsfest«, dem »Altstadtfest« und dem »JURA-Volksfest«. Autoliebhaber wiederum kommen beim »Oldtimertreffen« auf ihre Kosten, Freunde der gepflegten Unterhaltung während der jährlichen »Kulturnacht« oder der Veranstaltungsreihe »Kunst im Keller«. Einmal im Jahr lädt das »Neumarkter Jazzweekend« dazu ein, in lockerem Ambiente die Hüften zu schwingen. Auch bei der Konzertreihe »Hochschulklänge« präsentiert sich Neumarkt von seiner musikalischen Seite: Studierende der *Hochschule für Musik Nürnberg* stellen hier ihr Können unter Beweis.

Jonas Fehn

Ausgewählte Adressen und Tipps

Nürnberg, tourismus.nuernberg.de

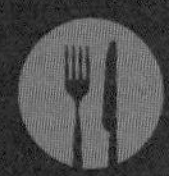

Weißes Häusla, Marthweg 202, 90455 Nürnberg
Tel. 0911/48 05 842, www.weisses-haeusla.de, Mi–So 11.00–21.00
Kult-Kiosk direkt am Kanal

Wendelstein, www.wendelstein.de

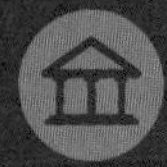

Schloss Sorg, Zum Schloss 8, 90530 Wendelstein-Sorg
Tel. 0 91 29/58 24, www.schloss-sorg.com
Öffnungszeiten telefonisch erfragen

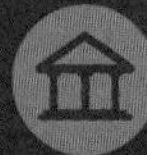

Drechsler- und Metalldrückermuseum, Schwabacher Str. 25, 90530 Wendelstein
Tel. 0 91 29/21 95, www.heimatverein-wendelstein.de/museum.html
Apr–Okt immer am 1. So des Monats

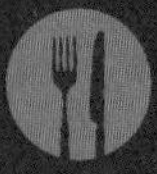

Gasthaus Goldenes Herz, Schwabacher Str. 1, 90530 Wendelstein
Tel. 0 91 29/29 42 90, www.goldenes-herz-fam-stahl.de
Mo, Di u. Do 11.00–14.00 u. ab 17.30, Fr ab 17.30, Sa 11.00–14.00 u. ab 17.00
So 11.00–15.00 u. ab 16.00, Fei 11.00–15.00 oder nach Vereinbarung, Mi Ruhetag

Wendelstein/OT Röthenbach bei Sankt Wolfgang

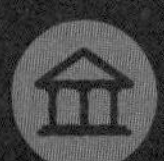

Schloss Kugelhammer, Schloss Kugelhammer 1, 90530 Wendelstein
Tel. 0 91 29/4 03 32 68, Führungen nach Absprache

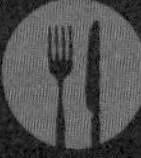

Gasthaus Zur Post, Alte Salzstr. 21, 90530 Wendelstein-Röthenbach bei St. Wolfgang
Tel. 0 91 29/42 65
Di–Fr 11.30–14.30 u. 17.30–22.30, Sa 11.30–14.30

Feucht, www.feucht.de

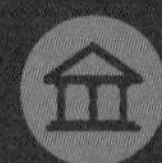

Zeidel-Museum, Pfinzingstr. 6, 90537 Feucht
Tel. 0171/75 75 638, www.zeidelmuseum.de, Sa u. So 13.30–17.30

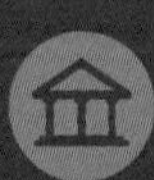

Hermann-Oberth-Raumfahrt-Museum, Pfinzingstr. 12–14, 90537 Feucht
Tel. 0 91 28/35 02, www.oberth-museum.org
Sa, So, Fei 14.00–17.00 oder nach Vereinbarung

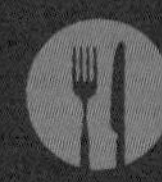

Waldschänke Brückkanal, Am Brückkanal 3, 90537 Feucht-Schwarzenbruck
Tel. 0 91 28/43 26, www.brueckkanal.com
Di–So 10.30–22.00, DER Biergarten am Ludwigskanal – wer hier nicht war, war nicht dort

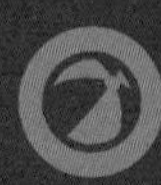

Freibad Feuchtasia, Altdorfer Str. 66, 90537 Feucht
Tel. 0 91 28/9 91 44 30, www.feucht-gw.de
Mai–Sep täglich 9.00–20.00

Burgthann, www.burgthann.de

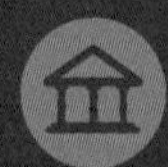

Museum Burgthann, Burgstr. 1, 90559 Burgthann
Tel. 0 91 87/41 805, www.museum-burgthann.de
Apr–Okt jeden 1. und 3. So, Nov–März jeden 1. So im Monat 13.30–17.00

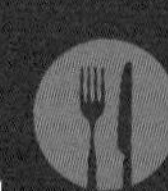

Zur Schleuse 35, Am Kanal 35, 90559 Burgthann
Tel. 0 91 83/90 14 66, Ostern–Sep täglich ab 10.00
Macht dem »Weißen Häusla« Konkurrenz – genauso schlicht, aber auch genauso kultig

Burgthann/OT Schwarzenbach

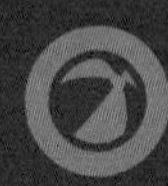

Treidelschiff »Elfriede«, Ludwig-Donau-Main-Kanal, 90559 Burgthann-Schwarzenbach
Tel. 0 91 83/4 01 45, www.burgthann.de
Fahrtermine variieren jährlich und werden auf Webseite der Gemeinde bekannt gegeben

Berg bei Neumarkt i. d. OPf., www.berg-opf.de

Kloster Gnadenberg, Am Kloster 1, 92348 Berg bei Neumarkt i. d. OPf.
Tel. 0 91 81/46 13 59, kloster-gnadenberg.de
Mitte April–Mitte Okt So 14.00–17.00 u. nach Vereinbarung

Neumarkt i. d. OPf., www.neumarkt.de

Stadtmuseum, Adolf-Kolping-Str. 4, 92318 Neumarkt i. d. OPf.
Tel. 0 91 81/25 52 72 0, stadtmuseum.neumarkt.de
Mi–Fr u. So 14.00–17.00 (Feb geschl.) oder nach tel. Voranmeldung für Gruppen

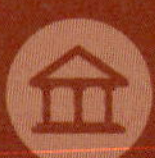

Glossner Brauereimuseum, Schwesterhausgasse 9, 92318 Neumarkt i. d. OPf.
Tel. 0 91 81/2 34 24, glossner.de/neumarkter-brauereimuseum

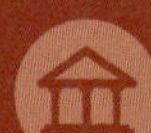

Museum Lothar Fischer, Weiherstr. 7a, 92318 Neumarkt i. d. OPf.
Tel. 0 91 81/51 03 48, www.museum-lothar-fischer.de

Museum für historische Maybach-Fahrzeuge, Holzgartenstr. 8, 92318 Neumarkt i. d. OPf.
Tel. 0 91 81/4 87 71 00, www.automuseum-maybach.de

Burgruine Wolfstein, Wolfstein 1, 92318 Neumarkt i. d. OPf.
Tel. 0 91 81/22 08 46, www.wolfsteinfreunde.de
Ganzjährig begehbar, Führungen: Apr–Okt So u. Fei 13.00–17.00 bei gutem Wetter

Schlossbad Neumarkt, Seelstr. 20, 92318 Neumarkt i. d. OPf.
Tel. 0 91 81/23 94 00, www.swneumarkt.de/freizeit/freibad
Mai–Sep tägl. 8.00–20.00

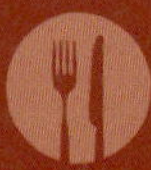

Oberer Ganskeller, Ringstr. 2, 92318 Neumarkt i. d. OPf.
Tel. 0 91 81/51 20 35, obererganskeller.de
Mo–Sa 9.30–24.00, So 9.30–22.00
Übrigens: Es gibt auch einen Mittleren und einen Unteren Ganskeller!

Metzgerei-Hotel-Gasthof Wittmann, Bahnhofstr. 21, 92318 Neumarkt i. d. OPf.
Tel. 0 91 81/53 30 400, www.hotel-wittmann.de
Mo–Sa 8.00–23.30, So 9.00–15.00
Betreibt das »1. Bayerische Metzgerei- und Weißwurstmuseum«

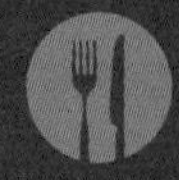

Mehr Informationen und schöne Bilder zum Alten Kanal unter:
www.hansgruener.de/kanal
www.andre-kraut.de/kanal

Fahrradservice und E-Bike-Verleih:

Kornburger Fahrradladen, Unterer Kirchensteig 1, 90455 Nürnberg
Tel. 0 91 29/9 05 74 51

Rad + Tat, Äußere Further Str. 3, 90530 Wendelstein
Tel. 0 91 29/28 91 11, www.rad-und-tat.com

Fenners Fahrrad Fachgeschäft, Espenpark 1, 90559 Burgthann
Tel. 0 91 88/30 55 66

Der Rennradladen, Mariahilfstr. 65, 92318 Neumarkt i. d. OPf.
Tel. 0 91 81/3 13 31, www.omlor.de

10 Franken, ade!

Entlang des Ludwig-Donau-Main-Kanals und des Main-Donau-Kanals von Neumarkt nach Kelheim

Uns erwarten eine malerische Landschaft, die in den bewaldeten Felsenhängen des Altmühltals gipfelt, Flüsse über Flüsse – der Alte und der Neue Kanal, die Altmühl und die Donau – sowie zahlreiche Sehenswürdigkeiten in den nicht minder schönen Städten und Dörfern entlang des Weges und um sie herum. Der noch erhaltene Teil des Ludwig-Donau-Main-Kanals nimmt zwischen Berching und Beilngries ein Ende, wofür wir durch den Main-Donau-Kanal entschädigt werden, der uns von da an bis nach Kelheim begleitet. Diese Tour kann als Anschluss auf Tour 9 (s. S. 118) erfolgen.

INFO

Die Strecke: Neumarkt i. d. OPf. – Berching – Beilngries – Dietfurt a. d. Altmühl – Kelheim
Länge: 71 km
Markierung: LDM-Markierung, Fünf-Flüsse-Radweg, Bayernnetz für Radler
Einstiegspunkt: Bahnhof Neumarkt i. d. OPf.
Anreise mit ÖPNV: Mit RE oder S-Bahn problemlos nach Neumarkt
Rückfahrt mit ÖPNV: Achtung – schlechte Zuganbindung! Bahnhof in Saal a. d. Donau (6 km von Kelheim, Übernachtung u. U. empfehlenswert), ab Beilngries oder Dietfurt direkte Rückfahrtmöglichkeit mit dem Bus (Linie 515)
Wetter: Gutes Wetter von Vorteil, aber viele Einkehrmöglichkeiten bei schlechtem Wetter
Schwierigkeitsgrad: Schwer aufgrund der Länge
Für Familien: Auch für Kinder viel geboten, Strecke sollte dann aber abgekürzt werden (je nach Interessen); gute Einkehr- und Einkaufsmöglichkeiten
Übernachtung: Gästezimmer in jeder größeren Ortschaft

Hier geht's lang

Vom **Neumarkter Bahnhof** aus ist der Alte Kanal schnell zu erreichen. Es geht über den Bahnhofplatz die Bahnhofstraße hinunter, bis wir auf eine Kreuzung stoßen, an der wir links in die

Ringstraße einbiegen. Diese verlassen wir wieder links auf die Freystädter Straße, die direkt über den Kanal führt. Drei Markierungen werden von nun an unsere ständigen Begleiter sein: »Ludwig-Donau-Main-Kanal«, »Fünf-Flüsse-Radweg« und »Bayernnetz für Radler«. Wir folgen ihnen nach links Richtung Berching.

Auf unserem Weg am Kanal entlang fahren wir durch ein paar Unterführungen und über wenige Straßen. Wir werden auf die andere Kanalseite geleitet und teilen uns den Weg nun mit Reitern und ihren Pferden. Kurz vor Mühlhausen bietet sich ein Abstecher zur Antoniuskapelle an. In **Mühlhausen** fahren wir entlang der Wappersdorfer Straße weiter direkt am Kanal.

Der Fünf-Flüsse-Radweg führt uns zum Restaurant *Alte Wegscheid*, wo wir uns links halten und unseren drei bekannten

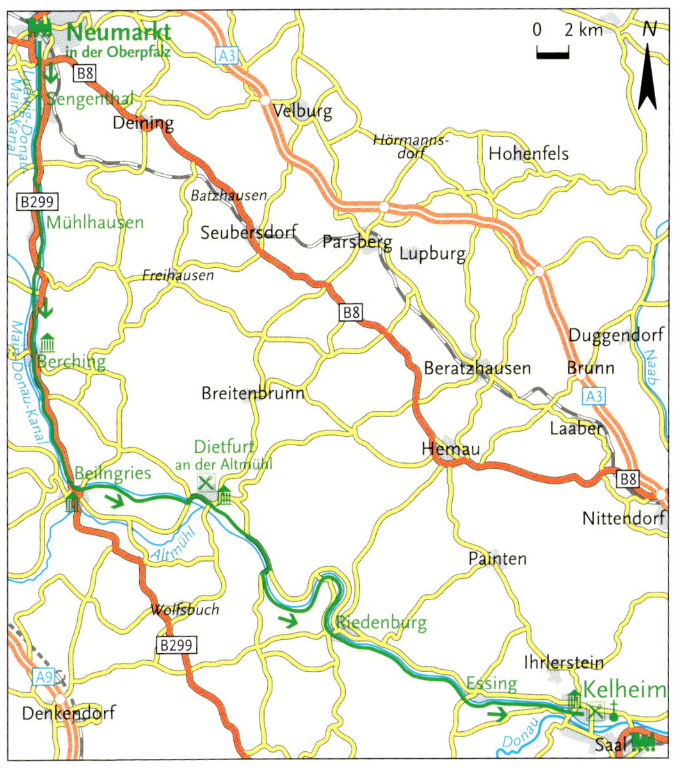

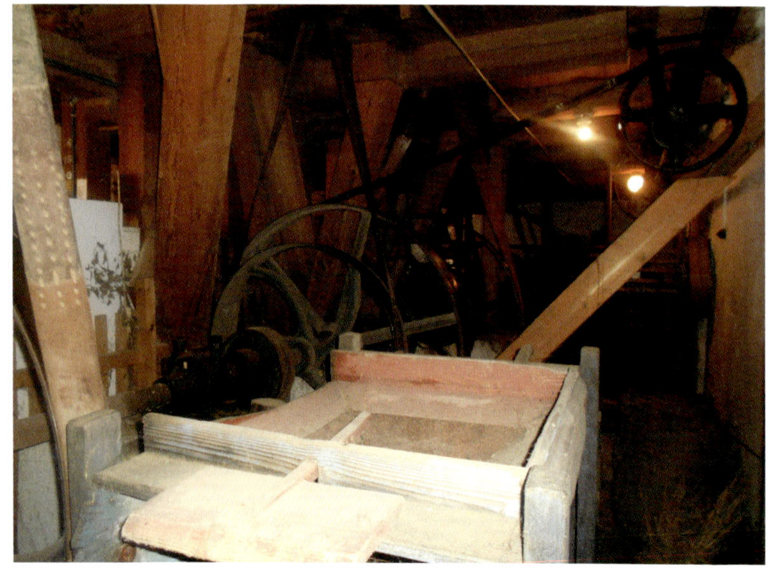

Eine historische Mühle von innen

Markierungen nach Berching folgen. In **Berching** verlieren wir den Kanal kurz aus den Augen, weil er von hier an teilweise unterirdisch verläuft. Es geht mit der Beschilderung Richtung Beilngries, und wir bekommen eine letzte Gelegenheit, uns von ihm zu verabschieden, denn zwischen Berching und Beilngries endet der heute noch erhaltene Teil des Kanals.

Auf einen Wasserweg müssen wir trotzdem nicht verzichten, denn eine Unterführung leitet uns nach **Plankstetten**, und dort gelangen wir zu einer Stahlträgerbrücke, die über den Main-Donau-Kanal führt. An seinem Ufer fahren wir nun ein gutes Stück links entlang. Wir kommen durch den Ort **Ottmaring** hindurch, an der Dietfurter Schleuse vorbei und erreichen nach einer Weile ein Relikt unseres längst verflossenen Ludwig-Donau-Main-Kanals, die Schleuse 12.

An der Schiffsanlegestelle Meihern stoßen wir wieder auf bekannte Wegweiser wie den »Fünf-Flüsse-Radweg« und sehen kurz darauf auch wieder ein grünes Fahrrad auf weißer Fläche. Es geht an Schildern vorbei, die uns von den hier beheimateten Fischarten erzählen, und an der – sich leider auf unzugänglichem Gelände befindlichen – Schleuse 10. Es dauert nicht lange, und wir stoßen auf Holzbauten des *Archäologieparks Altmühltal.* Der Weg mäandert am Ufer entlang, gesäumt von Felsen und Wäldern – hier zeigt sich das Altmühltal von seiner schönsten Seite (die Altmühl mündet übrigens nicht weit von hier in den Main-Donau-Kanal, und auch die Donau ist in der Nähe) – und über die Schleuse Haidhof gelangen wir schließlich nach Riedenburg.

In **Riedenburg** fahren wir über drei kleine Brücken und rechts am *Kristallmuseum* vorbei. Dann geht's über die Schambachtalbrücke, woraufhin wir dem grünen Fahrrad bis zur Rekonstruktion einer bronzezeitlichen Opferplattform folgen. Wir überqueren eine Straße, halten uns rechts und nach einer weiteren Straße orientieren wir uns an der Beschilderung »Rad-Wanderweg«. Über **Prunn** und **Nußhausen** erreichen wir das schöne **Essing.** Dort haben wir am Oberen Marktplatz zwei Möglichkeiten: Entweder entscheiden wir uns für den regulären Weg oder für die Alternativroute, die etwa 300 Meter kürzer wäre. Die klassische Route führt uns über eine Holzbrücke aus der Ortschaft hinaus. Ein Blick zurück lohnt sich: Hinter uns erstreckt sich ein herrliches Felsenpanorama, auf dessen Gipfel die Burgruine Randeck thront.

Das grüne Fahrrad wird uns nochmals an den Ortsrand Essings führen, bevor wir über eine Brücke und weiter geradeaus fahren, wo wir schließlich die Schleusenanlage **Kelheim** erreichen. Von hier aus ist es nur noch ein kurzes Stück nach Kelheim hinein, und die Befreiungshalle, die unweit unseres Weges zu sehen ist, signalisiert uns, dass wir unser Ziel erreicht haben.

Das gibt's zu sehen

Die kleine Stadt **Berching** hat nicht nur eine schöne Altstadt, sondern auch eine vollständig erhaltene – und begehbare – **Stadtmauer** mit 13 Türmen. Alles atmet hier noch einen Hauch Mittelalter und schafft eine Atmosphäre, der man sich beim Spazieren durch die verwinkelten Gassen nicht entziehen kann. Das malerische Stadtbild wird noch durch ein reichhaltiges Angebot von Stadtführungen, mit und ohne Schauspiel, abgerundet. Ebenfalls sehenswert ist das **Museum Berching**; es steht ganz im Zeichen des berühmtesten Sohnes der Stadt, des Komponisten Christoph Willibald Gluck. Leider gibt es seit 2018 keine Treidelschifffahrt von Berching nach Beilngries mehr, aber es besteht Hoffnung: Man bemüht sich um eine neue Schifffahrtsgesellschaft, sodass eine Fahrt über den Alten Kanal vielleicht irgendwann wieder möglich sein könnte.

Da wir uns mit Wasserstraßen inzwischen ein wenig auskennen, weiden wir unsere sachkundigen Augen in **Beilngries** an den Exponaten der *Erlebniswelt Wasserstraße*. Sie befindet sich in der Gösselthalmühle, wo sie uns umfassend über die Schifffahrt auf dem, die Technik an dem und die Natur rund um den Kanal informiert. Außerdem kann das von der Diözese Eichstätt als Tagungshaus genutzte **Schloss Hirschberg** im Rahmen regelmäßig angebotener Führungen besichtigt werden. Hierbei sind unter anderem der Kaisersaal, das historische Treppenhaus, der Rittersaal, die Marienkapelle und die Johanneskapelle zu sehen.

Doch weshalb sollte man ein überirdisches Museum besuchen, wenn es auch ein unterirdisches gibt? – Das **Brauereimuseum** erstreckt sich auf tausend Quadratmetern in einem Felsenkellerlabyrinth unter der Erde. Mit ultimativem Licht-

Der Archäologiepark zwischen Dietfurt und Kelheim

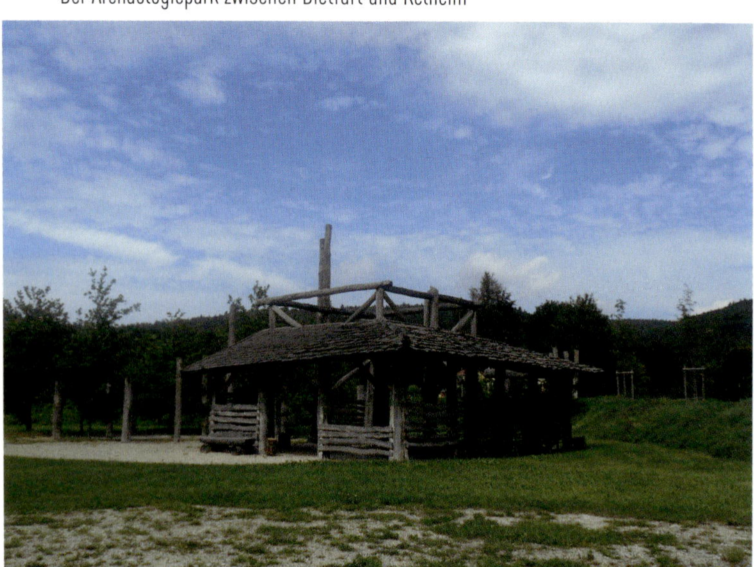

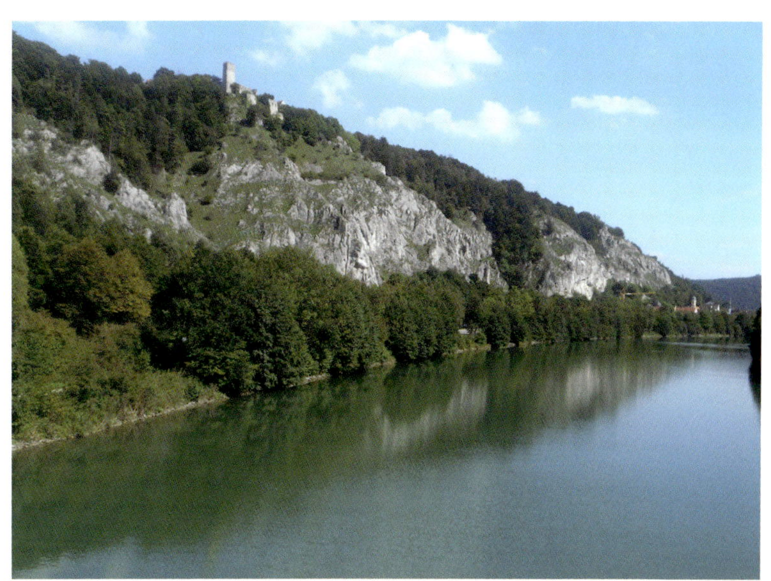

schutzfaktor erfahren wir vieles über das bis 1980 hier noch praktizierte Bierbrauen. Warme Kleidung wird angeraten, Sonnencreme kann zu Hause bleiben. Eines von beiden ist kein Scherz.

Das **Dinosaurier Museum Altmühltal** südlich von Beilngries kommt uns sehr gelegen, um unsere neu gewonnene Klaustrophobie zu kurieren und unsere Sehnsucht nach dem schmerzlich vermissten Tageslicht zu stillen. Für den sehr unwahrscheinlichen Fall, dass den Kindern hier langweilig wird, ist auch ein Spielplatz vorhanden. Aber siebzig Exponate in Originalgröße machen Schaukel und Klettergerüst bestimmt schnell vergessen.

Die Strecke von Beilngries über Dietfurt nach Riedenburg führt vorbei am Altmühlgolf Beilngries, am Badesee St. Agatha, an den Burgruinen Tachenstein und Rabenstein sowie am Falkenhof Schloss Rosenburg, um nur einige Attraktionen zu nennen. Es sind ihrer genug, um Kelheim lange warten zu lassen.

»Bayrisch China« wird das schöne **Dietfurt an der Altmühl** auch bisweilen genannt. Der Spitzname lässt sich durch eine Anekdote erklären, die in der Stadtgeschichte ihren festen Platz hat:

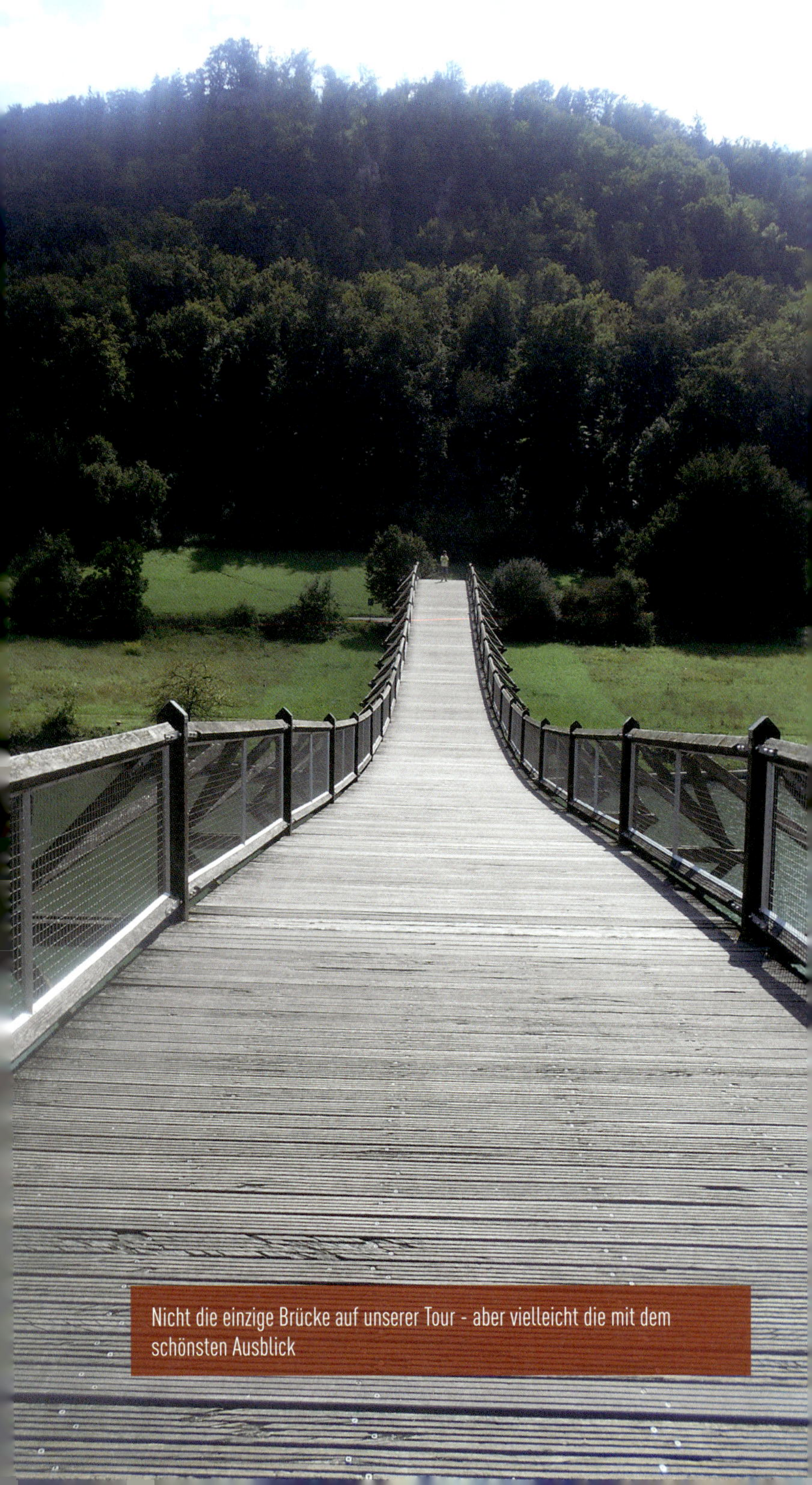

Nicht die einzige Brücke auf unserer Tour - aber vielleicht die mit dem schönsten Ausblick

Als der Fürstbischof von Eichstätt einstmals feststellte, dass die Dietfurter zu wenig Lehen und Abgaben leisteten, schickte er seinen Kämmerer zu ihnen, um, gelinde gesagt, ihre Zahlungsmoral zu heben. Die Dietfurter wussten nun aber vom bevorstehenden Besuch des Kämmerers, was zur Folge hatte, dass die Stadttore ganz einfach geschlossen blieben. Der verärgerte Kämmerer berichtete seinem Bischof, die Dietfurter kämen ihm wie »Chinesen« vor, so wie sie sich da hinter ihrer Mauer verschanzten. Ein Ausspruch mit Folgen – die wohl unterhaltsamste ist der Dietfurter **Chinesenfasching**. Ursprünglich aus dem althergebrachten Faschingszug entstanden, erhielt er seinen chinesischen Einschlag erstmals 1928, als die Blaskapelle eingedenk der obigen Anekdote in chinesischen Kostümen musizierte.

An die einstige Wehrhaftigkeit der Stadt erinnern sechs von ursprünglich zehn **Wehrtürmen**. Neben den Türmen ist Dietfurt vor allem reich an **Brunnen**: Ammonitenbrunnen, Antoniusbrunnen, Drachenbrunnen, um nur wenige zu nennen, wobei natürlich der Chinesische Brunnen vor dem Rathaus aus naheliegenden Gründen nicht fehlen darf. In Dietfurt verfolgen einen die Chinesen auf Schritt und Tritt: So beherbergt besagtes **Rathaus** eine »Chinesische Ausstellung« rund um den bereits erwähnten »Chinesenfasching«, der übrigens am sogenannten Unsinnigen Donnerstag, dem letzten Donnerstag der Faschingszeit, stattfindet.

Auch ohne China kommen Wissensdurstige auf ihre Kosten: Da wären das **Altmühltaler Mühlenmuseum**, das **Museum im Hollerhaus**, die Dauerausstellung **Stein.Wasser.Höhle** in der Obermühle und das **Wagnerei-Museum Zacherl**. Für Frischluftfanatiker eignet sich wohl eher der **Archäologiepark Altmühltal**. Von Dietfurt ausgehend führt er entlang des Altmühltal-Radwegs nach Kelheim, vorbei an originalgetreuen Rekonstruktionen und Hörstationen, welche die Ergebnisse der in der Gegend erfolgten archäologischen Grabungen kurzweilig aufbereiten. Startpunkt ist das »Erlebnisdorf Alcmona«, betreut von einem Förderverein, der dort im Sommer Veranstaltungen anbietet, die Jung und Alt Stein-, Bronze- und Eisenzeit hautnah erleben lässt.

Die bedeutendste Sehenswürdigkeit **Kelheims** ist sicherlich die **Befreiungshalle**. Es handelt sich hierbei um eine Gedenkstätte für die siegreichen Schlachten gegen Napoleon in den Befreiungskriegen 1813–1815. In Auftrag gegeben von König Ludwig I., wurde sie von Friedrich Gärtner begonnen und 1863 von Leo von Klenze vollendet. Auf den Pfeilern entlang der Außenfassade stehen insgesamt 18 Kolossalstatuen, welche als Allegorien die deutschen Volksstämme verkörpern. Um sich den steilen Anstieg zu ersparen, empfiehlt sich die Fahrt mit der »Ludwigsbahn« von der Schiffsanlegestelle Donau aus.

Unweit davon befindet sich die **Weltenburger Enge**. Sie besteht aus gewaltigen Felswänden, die vor 150 Millionen Jahren mal von Korallen und Schwämmen geformte Riffe gewesen waren, bis vor ca. 200.000 Jahren sich ein Nebenarm der Urdonau seinen Weg durch das Kalkgestein bahnte und das heutige Flussbett der Donau schuf. Die bis zu siebzig Meter aufragenden Kalkfelswände bestaunt man am besten während einer Schifffahrt auf der Donau.

Aufgrund unserer generellen Affinität zu Wasserstraßen und allem, was dazugehört, wäre es geradezu fahrlässig, nicht dem **Alten Kanalhafen** einen Besuch abzustatten. Die dort anzutreffende Schleuse Nr. 1 kann als ultimativer Zielpunkt unserer Tour gelten. Neben dieser umfasst der eingemauerte Kanaltrog auch das Hafenbecken, einen Kran, eine Lagerhalle und ein Schleusenhaus. Die 600 Meter lange Hafenanlage ist, obgleich als Meilenstein des Ingenieurwesens denkmalgeschützt, auch heute noch funktionsfähig.

Das **Archäologische Museum** bringt uns dazu die keltische Vergangenheit Kelheims näher und zeichnet allgemein die Frühgeschichte der Gegend von der Zeit der Neandertaler bis zum frühen Mittelalter nach. Darüber hinaus beherbergt es eine Ausstellung zur Stadtgeschichte.

Von Kehlheim aus kommend liegt hinter der Weltenburger Enge und dem Donaudurchbruch außerdem das **Kloster Weltenburg**. Hier ist für alles gesorgt: Wissensdurstige finden im historischen Felsenkeller ein Klostermuseum vor, während diejenigen, deren Durst eher buchstäblicher denn metaphorischer Natur ist, eben diesen in der *Klosterschenke Weltenburg* stillen können. Die Abteikirche St. Georg wiederum, in welcher nach Voranmeldung Führungen angeboten werden, spricht unsere spirituelle Seite an. Souvenirs gibt es im Klosterladen – von religiösen Artikeln über Ansichtskarten bis hin zu

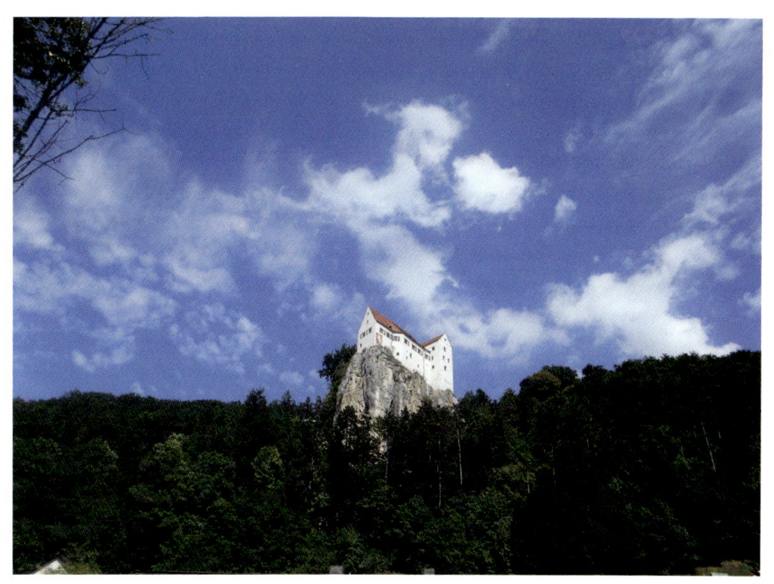

Welche Schätze die geheimnisvolle Burg wohl birgt?

klostereigenen Erzeugnissen wie dem überregional bekannten Bier und diversen Destillaten ist hier alles zu haben.

Jonas Fehn

Ausgewählte Adressen und Tipps

Berching, www.berching.de

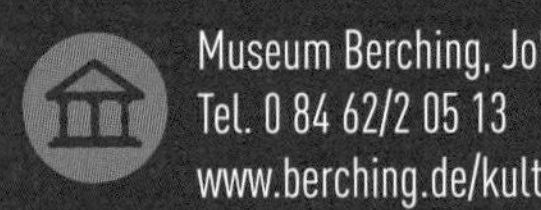

Museum Berching, Johannesbrücke 2, 92334 Berching
Tel. 0 84 62/2 05 13
www.berching.de/kultur
Mai–Sep Do–So u. Fei 13.30–16.30

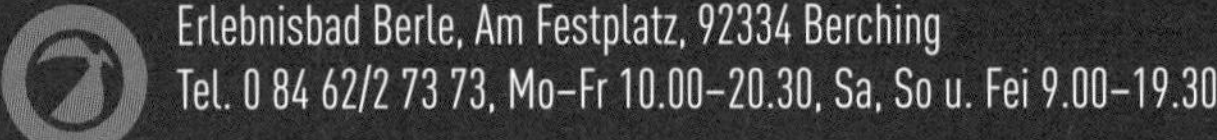

Erlebnisbad Berle, Am Festplatz, 92334 Berching
Tel. 0 84 62/2 73 73, Mo–Fr 10.00–20.30, Sa, So u. Fei 9.00–19.30

Altstadthotel Brauerei-Gasthof Winkler, Reichenauplatz 21–22, 92334 Berching
Tel. 0 84 62/13 27, www.brauereigasthof-winkler.de
Mo–Sa 11.30–14.00 u. 17.30–21.00, So 11.30–15.00

Beilngries, www.beilngries.de

Sipl's Kaffee- und Brothaus, Hauptstr. 7, 92339 Beilngries
Tel. 0 84 61/96 36, www.sipl.de
Mo–Sa 6.00–18.00, So 7.00–18.00

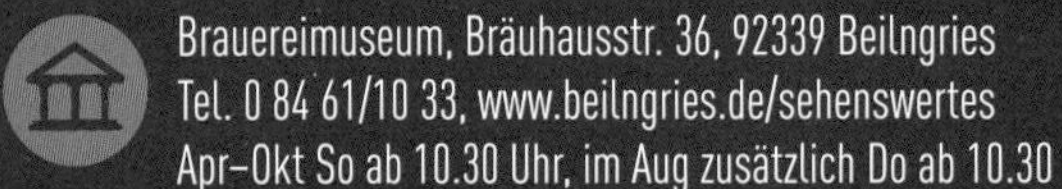

Brauereimuseum, Bräuhausstr. 36, 92339 Beilngries
Tel. 0 84 61/10 33, www.beilngries.de/sehenswertes
Apr–Okt So ab 10.30 Uhr, im Aug zusätzlich Do ab 10.30

Dietfurt an der Altmühl, www.dietfurt.de

Altmühltaler Mühlenmuseum, Hauptstr. 51, 92345 Dietfurt an der Altmühl
Tel. 0 84 64/2 09, www.altmuehltalermuehle.de
Tägl. 8.00–20.00; Führungen 10.00, 14.00 u. 16.00 bei laufender Mühle

Landgasthof Zum Wolfsberg, Riedenburger Str. 1, OT Mühlbach, 92345 Dietfurt
Tel. 0 84 64/60 17 26, www.zum-wolfsberg.com
Mo–Sa 17.00–24.00, So 10.00–24.00

Riedenburg, www.riedenburg.de

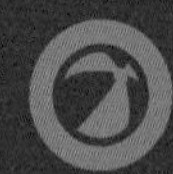

Falkenhof Schloss Rosenburg, Schloss Rosenburg , 93339 Riedenburg
Tel. 0 94 42/27 52, www.falkenhof-rosenburg.de
Di–So 9.00–17.00, an Fei auch Mo geöffnet
Saisonzeiten werden auf der Homepage angegeben

Essing, www.marktessing.de

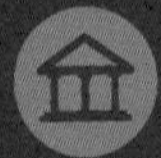

Burg Randeck, Randeck 9, 93343 Essing
Tel. 0 94 47/3 77, www.ritterschaenke-burg-randeck.de

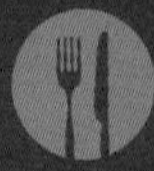

Brauereigasthof Schneider, Altmühlgasse 8, 93343 Essing
Tel. 0 94 47/9 18 00, www.brauereigasthof-schneider.de
Mo ab 16.00, Di–So 8.00–23.00

Kelheim, www.kehlheim.de

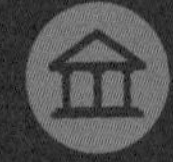

Archäologisches Museum, Lederergasse 11, 93309 Kelheim
Tel. 0 94 41/1 04 09, www.archaeologisches-museum-kelheim.de
Öffnungszeiten variieren jährlich

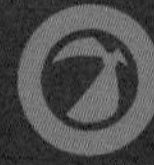

Keldorado Freizeitbad, Rennweg 60, 93309 Kelheim
Tel. 0 94 41/22 67, www.keldorado-kelheim.de
Okt–Apr tägl. 9.00–21.00 (Di u. Fr bis 22.00), Mai–Sep tägl. 9.00–20.30

Fahrradservice und E-Bike-Verleih

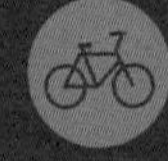

Zweirad Schoyerer, Hubstraße 2, 92334 Berching
Tel. 0 84 62/22 36, www.zweirad-schoyerer.de
Mo–Fr 9.00–12.00 u. 14.00–18.00, Sa 9.00–12.00

Zweirad Huber, Ingolstädter Str. 21, 92339 Beilngries
Tel. 0 84 61/60 50 47, www.zweirad-huber.de
Mo–Fr 9.00–18.00, Sa 9.00–12.00

etwa 2,5 Kilometer bis nach **Reichenbach**. Wir überqueren eine Landstraße, fahren durch den Ort und abermals über die Wörnitz, kurz darauf geht es links in einen Wirtschaftsweg. Nach zwei Kilometern erreichen wir **Mosbach**. Hier gilt es nun eine Entscheidung zu treffen: Wer nach Feuchtwangen will, muss hier links abbiegen (es gibt eine Radwegmarkierung in Richtung Feuchtwangen), wer ein paar Kilo- und Höhenmeter sparen will, fährt den Radweg in Richtung Dinkelsbühl weiter über Tribur und Larrieden (bei Schopfloch treffen die beiden Varianten dann wieder zusammen).

In Richtung Feuchtwangen folgen wir der Radwegmarkierung durch Mosbach (Achtung: nicht vom gelben Landstraßenwegweiser irritieren lassen!), nach der Kirche geht es links und dann gleich wieder rechts. Alsbald finden wir uns an einer zwölfprozentigen Steigung wieder, diese ist glücklicherweise nicht allzu lange, dennoch ist Absteigen hier nicht per se eine Schande. Nach circa zwei Kilometern erreichen wir den Rand von **Feuchtwangen**. Links liegt ein Weiher, vor einem Sportplatz weist eine Radwegmarkierung nach rechts. Nach etwa 500 Metern kommen wir an eine T-Kreuzung. In Richtung Stadtmitte geht es links, rechts geht die Tour dann erst nach dem Abstecher in die Stadt weiter. Vorerst halten wir uns also links und folgen dem Radweg. Nach einem guten Kilometer treffen wir auf die B25, eine kurze Rechts-Links-Kombination bringt uns schließlich wieder über einen Fluss (diesmal aber die Sulzach) und in die historische Altstadt, die wir nun angemessen würdigen können.

Zur Weiterfahrt begeben wir uns wieder zurück zur besagten T-Kreuzung und folgen dem Radweg (hier handelt es sich nun um den Karpfenradweg) geradeaus weiter in Richtung Dinkelsbühl. Wir fahren durch **Kaltenbronn**, unterqueren dann die Bahnlinie und kommen durch einige Waldstücke an den Rand von **Schopfloch**. Der Straße nach geht es erst bergauf und dann durch den Ortskern. Am Ende des Marktplatzes stoßen wir auf eine Landstraße und fahren nach rechts. Es geht wieder bergab, unter der Bahn durch und über den Fluss (nun wieder die Wörnitz). Ein paar hundert Meter später treffen wir wieder auf den Wörnitzradweg und die kürzere Routenvariante. Hier nun links. Wir fahren etwa sieben Kilometer bequem durch die Flussauen, bis wir die Ausläufer von **Dinkelsbühl** erreichen. Die Radwegmarkierungen führen uns nun direkt in die historische Altstadt.

Vom Marktplatz aus folgen wir den Markierungen in Richtung Wilburgstetten, Mönchsrot und Nördlingen, verlassen die Altstadt durch das Nördlinger Tor, dann geht es geradeaus über einen Kreisverkehr. Wir folgen der Straße auf dem parallelen Radweg, auf der Höhe von Radwang zweigt die Radwegmarkierung in Richtung Wilburgstetten links ab, wir halten uns weiter geradeaus. Etwa zwei Kilometer weiter umfahren wir das Dorf **Diederstetten**. Am Ortsende treffen wir wieder auf die Straße und fahren hier nicht den Radwegmarkierungen nach, sondern geradeaus auf einen kleine Nebenstraße, die uns nach weiteren gut zwei Kilometern nach **Wilburgstetten** bringt. An der ersten großen Ampelkreuzung halten wir uns links und darauf wieder links in Richtung Limburg. Wir überqueren abermals die Wörnitz und sehen alsbald wieder Radwegweiser in Richtung Wassertrüdingen, denen wir folgen.

Auf einer Nebenstraße geht es nun leicht bergan, wir genießen dabei den Blick über das Flusstal und streifen nach etwa fünf Kilometern **Weiltingen**. Nach weiteren gut zwei Kilometern treffen wir auf eine größere Ortsverbindungsstraße, hier halten wir uns rechts und kommen kurz darauf nach **Ruffenhofen**. Gleich zweigt der Radweg wieder links ab, ausgeschildert ist auch das

Der Kreuzgang in Feuchtwangen

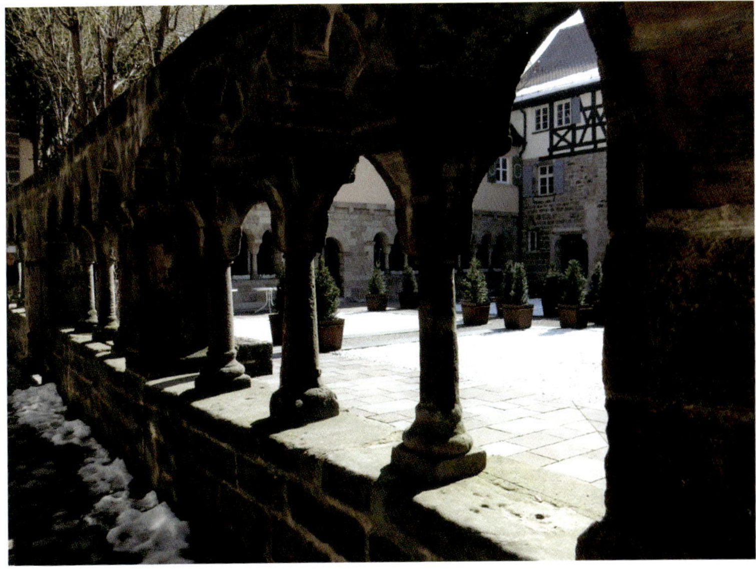

Limeseum, gut einen Kilometer später führt eine Abzweigung nach rechts zum Römerpark, der optional besucht werden kann, wenn noch genügend Reserven vorhanden sind. Im weiteren Verlauf durchqueren wir das schmucke Dorf **Aufkirchen** und erreichen nach sechs Kilometern und einer längeren Berg- und Talfahrt **Reichenbach**; der Hesselberg begleitet uns dieweil auf der linken Seite. Nach Reichenbach überqueren wir eine Ortsverbindungsstraße und fahren weitere vier Kilometern durch die Flussauen bis **Wassertrüdingen**, hier verabschieden wir uns von der Wörnitz, die weiter in Richtung Schwaben fließt.

Wir verlassen den Marktplatz von Wassertrüdingen in nördlicher Richtung durch das Stadttor mit dem angeschlossenen *Fluvius-Museum* und folgen der Radwegmarkierung in Richtung Gunzenhausen, die uns über die Bahnhofstraße wieder auf dem Ort hinausführt. Am Ortsende rechts über die Bahngleise (ausgeschildert ist jetzt auch Altentrüdingen), dann wieder links. Über eine Nebenstraße kommen wir nach **Altentrüdingen** und folgen den Radwegmarkierungen durch den Ort, unter der Bahnlinie durch und sogleich nach links. Kurz darauf kommen wir an eine Ortsverbindungsstraße, nun geht es links und kurz darauf wieder rechts nach **Kröttenbach**. Wir durchqueren den Ort, danach geht es etwas bergauf bis an eine T-Kreuzung, linker Hand kommen wir nun zum Ortseingang von **Cronheim**. Hier ignorieren wir alle Radwegmarkierungen und fahren durch das Dorf hindurch.

Am anderen Ende finden wir uns an einem Kreisverkehr wieder, eine zweispurige Straße führt nach Gunzenhausen. Auf der anderen Seite der Straße befindet sich ein Radweg, der uns nach eineinhalb Kilometern bergab in den Weiler **Filchenhard** bringt. An der Hauptstraße weist eine lokale Radwegmarkierung in Richtung Gunzenhausen nach rechts. Dieser folgend kommen wir kurz darauf an eine größere T-Kreuzung und fahren links bis an den Rand von **Unterhambach**. Hier kreuzt bei einer Mühle nun der Limesradweg, der auf einer Nebenstraße in Richtung **Unterwurmbach** führt, das wir nach drei weiteren Kilometern auch erreichen. Wir folgen der Straße durch den Ort, leicht bergauf, dann an der nächsten größeren Kreuzung links. Zwei Kilometer weiter haben wir mit **Gunzenhausen** die Endstation unserer Tour erreicht.

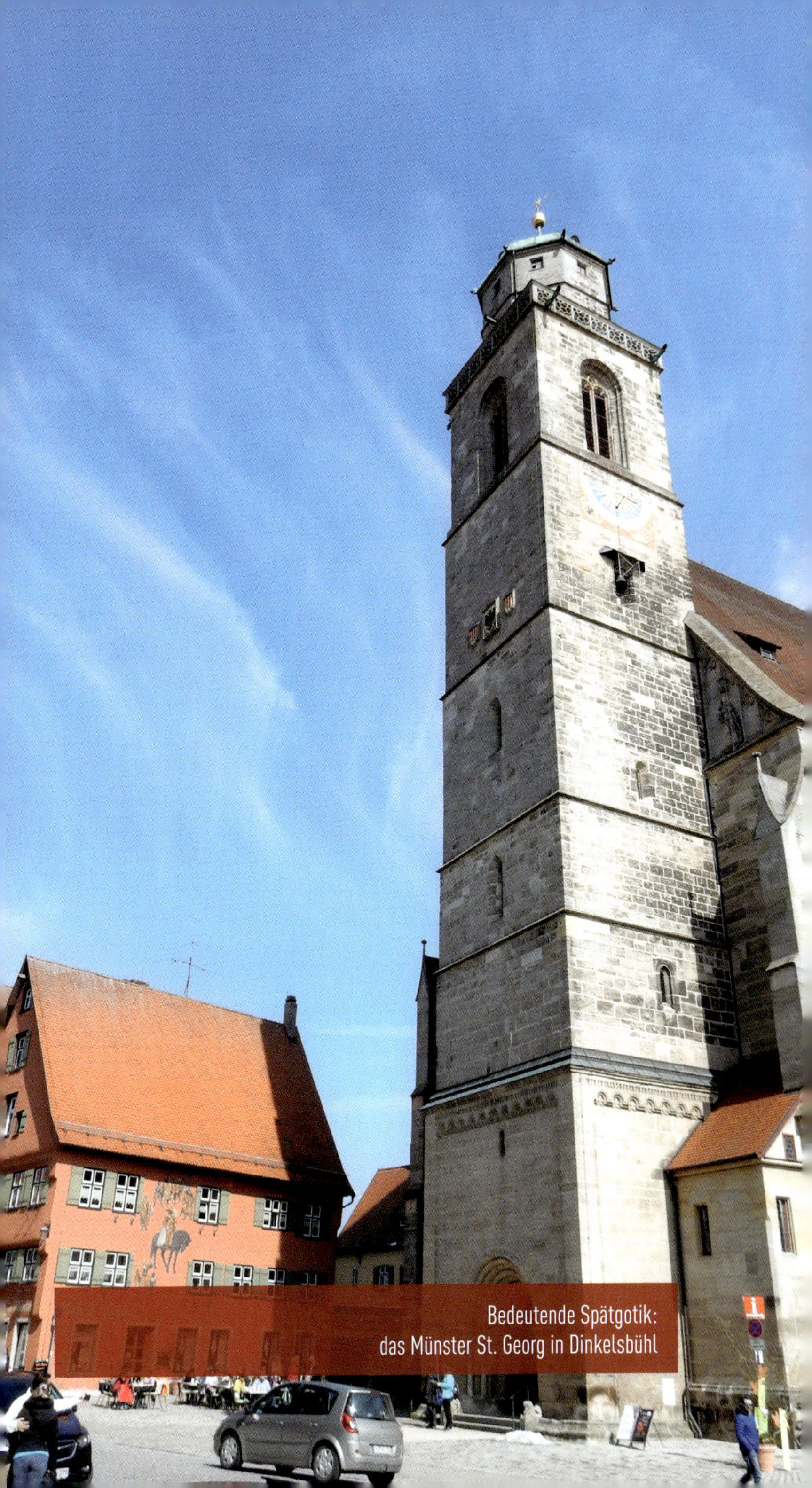

Bedeutende Spätgotik:
das Münster St. Georg in Dinkelsbühl

Das gibt's zu sehen

Feuchtwangen wurde in Zusammenhang mit einem Benediktinerkloster im frühen 9. Jahrhundert erstmals urkundlich erwähnt. 1197 wurde das Kloster in ein Chorherrenstift umgewandelt. Neben dem Kloster gab es schon frühzeitig eine dörfliche Siedlung. Diese hatte sich bis ins 12. Jahrhundert so weit gemausert, dass die Stauferkaiser sie zur Stadt erhoben. 1241 wurde Feuchtwangen dann sogar königliche Reichsstadt. Die Stadt und das Stift bildeten eigene Gemeinwesen, die nur durch eine Straße getrennt waren. Im Laufe des 14. Jahrhunderts wurde die Stadt mehrfach verpfändet und gelangte schließlich in den Besitz der Hohenzollern, die zunächst die Burggrafen in Nürnberg und später auch die Markgrafen in Ansbach stellten.

Bedeutendste Sehenswürdigkeit der Stadt ist der romanische **Kreuzgang**, der zusammen mit der Stiftskirche und einigen Hofmauerresten noch einen Eindruck vom ehemaligen Kloster bzw. Stift vermittelt. Hier finden auch die berühmten *Kreuzgangspiele* statt, denen wir uns weiter unten noch einmal widmen wollen.

Die ehemals St. Salvator geweihte **Stiftskirche** mit den beiden ungleichen Türmen ist ein Wahrzeichen der Stadt. In Teilen noch romanischer Bauweise enthält sie innen in der Vorhalle spätromanische bzw. frühgotische Fresken. Der Marienaltar stammt aus dem späten 15. Jahrhundert und wurde von Michael Wolgemut, auch Lehrer von Albrecht Dürer, geschaffen. Das geschnitzte Chorgestühl datiert etwa auf 1500.

Im Westflügel der Kreuzganganlage befinden sich die Feuchtwanger **Handwerkerstuben**. Sie zeigen original erhaltene Werkstätten eines Zuckerbäckers, eines Töpfers, eines Schuhmachers, einer Weberei, einer Blaufärberei und einer Zinngießerei. Größtenteils stammen diese von den letzten Feuchtwanger Handwerksmeistern, die ihren Beruf noch auf traditionelle Weise ausübten. Eine öffentliche Führung findet von Ostern bis Mitte September sonn- und feiertags um 14 Uhr statt, ansonsten können die *Handwerkerstuben* nur nach telefonischer Vereinbarung besichtigt werden.

Die *Handwerkerstuben* sind gewissermaßen eine Außenstelle des **Fränkischen Museums** in Feuchtwangen. Dieses wurde in dem spätmittelalterlichen Fachwerkhaus bereits 1926 eröffnet. Die Schwerpunkte des Museums liegen auf dem Leben und Wohnen in fränkischen Kleinstädten. Auf einer rund 2.000-Quadratmeter großen Fläche gibt es unter anderem Möbel, Hausrat, Liebesgaben und religiöse Kunst zu sehen. Im Museumsgarten befinden sich auch ein Flachsbrechhaus und eine Hammerschmiede.

Seit 1949 finden in Feuchtwangen die bereits erwähnten **Kreuzgangspiele** statt. Im malerischen Ambiente werden Klassiker der Weltliteratur auf hohem Niveau gegeben, aber auch für Kinder und Jugendliche wird inszeniert (so stand 2018 beispielsweise Goethes *Faust* neben dem Märchen *Der Hase und der Igel* der Gebrüder Grimm auf dem Programm). Spieltermine sind von Mai bis August, ab der Probenzeit im April ist der Kreuzgang nur durch das Café zugänglich. Karten für die Festspiele können telefonisch, online oder bei zahlreichen Vorverkaufsstellen in Mittelfranken und darüber hinaus erworben werden.

Natürlich bleibt auf dieser Tour kaum genug Zeit, um die verschiedenen Attraktionen der Stadt angemessen zu würdigen. Im Zweifelsfall macht man einfach eine Rast, lässt sich inmitten des historischen **Marktplatzes** zu einem Kaffee, Radler oder Eis nieder und erfreut sich an der historischen Geschlossenheit der Fachwerk- und Bürgerhäuser. Die Tourist-Info ist gleich am Markt im ehemaligen Rathaus untergebracht.

Dinkelsbühl gilt als eine der schönsten historischen Städte der Republik. Dies hat seinen Gründe unter anderem in seiner Lage. An der Kreuzung zweier bedeutender Handelsrouten (von der Ostsee nach Italien und von Worms nach Krakau) bestand schon im 10. Jahrhundert eine befestigte Anlage, die 1188 in einer Urkunde Kaiser Barbarossas erstmals urkundlich erwähnt wurde als »Burgum Tinkelspuhel«. 1274 wurde Dinkelsbühl Reichsstadt und gehörte zum schwäbischen Reichskreis, bis sie neuzeitlich bayerisch und dem fränkischen Bezirk zugeordnet wurde. Historisch gesehen befinden wir uns daher schon in Schwaben.

Die Stadt verfügte einst über zwei **Mauerbefestigungen**. Erhalten ist die innere mit etwa 2,5 Kilometer Umfang und den vier Tortürmen, die darin eingeschlossenen 33 Hektar sind fast so etwas wie ein Freilichtmuseum. Die Stadt quillt so über vor Geschichte und Sehenswürdigkeiten, dass es schwierig ist, einzelne herauszugreifen. Daher weisen wir zuvorderst wieder auf die Tourist-Info hin, die alle anstehenden Fragen und Interessen zur vollen Zufriedenheit bearbeiten wird, sie befindet sich hinter dem Münster unweit des Ledermarktes im Alten Rathaus.

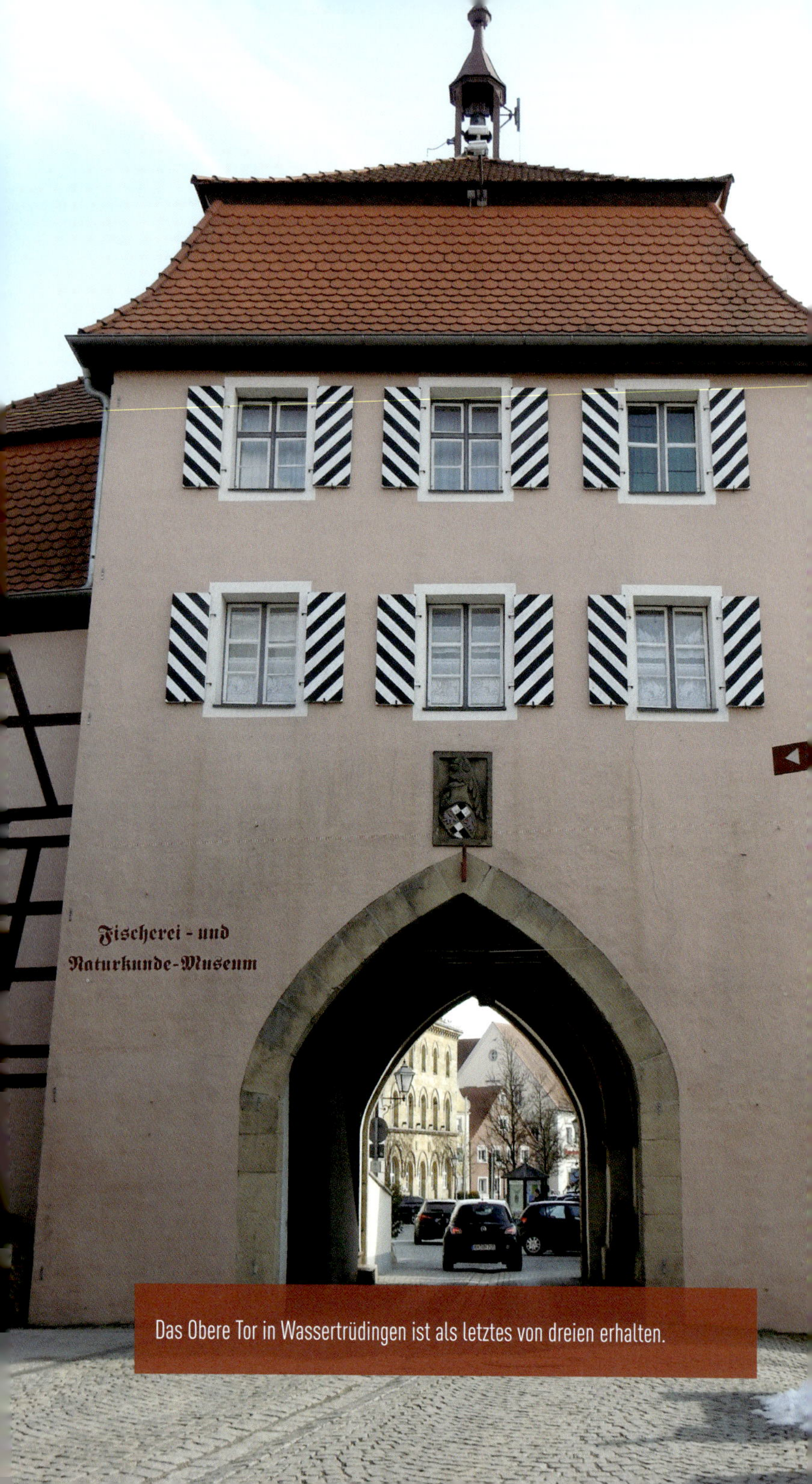

Das Obere Tor in Wassertrüdingen ist als letztes von dreien erhalten.

Hingewiesen sei an dieser Stelle auf das **Münster St. Georg**, das die Altstadt besonders prägt. Es gilt als eine der bedeutendsten spätgotischen Hallenkirchen Süddeutschlands, das Turmportal ist noch romanisch. Erbaut wurde das Münster in der zweiten Hälfte des 15. Jahrhunderts. In der Ausstattung ist das meiste neu-gotisch überarbeitet, aus der Zeit des Kirchenbaus stammt noch der Kreuzaltar. Besonders zu erwähnen ist unter anderem das sogenannte Brezenfenster (südliches Chorfenster), eine Art früheres Product-Placement der Bäckerzunft.

Im Alten Rathaus, einem reizvollen Gebäude aus dem Spätmittelalter, ist heute das **Haus der Geschichte Dinkelsbühl – von Krieg und Frieden** untergebracht. Hier kann die 800-jährige Geschichte der Stadt, können die inneren Konflikte zwischen den Religionen und auch der Niedergang der Stadt nach der Reformation, der beispielhaft für viele kleine Reichsstädte steht, nachvollzogen werden. Auch der Hexenverfolgung ist ein Teil gewidmet. Das Museum befindet sich im selben Gebäude wie die Tourist-Info.

Abseits von Geschichte und Kultur betreiben die *Stadtwerke Dinkelsbühl* eines der letzten Flussbäder an der Wörnitz (ein weiteres kommt auch noch bei Wassertrüdingen). Das **Wörnitzstrandbad** liegt am östlichen Rand des Ortskerns noch auf der Altstadtseite des Flusses. Wer die Tour auf zwei Tage anlegt, kann sich hier vor malerischer Kulisse von den Strapazen des Radsports erholen.

Wir befinden uns nun etwa in der Mitte unserer Tour, daher bietet es sich an, die malerische Kulisse auch ganz einfach zu einer ausgedehnten Pause nutzen. Die Altstadt bietet reichlich Gelegenheiten, sich ganz nach Gusto zu stärken, und die Augen haben hier auch ihre Freude. Ein hohes Touristenaufkommen wirkt sich nicht immer positiv auf Qualität und Preisniveau der Gastronomie aus, daher sind wir mit Empfehlungen vorsichtig und raten zu einem kritischen Blick auf die Speisekarte. Freunde schwäbisch-fränkischer Kochkunst, die auch mal eine Bierspezialität zu schätzen wissen, können aber jedenfalls im *Weib's Brauhaus* vorbeischauen. (Kritisch sei am Rande noch angemerkt, dass der relativ starke Autoverkehr in den Straßen der Altstadt vielleicht außerhalb dieser besser aufgehoben wäre …)

Im weiteren Verlauf der Tour ist der **Römerpark** nahe **Ruffenhofen** eine Erwähnung wert. Auf etwa 40 Hektar befanden sich hier einst ein römisches Reiterkastell und eine dazugehörige zivile Siedlung. Die Baureste wurden nicht ausgegraben, sondern »schlummern« noch im Boden. Über der Erde wird die ehemalige Anlage mittels Hecken, Ausmähungen und Wegen sichtbar gemacht, dazu gibt es ein Modell im Maßstab 1:10. Außerdem helfen verschiedene Schilder und Bildszenen der Fantasie auf die Sprünge.

Deutlich spektakulärer ist der Musemsneubau des **Limeseums** von 2012. Ein römischer Soldat namens »December« führt hier die Besucher mithilfe von Exponaten, Hörstationen und einem Film in die Vergangenheit des Kastells und des antiken Lebens um diesen Limesabschnitt ein. Der runde, außen verglaste Museumsbau bietet dabei reichlich Ausblick auf das Gelände und stellt eine optimale Verbindung zum Bodendenkmal her. Nicht zu Unrecht war er 2015 für den Europäischen Museumspreis nominiert. Seit 2005 gehört der Römerpark übrigens zum UNESCO-Weltkulturerbe des Limes.

Kurz vor **Wassertrüdingen** treffen wir abermals auf ein **Flussbad** an der Wörnitz. Auch hier kann man sich im fließenden Gewässer erfrischen. Daneben gibt es auch ein als »Lagune« bezeichnetes Naturbadebecken für Nichtschwimmer, unter anderem mit Rutsche und einen Kinderbereich. Auch ein Kneippbecken ist vorhanden, und am Kiosk können spontan auftretende Mangelerscheinungen ausgeglichen werden.

Wassertrüdingen geht auf eine mittelalterliche Wasserburg zurück. Eine Ansiedlung wurde erstmals 1242 urkundlich erwähnt. Von dieser Anlage ist immerhin noch die Ringmauer und das Tor erhalten. Im 17. Jahrhundert wurde das **Wasserschloss** in Wassertrüdingen nach den Vorstellungen des Barock umgebaut. Im 19. Jahrhundert war es ein Amtsgericht, heute dient es als Wohnheim für geistig und körperlich behinderte Menschen.

Ebenfalls sehenswert sind das historische Rathaus und das Obere Tor. Gleich daneben befindet sich das **Museum Fluvius – Fluss und Teich**. Hier wird die Wörnitz aus der Perspektive eines Fisches erlebbar gemacht. In der Weiherabteilung lernt man, wie viele Tiere und Pflanzen sich außer Karpfen noch in fränkischen Weihern befinden. Auch ein großes Aquarium fehlt nicht. Dazu gibt es regelmäßig Sonderausstellungen.

Im Rahmen einer **Gartenschau** im Jahr 2019 entstanden mit dem Wörnitzpark und dem Klingenweiherpark südlich und nördlich der Altstadt zwei beachtliche Grünanlagen, die zur Rast einladen.

Eigentlich wäre Wassertrüdingen ein logischer Schlusspunkt dieser Tour, da hier die Wörnitz in Richtung Schwaben abknickt. Leider ist hier jedoch keine Bahnverbindung mehr vorhanden, und auch die Busse fahren so selten, dass sie kaum eine Erwähnung wert sind. Diesen Umstand sollte Wassertrüdingen bedenken, wenn es »Ziel für Radfahrer und Aktivurlauber« sein möchte. Wie auch immer: Wem hier bewusst wird, dass die 20 Kilometer bis Gunzenhausen definitiv nicht mehr drin sind, findet wenigstens ein *Radl-Hotel* vor (s. S. 160).

Gunzenhausen geht auf ein Kloster zurück, das erstmals im Jahr 823 urkundlich erwähnt wurde. Im 14. Jahrhundert gelangte auch dieser Ort in den Besitz der Hohenzollern, die die Stadt ausbauten und mit Mauern und Türmen befestigten; drei davon sind heute noch vorhanden und prägen das Stadtbild. Im 18. Jahrhundert wurde Gunzenhausen zur persönlichen Residenzstadt des »Wilden Markgrafen« Karl Wilhelm Friedrich, der sich sowohl seine Bauwerke als auch die Jagdleidenschaft so viel kosten ließ, dass er seinem Erben 2,3 Millionen Reichstaler Schulden hinterließ. Aus der Ära des Wilden Markgrafen sind unter anderem noch seine ehemalige Residenz zu sehen (das heutige Rathaus), die Stadtvogtei und ein Amtshaus am Marktplatz, das heute die Stadtapotheke beherbergt. Weitere Baudenkmäler dieser Epoche sind das Palais-Heydenab (ebenfalls am Marktplatz) und das Zocha-Palais, in dem heute das Stadtmuseum untergebracht ist.

Auf dem Grund eines ehemaligen Römerkastells steht heute die evangelische **Stadtkirche**. Das Gotteshaus wurde im 15. Jahrhundert errichtet und ist vor allem wegen seiner spätmittelalterlichen Fresken eine Erwähnung wert, darunter eine großflächige Darstellung des heiligen Christophorus.

Flussmäßig befinden wir uns hier nicht mehr an der Wörnitz, sondern an der Altmühl, was auch unschwer am nahen **Altmühlsee** zu erkennen ist. Dieser befindet sich direkt am nordwestlichen Stadtrand. Während wir auf den bisherigen Stationen nur in der Wörnitz baden konnten, ist nun das volle Wassersportprogramm möglich, vom Tretbootfahren bis Stehpaddeln. An Bord der *MS Altmühl* kann man etwa eine Stunde lang das Gewässer auch von der Seeseite her erkunden.

Nicht nur die hier allgegenwärtige Römerzeit kann im *Archäologischen Museum* näher inspiziert werden. Die Ausstellungen zeigen auf drei Stockwerken Funde aus jungsteinzeitlichen Dörfern im Altmühltal und Beigaben aus Hügelgräbern. Römischer Alltag am Limes wird durch zahlreiche Exponate und Überreste aus den ehemaligen Kastellen und Wachtürmen der Region dargestellt. Die geschichtliche Spanne des Museums reicht bis ins frühe Mittelalter.

Einen Einkehrtipp zu geben fällt in Gunzenhausen etwas schwer. Die Gastronomie hat durch das relativ starke Touristenaufkommen im Fränkischen Seenlandes nicht immer die ideale Entwicklung genommen. Teilweise kann die Qualität der Speisen nicht mehr ganz befriedigen, teilweise wird den Augen innenarchitektonisch so viel zugemutet, dass es gar nicht mehr schmecken kann. Da muss man seinen persönlichen Präferenzen nachgehen. Als »bester Kompromiss« sei aber das *Boothaus* direkt am Altmühlsee genannt. Ohne Gewähr, ob es zu jedem Geschmack passt, aber die Lage und der Blick auf den See sind auf jeden Fall empfehlenswert.

Veit Bronnenmeyer

Ausgewählte Adressen und Tipps

Feuchtwangen, www.feuchtwangen.de

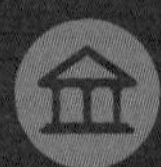

Handwerkerstuben, Marktplatz 2, 91555 Feuchtwangen
Tel. 0 98 52/9 04 55

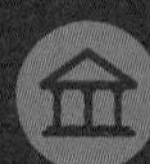

Fränkisches Museum Feuchtwangen, Museumsstr. 19, 91555 Feuchtwangen
Tel. 0 98 52/25 75, www.fraenkisches-museum.de
Jan–Mai Di–Fr 14.00–17.00, Sa, So, Fei 11.00–17.00, Juni–Aug Di–Fr 14.00–20.00, Sa, So, Fei 11.00–20.00, Sep–Dez Di–Fr 14.00–17.00, Sa, So, Fei 11.00–17.00

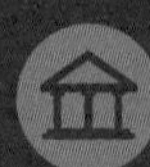

Kreuzgangspiele, Marktplatz 2, 91555 Feuchtwangen
Tel. 0 98 52/9 04-44, www.kreuzgangspiele.de

Dinkelsbühl, www.dinkelsbuehl.de

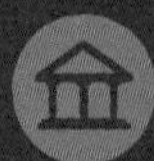

Haus der Geschichte, Altrathausplatz 14, 91550 Dinkelsbühl
Tel. 0 98 51/9 02-1 80, www.hausdergeschichte-dinkelsbuehl.de
Mai–Okt Mo–Fr 9.00–18.00, Sa, So u. Fei 10.00–17.00
Nov–Apr tägl. 10.00–17.00

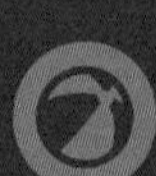

Wörnitzstrandbad, Bleichweg 2, 91550 Dinkelsbühl
Tel. 0 98 51/94 98, www.sw-dinkelsbuehl.de
Während der Badesaison tägl. 10.00–19.00

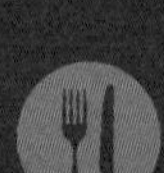

Weib's Brauhaus, Untere Schmiedgasse 13, 91550 Dinkelsbühl
Tel. 0 98 51/5 79 49-0, www.weibsbrauhaus.de
Do–Mo 11.00–1.00, Mi 18.00–01.00, Di Ruhetag

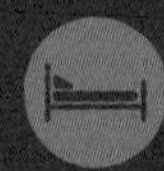

Flair-Hotel Weisses Roß, Steingasse 12, 91550 Dinkelsbühl
Tel. 0 98 51/57 98 90, www.hotel-weisses-ross.de
Fahrradfreundliches Hotel

Hotel Goldene Rose, Marktplatz 4, 91550 Dinkelsbühl
Tel. 0 98 51/5 77 50, www.hotel-goldene-rose.com
Fahrradfreundliches Hotel

Wittelshofen/ OT Ruffenhofen, www.wittelshofen.de

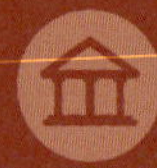

Römerpark, Ruffenhofen 1, 91749 Wittelshofen
Tel. 0 98 54/9 79 92 42, www.roemerpark-ruffenhofen.de
Park: jederzeit frei zugänglich
Limeseum: Di–Fr 10.00–16.00, Sa, So u. Fei 11.00–17.00
Mo u. während der Weihnachtsferien geschlossen

Wassertrüdingen, www.wassertruedingen.de

Wörnitz-Flussbad, An der Schloßwand, 91717 Wassertrüdingen
Tel. 0 98 32/7 08 96 37
Mai–Sep tägl. 10.00–20.00

Museum Fluvius – Fluss und Teich, Marktstr. 1, 91717 Wassertrüdingen
Tel. 0 98 32/68 22-15, www.fluvius-museum.de
Di–Fr 9.00–16.00, Sa, So u. Fei 11.00–16.00, Mo geschlossen

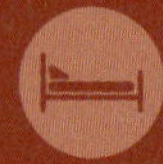

Radlhotel Wassertrüdingen, Marktstr. 11, 91717 Wassertrüdingen
Tel. 0 98 32/70 66 76 6, www.radlhotel-franken.de
Fahrradfreundliches Hotel

Gunzenhausen, www.gunzenhausen.de

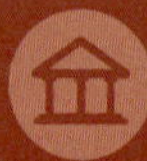

Archäologisches Museum, Brunnenstr. 1, 91710 Gunzenhausen
Tel. 0 98 31/50 83 06, www.archaeologisches-museum.gunzenhausen.de
Mai–Sep Mo–Fr 9.00-12.30 u. 14.00–17.00, Sa 10.00–13.00
Okt–Apr Mo–Fr 9.00–12.30 u. 14.00-17.00

Fahrradservice und E-Bike-Verleih

Zweirad Gruber, Weißenburger Str. 49, 91710 Gunzenhausen
Tel. 0 98 31/88 47 90-0, www.radsport-gruber.de

E-Bike-Park Treuchtlingen, Kirchenstr. 2, 91757 Treuchtlingen
Tel. 0 91 42/9 48 86 45, www.ebikepark.net

Rad und Zubehör Wagner, Wehrstr. 18, OT Wettelsheim, 91757 Treuchtlingen
Tel. 01 60/9 98 16 18 5

Zweirad Schleußinger, Bahnhofstr. 7, 91788 Pappenheim
Tel. 0 91 43/8 55 77, www.schleussinger.de

Fahrradparadies Dollnstein, Wiesenweg 14, 91795 Dollnstein
Tel. 0 84 22/98 77 52, www.rehm-r.de

13 Eine Reise zum Mittelpunkt der Erde?

Entlang der Altmühl von Dollnstein nach Kinding

Vor der Kulisse von imposanten Kalksteinfelsen und der herrlichen Landschaft am Rande des Urdonautals findet sowohl der sportliche Radler als auch die Familie beim Wochenendausflug die richtige Herausforderung. Die Tour macht Lust auf mehr Aktivitäten zu Wasser, zu Lande und in der Luft, nebenbei lässt sich auf vielfältige Weise römische und geologische Geschichte erkunden. Die Strecke kann als Anschluss auf Tour 12 (s. S. 162) oder unabhängig davon als Tagestour gefahren werden.

INFO

Die Strecke: Dollnstein – Eichstätt – Pfünz – Arnsberg – Kipfenberg – Kinding
Länge: 52 km
Markierung: Altmühltal-Radweg, sehr gut beschildert
Einstiegspunkt: Dollnstein, Parkplatz beim Altmühlzentrum, direkt an der Altmühl
Anfahrt mit ÖPNV: Mit RB nach Dollnstein, vom Bahnhof links über Bahnhofsstr. und Reichenaustr. bis zur Jura-Apotheke, dort rechts abbiegen und über die Brücke an die Altmühl und zum Einstiegspunkt
Rückfahrt mit ÖPNV: Mit dem Zug ab Eichstätt und Kinding möglich
Wetter: Teils nicht asphaltierte Wege, die bei Regen schlammig sein können; im Sommer unbedingt Sonnenschutz mitnehmen, da nur wenige Abschnitte am/im Wald sind
Schwierigkeitsgrad: Altmühltal-Radweg selbst leicht mit wenigen sanften Anstiegen, Erkundungsziele abseits der Strecke meist mit steileren Anstiegen
Für Familien: Besonders gut geeignet; Rast- und Spielplätze, Freibäder und Kneippanlagen zum Abkühlen sowie Naturlehrpfade und interaktive Museen vorhanden; auf der Strecke einige Biergärten und zahlreiche Bänke mit Tischen für ein Picknick
Übernachtung: In den Ortschaften Ferienwohnungen und Pensionen, ebenso mehrere Campingplätze auf der Strecke

Hier geht's lang

Wir starten am Parkplatz beim **Altmühlzentrum Burg Dollnstein**, direkt an der Altmühl. Hinter dem *Gasthof Zur Post* biegen wir links ab und fahren ein kleines Stück durch den Ort, nach dem Stadttor biegen wir rechts in den Burgsteinweg. Die asphaltierte Straße führt uns an Feldern und Wiesen vorbei, in einer weitgezogenen Linkskurve passieren wir den markanten Burgsteinfelsen. Hinter dem Ortsschild von Breitenfurt geht es nicht in die Ortschaft hinein, sondern links weiter. Auf nicht asphaltierter Strecke gelangen wir bis **Attenbrunnmühle**, überqueren die Altmühl, setzen unsere Fahrt fort bis zur Schernfelderbrücke und wechseln hier wiederum das Ufer. Nach der Brücke wenden wir uns nach rechts bis wir die ersten Häuser von **Obereichstätt** erreichen.

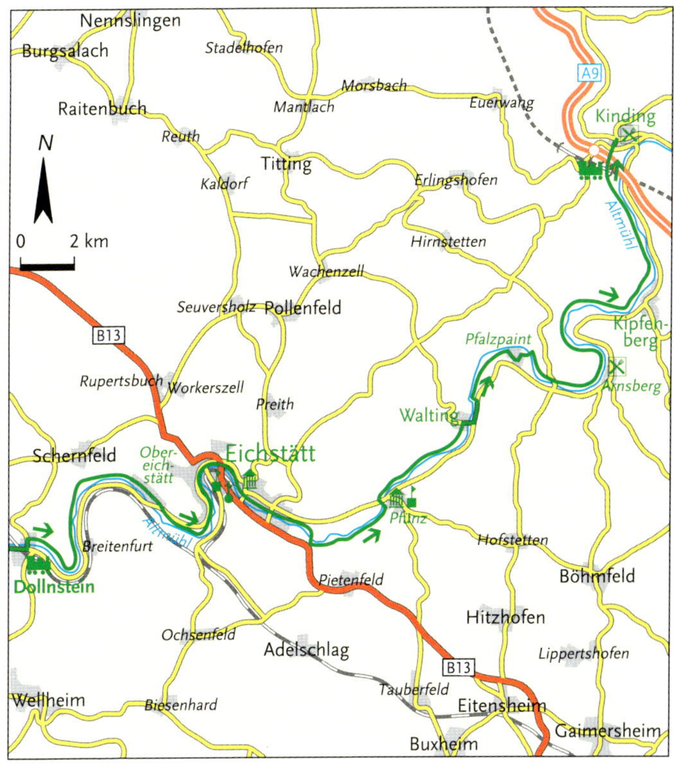

Wir durchqueren eine Wohnsiedlung mit leichtem Anstieg, radeln rechts weiter durch den langgezogenen Ort, biegen an der Eichstätter Straße nochmals nach rechts bis kurz vor die Staatsstraße. Hier geht der Radweg rechts ab, unter der Hauptstraße hindurch und über Schotterweg – mal mehr, mal weniger nah an der Altmühl – bis **Wasserzell**. Vor der Ortschaft überqueren wir nach links die Altmühl und setzen unsere Fahrt auf der wenig befahrenen Straße bis nach **Eichstätt** fort. Im Ortsteil **Rebdorf** fahren wir auf dem Radweg die Pater-Moser-Straße entlang, biegen an der kleinen Gasse Fischerbuck rechts ab, wenden uns vor dem Rebdorfer Steg nach links und radeln – mit Blick auf die Willibaldsburg rechts oben – am Kloster vorbei. Bei den Sportplätzen biegen wir nach links über die Altmühl und direkt wieder nach rechts in den Weiheracker. Der Radweg schlängelt sich durch die Grünanlage am Fluss mit fantastischem Blick auf die Burg, führt rechts über den Mariensteiner Steg und weiter zwischen Haupt- und Nebenarm der Altmühl. Nach Unterquerung der Schlagbrücke passieren wir eine Sonnenuhr, radeln unter der Bundesstraße hindurch und überqueren den Franz-Göpfert-Steg. Links geht es zwischen Altmühl und einem großen Parkplatz weiter bis zum Herzogsteg, über den wir die Innenstadt erreichen. Nach der en-

78 Plastiken mahnen auf dem Figurenfeld bei Eichstätt gegen Krieg und Gewalt.

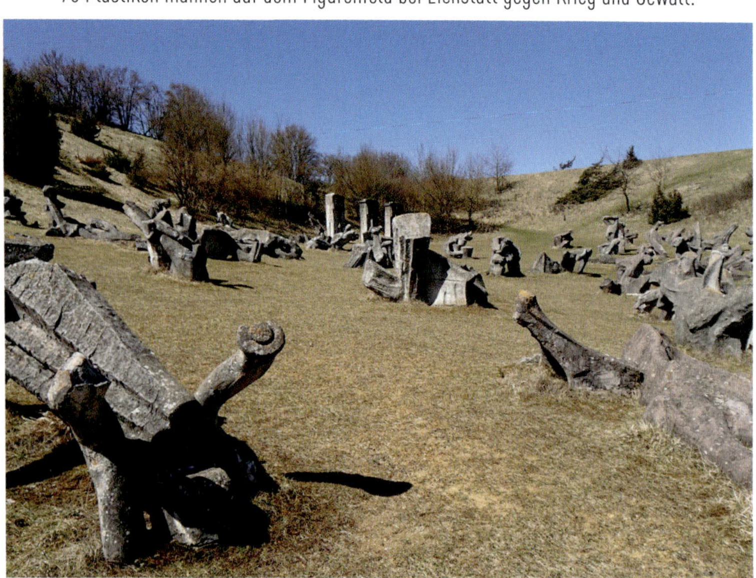

gen Herzoggasse, folgen wir rechts der Pfahlstraße und holpern über das Kopfsteinpflaster am Eichstätter Dom vorbei. Wir folgen der Abzweigung des Residenzplatzes nach rechts. Vorbei an Steinskulpturen und der Sommerresidenz geht unser Weg weiter bis zur Altmühlbrücke. Hier halten wir uns leicht rechts, nah am Fluss entlang, passieren den Glasbau der Universitätsbibliothek, fahren an Wohnmobilstell- und Zeltplätzen vorbei und überqueren die Altmühl nach rechts über den Ohne-Tritt-Steg.

Nach den letzten Häusern von Eichstätt fahren wir rechts auf den Wald zu und radeln dann linker Hand am Waldrand entlang bis nach **Pfünz**. Wir erreichen den Ort über eine Wohnsiedlung und biegen an der Vorfahrtsstraße (rechts geht es zum Römerkastell) links ab. Wir fahren unter der Straße hindurch, überqueren eine alte Römerbrücke und folgen dem Weg nach rechts über **Almosmühle** bis nach **Inching**. Wir radeln weiter am Waldrand die schmale, wenig befahrene Straße entlang, vorbei an Brunnmühle und erreichen nach einer langgezogenen Linkskurve **Walting**. An der Kreuzung bei der Kirche biegen wir rechts ab, nach der Steinbrücke folgen wir links dem Radweg an der Hauptstraße. Nach circa 300 Metern zweigt der Radweg nach links ab. Die leicht abfallende Strecke macht eine Biegung nach links, dann wieder nach rechts und führt nun entlang an Wiesen und Feldern bis nach **Pfalzpaint**. Im Ort folgen wir der Linkskurve bis zur alten Linde, biegen hier links ab und folgen nach der Brücke dem Radweg nach rechts. Wir fahren auf der asphaltierten Strecke über einen Nebenarm der Altmühl und dann rechts direkt am Fluss entlang bis **Gungolding**. Wir durchqueren die Ortschaft und halten uns am Bootsrastplatz rechts. Mit Blick auf die Burgruine Arnsberg radeln wir über den Kiesweg am 1,6 Kilometer entfernten Arnsberg vorbei, indem wir vor dem Sportplatz links und gleich wieder rechts fahren.

Es wird nun wieder etwas kurviger und hügeliger, der kühle Waldrand rückt näher. Wir streifen **Regelmannsbrunn** und werfen über die Altmühl einen Blick auf die St.-Johannes-Kirche in Böhming. Über die nun wieder asphaltierte Straße erreichen wir **Kipfenberg**, wo wir die Hauptstraße überqueren und rechts schräg gegenüber in die Gundekarstraße einbiegen. Hier nehmen wir gleich wieder den ersten Weg rechts, um durch den Wald nach **Grösdorf** zu fahren. Nach Durchquerung der Ortschaft **Ilbling** nähern wir uns den Bahngleisen, müssen aber vor Kinding noch mal kurz bergauf und nach einer Rechtskurve über die ICE-Trasse wieder bergab, dann biegen wir nach rechts ab zum Bahnhof **Kinding**, wo unsere Tour endet.

Tipp: Wer noch weiterradeln möchte, folgt der Straße Richtung Ortszentrum und kann auf der gut ausgeschilderten Radroute über Beilngries, Dietfurt, Riedenburg bis nach Kehlheim (s. auch S. 134ff.) fahren. Von Kehlheim sind es sechs Kilometer bis Saal an der Donau zum nächsten Bahnhof.

Das gibt's zu sehen

Das Altmühltal ist nicht nur ein Eldorado für Radfahrer. Imposante Jurafelsen, schattige Wälder und das weite Trockental der einstigen Urdonau bieten herrliche Wanderwege und Möglichkeiten zum Klettern. Außerdem gibt es Gelegenheiten, die Gegend per Boot auf der Altmühl zu erkunden. Zum Abkühlen, vor allem im Sommer, stehen Freibäder und mehrere Kneippanlagen zur Verfügung. Der Abschnitt zwischen Dollnstein und Kinding ist aber nicht nur für aktive Gemüter reizvoll. Hier kommen auch Hobbygeologen und Geschichtsinteressierte voll auf ihre Kosten, besonders den Spuren der alten Römer kann auf unserer Tour nachgegangen werden.

Direkt hinter **Dollnstein** treffen wir auf das erste markante Naturdenkmal, den 45 Meter hohen **Burgsteinfelsen**. Die Freistellung dieses Geotops war das Werk der eiszeitlichen Urdonau, am Fuß des Felsens lassen sich die Querschnitte verkieselter Tellerschwämme erkennen. Auf dem 62 Kilometer langen **Geoweg Urdonautal**, auf dem man interessante Informationen über die Entstehung dieser bizarren Landschaft gewinnt, ist der Burgsteinfelsen eine Station. Aber er gibt nicht nur geologische Geheimnisse preis, sondern ist auch ein beliebtes und anspruchsvolles Objekt für Kletterer. Für weniger geübte »Bergsteiger« ohne Ausrüstung bietet sich später zwischen Pfalzpaint und Gungolding ein kleineres Felsgebilde für einen Aufstieg mit Aussicht an. Unseren GPS-Empfänger können wir am geodätischen Referenzpunkt beim Burgsteinfelsen übrigens auf seine Genauigkeit überprüfen.

Wer gerne auf die Suche nach Fossilien gehen möchte und die Strapazen eines steilen Anstiegs nicht scheut, kann an der

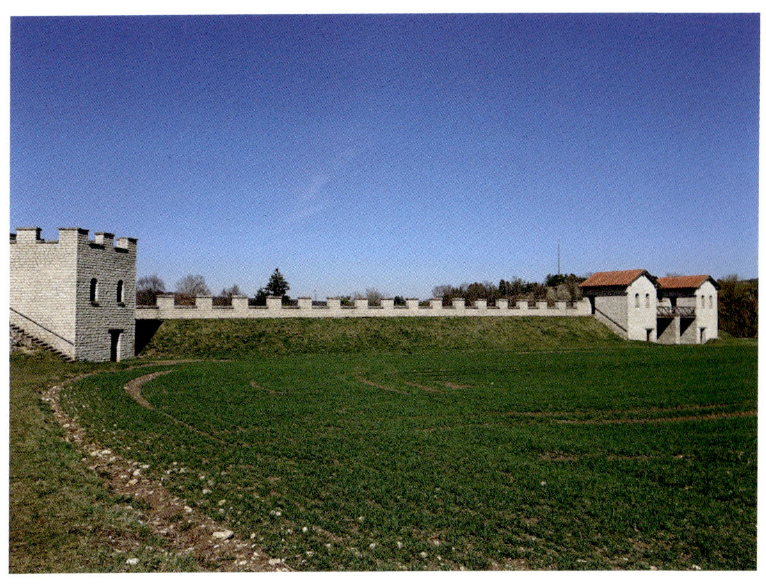

Strategisch optimal gelegen: das römische Kastell Castra Vetoniana

Schernfelder Brücke über Schernfeld einen Abstecher zum **Fossiliensteinbruch Blumenberg** machen. Vor 150 Millionen Jahren schlugen hier die Wellen des Jurameeres ans Ufer. Nach dem Verschwinden des Meeres blieben Felsen und Kalkstein, in denen bis heute Fossilien erhalten sind. Selbst ein Original des Archäopteryx wurde hier schon entdeckt. Auch wenn man für den Fund von einem Schnabelfisch oder einer außergewöhnlichen Libelle ziemlich viel Glück braucht, die Schneckenform eines Ammoniten oder die mit den heutigen Seesternen verwandten Haarsterne lassen sich beim Steine klopfen immer mal wieder finden. Das Schöne daran ist: Man kann seinen Schatz sogar mit nach Hause nehmen.

Ein Geheimtipp in **Schernfeld** ist das **Walderlebniszentrum**. Drei Erlebnispfade führen dort mitten durch den Wald, sie fordern an verschiedenen Stationen unsere Geschicklichkeit und unseren Mut heraus oder helfen, die Tier- und Pflanzenwelt des Waldes spielerisch und mit allen Sinnen zu begreifen. Auf einer großen Lichtung stehen urige Hütten, die man für Übernachtungen mieten kann.

Ob Sebastian Kneipp bei seinem Gesundheitskonzept auch an die müden Beine der vielen Radler gedacht hat? Sicher ist, die zahlreichen **Kneipptretbecken** auf unserer Fahrradstrecke geben vor allem bei hohen Temperaturen den absoluten Frischekick. Bereits in **Obereichstätt** stoßen wir auf die erste Kneippanlage, die in diesem Fall auch eine Station des Naturlehrpfads über die Ortschaft ist. Überhaupt werden wir auf unserer Radeltour immer wieder mit naturwissenschaftlichen Informationen versorgt.

In **Eichstätt**, in der Grünanlage vor dem Franz-Göpfert-Steg lässt sich die Uhrzeit von einer **Sonnenuhr** ablesen. Doch Vorsicht, falls Sie die Zeit mit Ihrer Armbanduhr vergleichen wollen, die Sonnenuhr ist nicht auf Sommerzeit umgestellt. Ein Stückchen weiter lernen wir anhand von Schautafeln die Welt der Bienen kennen (www.eichstaett.deutschland-summt.de/). Besonders informativ und anschaulich ist die Ausstellung im **Informationszentrum Naturpark Altmühltal**, das sich hinter dem Dom befindet. Hier erfahren wir bei einem »Rundgang für alle Sinne« Wissenswertes über Geologie sowie Pflanzen- und Tierwelt. Vor allem für Kinder wird die Natur an Stationen zum Hören, Fühlen und Entdecken erlebbar gemacht. Ergänzend erklärt der Biotopgarten im Innenhof die Lebensräume des Naturparks Altmühltal dann noch einmal im Miniformat. Einen weiteren Lehrpfad entdecken wir zum Beispiel auch auf der Strecke nach Pfünz, wo wir Wissenswertes über die gefährdeten Feuchtgebiete erfahren.

Ein spannendes Zusammenspiel von Kunst und Natur finden wir auf dem **Figurenfeld** bei **Eichstätt**. Wenn wir am Ortsende von Eichstätt am Ohne-Tritt-Steg nicht das Ufer wechseln, sondern links der Altmühl weiterradeln, nach dem Wasserwerk links abzweigen und die Staatsstraße 2230 überqueren, treffen wir auf die beeindruckenden Skulpturen des Künstlers Alois Wünsche-Mitterecker. Der Eichstätter Bildhauer wollte mit seinem den Betrachter fesselnden Ensemble mitten in der kargen Juralandschaft ein Mahnmal setzen gegen die Sinnlosigkeit von Krieg und Gewalt. Mehr als 20 Jahre Arbeit hat er in die überlebensgroßen Figuren aus Zement, Granit- und Basaltkörnern gesteckt und doch die Vollendung seines Werkes nicht mehr selbst erlebt.

Die 1355 errichtete **Willibaldsburg** setzt sich nicht nur für die zahlreichen fotografierenden Touristen gekonnt in Szene. Wer geschichtlich interessiert ist, sollte auf jeden Fall die beiden Museen besuchen, die in dem ehemaligen Bischofssitz untergebracht sind. Das naturkundliche **Jura-Museum** ermöglicht eine

Zeitreise in die Vergangenheit vor 150 Millionen Jahren, dabei liegt der Schwerpunkt auf den Fossilien der Solnhofer Plattenkalke. Höhepunkte im **Museum für Ur- und Frühgeschichte** sind unter anderem ein riesiges Mammutskelett sowie ein Großmodell des römischen Kartells Pfünz mit 500 bemalten Zinnfiguren.

Die Überbleibsel jenes römischen Kastells **Castra Vetoniana** können wir in **Pfünz** allerdings auch in natura erleben (Achtung: 20 Prozent Steigung zum Kastell). Von dem um 90 n. Chr. angelegten Kastell, das Teil des rätischen Limes ist und somit seit 2005 zum UNESCO-Weltkulturerbe gehört, sind die nördliche Toranlage, ein Eckturm sowie ein Teil der Wehrmauer zu besichtigen. Zwei Soldaten, die in voller Bekleidung und bewaffnet in der nachgebauten Wachstube im Turm der nördlichen Toranlage stehen, hauchen der Anlage Leben ein. Zusätzlich wird auf dem **Römerlehrpfad** die Entstehung des Kastells erklärt.

Wer noch tiefer in die römische Geschichte eintauchen will, hat in **Kipfenberg** die Möglichkeit dazu. Allerdings gibt es auch hier den Lohn nicht ohne schweißtreibende Fahrt bergauf. Die eindrucksvolle **Burg** mit Bergfried, Hexen-und Zwingerturm, die schon von Weitem alle Blicke auf sich zieht, ist heute in Privatbesitz und kann daher leider nicht besichtigt werden. In den

Die Willibaldsburg in Eichstätt beherbergt zwei Museen.

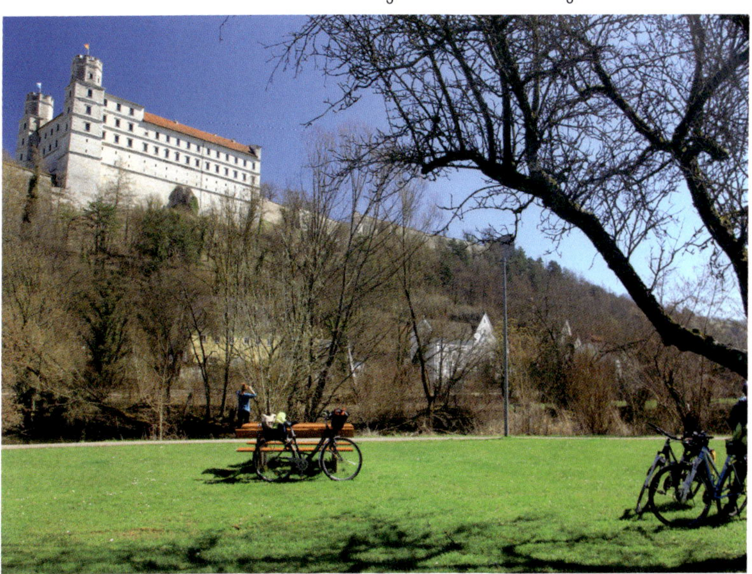

ehemaligen Burgstallungen ist allerdings das **Römer und Bajuwaren Museum** untergebracht, das mit allerlei Erlebniselementen, Objekten und Bildmaterial lockt. Der ebenfalls hier angesiedelte **Infopoint Limes** erklärt kindgerecht, wo sich einst der Limes mit seinen Türmen und Kastellen befand und wie »lebendig« die Römerzeit noch heute ist. Alternativ lässt sich der Verlauf des Grenzwalls auch anhand von Kunstwerken auf dem eineinhalb- bis zweistündigen Spazierweg »Auf den Spuren des Limes« erkunden.

Keine Lust auf Geschichte oder alte Steine? Dann kann man die Fahrradtour im herrlichen Altmühltal auch einfach nur genießen. Es ist zum Beispiel faszinierend zu beobachten, wie sich die bunten Gleitschirmflieger bei Obereichstätt oder Böhming durch den wolkenlosen Himmel bewegen oder wie die Bootswanderer neben uns gleichmäßig ihre Paddel in das Wasser stechen. Zahlreiche Bänke, teils mit Holztischen, laden unterwegs zum Picknick ein, beim Bootsrastplatz in Gungolding gibt es sogar einen Grillplatz. Vielleicht lockt aber auch ein selbst gebackenes Stück Kuchen in dem kleinen Café am Herzogsteg in Eichstätt mit einem schönen Außensitzbereich direkt an der Altmühl. Im Ort Walting bietet sich der große Innenhof des *Guts Moierhof* für

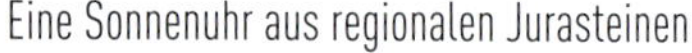
Eine Sonnenuhr aus regionalen Jurasteinen

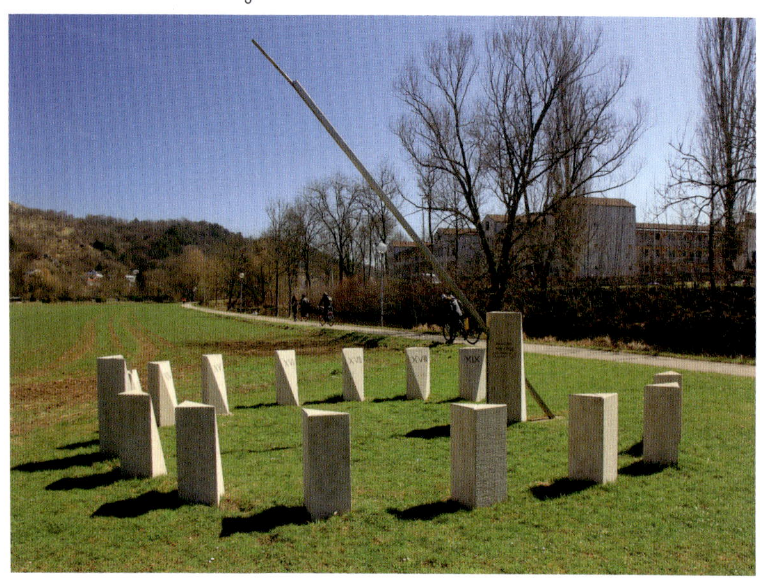

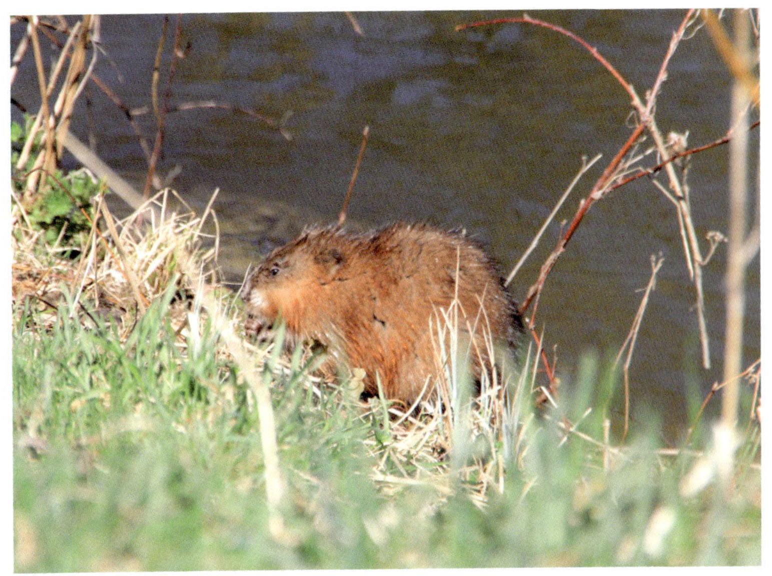

Die Bisamratte fühlt sich am Altmühlufer sichtlich wohl.

eine Rast an. Oder man nimmt in Arnsberg mit Blick auf die Ruine beim *Landgasthof zum Raben* mit Fahrradstation (Weg vom Sportplatz aus ist ausgeschildert) bayerisch-fränkische Schmankerln zu sich. Hier ist die Welt noch in Ordnung, und wir tanken neue Reserven für den Alltag. Den Mittelpunkt der Erde haben wir übrigens nicht erreicht, aber immerhin den geografischen Mittelpunkt Bayerns, der sich in Kipfenberg etwas oberhalb der Burg befindet.

Sylvia Schaub

Ausgewählte Adressen und Tipps

Schernfeld, www.gemeinde-schernfeld.de

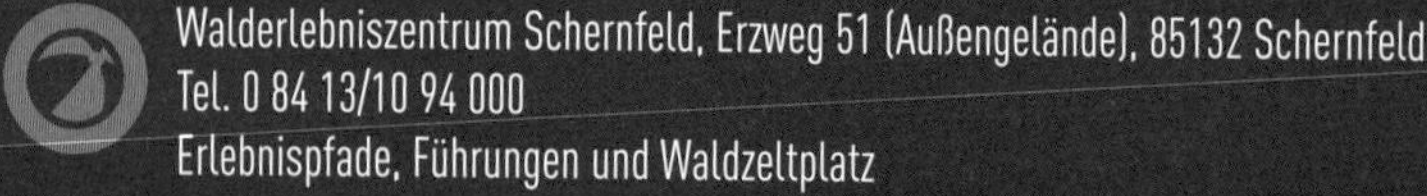

Walderlebniszentrum Schernfeld, Erzweg 51 (Außengelände), 85132 Schernfeld
Tel. 0 84 13/10 94 000
Erlebnispfade, Führungen und Waldzeltplatz

Eichstätt, www.eichstaett.de

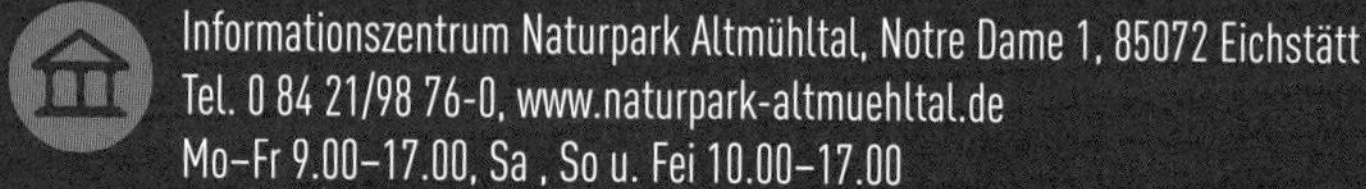

Informationszentrum Naturpark Altmühltal, Notre Dame 1, 85072 Eichstätt
Tel. 0 84 21/98 76-0, www.naturpark-altmuehltal.de
Mo–Fr 9.00–17.00, Sa , So u. Fei 10.00–17.00

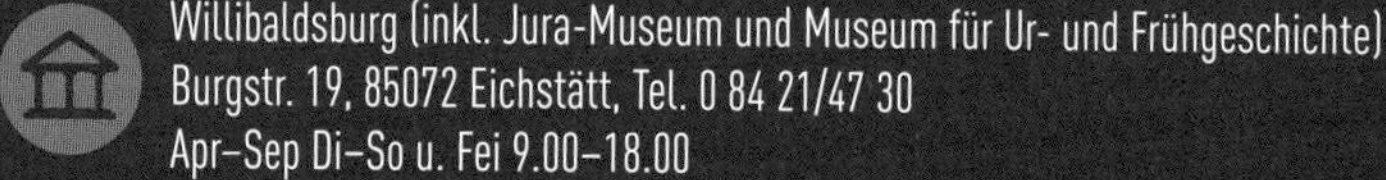

Willibaldsburg (inkl. Jura-Museum und Museum für Ur- und Frühgeschichte)
Burgstr. 19, 85072 Eichstätt, Tel. 0 84 21/47 30
Apr–Sep Di–So u. Fei 9.00–18.00

Fossiliensteinbruch Blumenberg, Museum Berger, Harthof 1, 85072 Eichstätt
Tel. 0 84 21/90 55 90, www.museum-berger.de
Di–So u. Fei 10.00–16.00
Museum, Steinbruch, Kiosk, Biergarten, Spielplatz, Sanitäranlagen, Waschplätze

Kipfenberg, www.kipfenberg.de

Römer und Bajuwaren Museum, Burg Kipfenberg, Burg 1, 85110 Kipfenberg
Tel. 0 84 65/90 57 07, www.bajuwaren-kipfenberg.de,
Mo–Sa 9.00–16.00, So u. Fei 10.00–18.00

Abstecher: Denkendorf, www.gemeinde-denkendorf.de

Dinosaurier-Park Altmühltal GmbH, Dinopark 1, 85095 Denkendorf
Tel. 0 84 66/9 04 68 13, www.dinopark-bayern.de, tägl. 9.00–18.00 (Winter 10.00–16.00)
Ca. 7 km von Kipfenberg, ca. 11 km von Kinding, Busverbindung vom Bahnhof Kinding

Weitere Informationen zum Taubertal-Radweg und zur Region unter:
www.altmühltalradweg.de, www.altmuehlzentrum.de
www.urdonautalsteig.de (Wandern zwischen Altmühl und Donau)
www.naturpark-altmühltal.de (Infos zu Camping- und Wohnmobilplätzen, Bootwandern, Klettern, etc.)
www.dav-felsinfo.de (Klettergebiet Südlicher Frankenjura)

Fahrradservice und E-Bike-Verleih

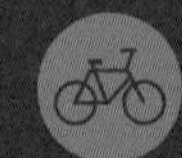

Fahrradparadies Dollnstein, Wiesenweg 14, 91795 Dollnstein
Tel. 0 84 22/98 77 52, www.rehm-r.de

Röll Trisport, Rotkreuzgasse 1, 85072 Eichstätt
Tel. 0 84 21/90 20 60, www.roell-trisport.de

Radsport Heller, Eichstätter Str. 4, 85110 Kipfenberg
Tel. 01 72/9 84 21 59, www.radsport-heller.de

14 Radeln an Rinnsalen

Von Fürth nach Unternbibert und zurück entlang der Zenn und der Bibert

Nun ja, von Flüssen kann bei Zenn und Bibert vielleicht nicht groß die Rede sein. Sie sind 49 bzw. 42 Kilometer lang, sogenannte »Gewässer zweiter Ordnung«, und damit auch weniger im allgemeinen Bewusstsein als der Main, die Regnitz oder die Altmühl. Dennoch haben auch sie eigene, nach ihnen benannte Radwege – und das nicht zu Unrecht. Sie ermöglichen uns nämlich, den Landkreis Fürth von einer seiner (wenigen?) idyllischen Seiten kennenzulernen und auch noch etwas in den fernen Landkreis Ansbach »hineinzuschmecken«. Die beiden Täler von Zenn und Bibert sind nur durch einen Bergrücken getrennt, der leider überwunden werden muss, will man nicht auf gleicher Strecke wieder zurückfahren. Mit großen Attraktionen können die Orte an dieser Strecke nicht aufwarten, dafür ist aber die Tour selbst eine Attraktion und bedarf vom Großraum Nürnberg aus auch keiner aufwendigen Anreise. Der unbekanntere Zenntalweg ist vor allem von Fürth bis Langenzenn überraschend abwechslungsreich und reizvoll. Der Bibertweg besticht an seinem Anfang zwischen Unternbibert und Großhabersdorf mit überfließender Naturidylle. Mit den gut 70 (überwiegend flachen) Kilometern wird die Tour für die meisten Radler aber dennoch tagfüllend sein.

INFO

Die Strecke: Fürth-Burgfarrnbach – Langenzenn – Neuhof a. d. Zenn – Unternbibert – Großhabersdorf – Zirndorf – Fürth

Länge: Ca. 73 km

Markierung: Zenntalradweg und Biberttalweg (grün-weiße Radwegmarkierungen)

Einstiegspunkt: Bahnhof Fürth-Burgfarrnbach, alternativ über den Regnitzradweg bis Fürth-Stadeln, dann zum Solarberg und Start bei Atzenhof

Anreise mit ÖPNV: Mit RB bis Fürth-Burgfarrnbach, alternativ mit S-Bahn bis Vach

Rückfahrt mit ÖPNV: Ab Unternbibert Bus 113 bis Nürnberg »Rothenburger Straße« entlang der Strecke

Wetter: Immer in der Fahrradsaison, aber wenig Schatten auf der Strecke; Sonnenschutz mitnehmen

Schwierigkeitsgrad: Schwere Tour aufgrund der Länge, ein starker Anstieg zwischen Oberfeldbrecht und Andorf

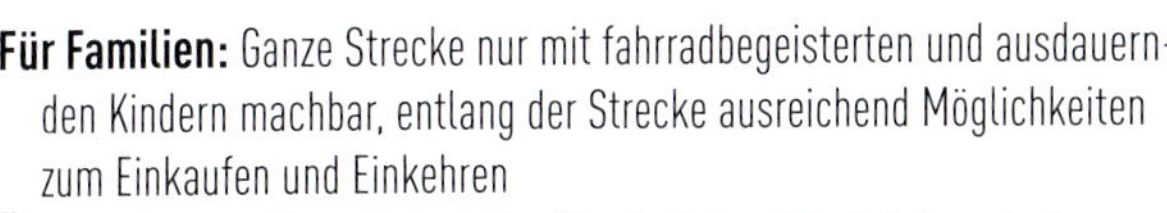

Für Familien: Ganze Strecke nur mit fahrradbegeisterten und ausdauernden Kindern machbar, entlang der Strecke ausreichend Möglichkeiten zum Einkaufen und Einkehren

Übernachtung: Eigentlich nicht nötig, in Unternbibert Gelegenheit zum Zelten am Weiher (jedoch ohne Sanitäranlagen)

Hier geht's lang

Wir starten unsere Tour am **Bahnhof** in **Fürth-Burgfarrnbach**. Hier müssen wir nun auf die Nordseite, wo sich auch der Friedhof befindet (Unterführung von der Lagerstraße aus). Auf der Oberfarrnbacher Straße geht es Richtung Ortsrand, wir überqueren die Hintere Straße und befinden uns alsbald jenseits der Bebauung. Nach wenigen Hundert Metern zweigt halblinks die

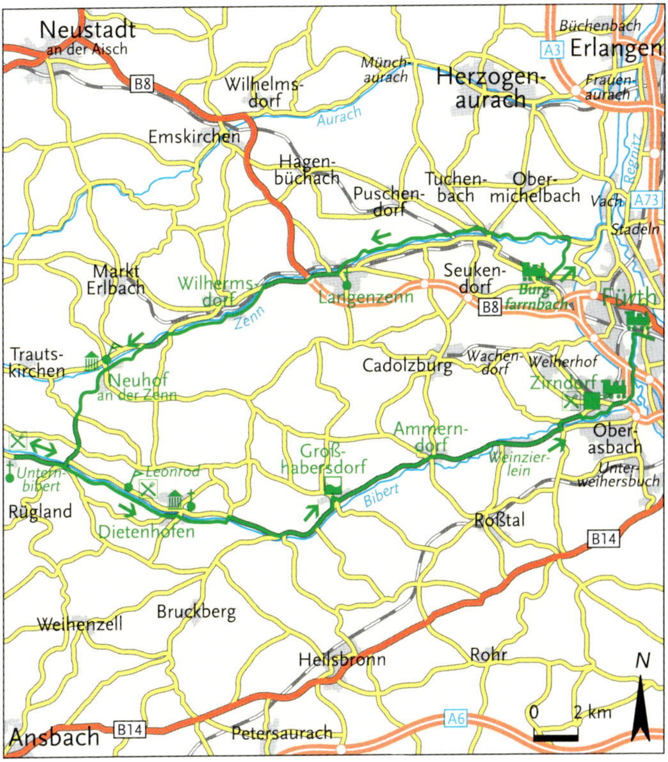

Ritzmannshofer Straße ab. Dieser folgen wir und sind kurz nach einer knackigen Abfahrt in **Ritzmannshof**. Es geht nach links über die Zenn. Nach etwa 300 Metern macht die Ritzmannshoferstraße eine Rechtskurve. Geradeaus führt der Radweg in den Zenngrund. Sehr idyllisch geht es nun durch Wiesen und Felder. Wir kommen durch **Kreppendorf** und erreichen als Nächstes **Veitsbronn**.

Dort stoßen wir direkt auf die Hauptstraße, der wir durch den Ort folgen, bis die Retzelfembacher Straße rechts abzweigt. Dieser folgen wir aus dem Ort hinaus. Kurz vor dem nächsten Ort (Raindorf) zweigt der Radweg nach rechts ab. Wir folgen der Strecke nun für circa 4,5 Kilometer durch Felder und Wälder, bis der Radweg in Form einer T-Kreuzung kurz vor Langenzenn auf eine Straße trifft. Hier fahren wir rechts und gleich wieder links in den »Tieftalweg« hinein. Etwa 500 Meter weiter treffen wir auf ein Gewerbegebiet und haben **Langenzenn** erreicht.

Noch bevor wir auf die Straße kommen, halten wir uns links und folgen dem Radweg durch die Stadt. Wir verlassen den Ort schließlich entlang der Windsheimer Straße, unterqueren die B 8 und erreichen **Lohe**, an dessen Ende der Radweg links vom Verlauf der Hauptstraße abzweigt. Nach etwa 1,5 Kilometern sind

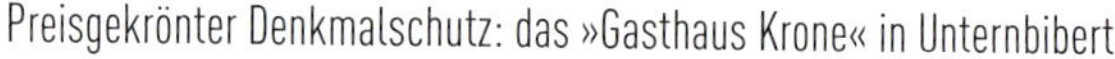

Preisgekrönter Denkmalschutz: das »Gasthaus Krone« in Unternbibert

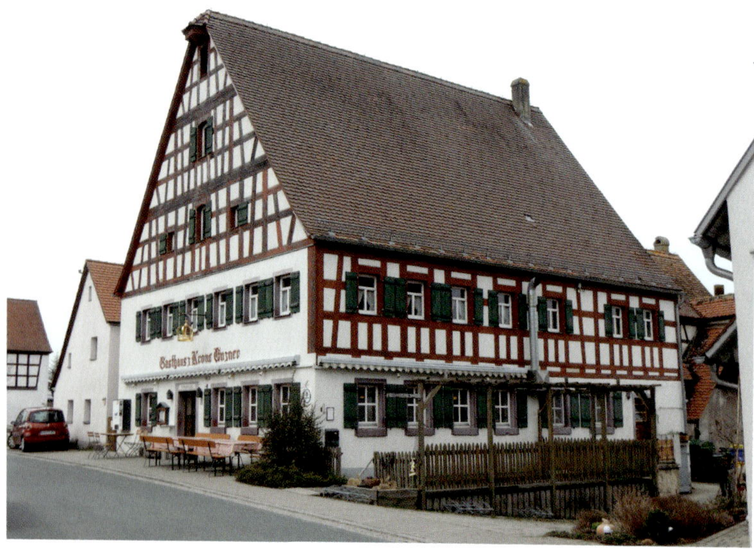

wir schon am Rand von **Wilhermsdorf**. Wir fahren südlich am Ortskern vorbei, überqueren eine Ampelkreuzung und fahren weiter zwischen Wiesen und Feldern hindurch nach **Adelsdorf**.

Nun geht es einen knappen Kilometer an der Ortsverbindungsstraße entlang. Bei **Eichenmühle** zweigen wir halblinks von der Straße ab und erreichen nach wenigen Hundert Metern **Neuhof an der Zenn**. Wir folgen der Hauptstraße bis zum Marktplatz. Hier trennen wir uns nun vom Zenntalradweg. Dieser geht nach rechts, wir dagegen fahren geradeaus weiter auf die Ansbacher Straße, die alsbald wieder aus dem Ort hinausführt. Nun müssen wir die einzige große Steigung der Tour bewältigen. Nach einigen anstrengenden Höhenmetern kommen wir durch **Oberfeldbrecht** und befinden uns kurz darauf an einer Kreuzung auf dem Bergrücken zwischen dem Zenn- und dem Biberttal. Wir überqueren die Kreuzung, eine flotte Abfahrt nach **Andorf** vermag uns für die vorangegangenen Mühen wieder zu entschädigen. Kurz hinter Andorf zweigt der Biberttalweg rechts ab (hier war übrigens die ehemalige Endhaltestelle der Bibertbahn »Unternbibert-Rügland«, die Strecke wurde 1971 stillgelegt, bis 1986 verkehrten die Züge noch bis Großhabersdorf). Wir folgen der ruhigen Nebenstraße etwa zwei Kilometer und haben dann mit **Unternbibert** den Wendepunkt unserer Tour erreicht. Spätestens jetzt sollte man eine ausgiebige Rast einlegen.

Der Rückweg verläuft bis Andorf genau entgegengesetzt. Nun folgen wir allerdings dem Biberttal-Radweg, der nicht wieder den Berg hinauf, sondern – wie es sich für einen Flussradweg gehört – weiter entlang der Bibert führt. In perfekter Idylle folgen wir dem Wiesengrund – teilweise an Waldrändern – rund sechs Kilometer bis **Leonrod**, wo sich beim *Gasthaus Weinländer* auch eine gute Gelegenheit zur Stärkung bietet, sollte es in Unternbibert nicht geklappt haben.

Gut zwei Kilometer weiter kommen wir nach **Dietenhofen**. Hier überqueren wir eine Hauptstraße, kommen durch das ehemalige Bahnhofsgelände und schließlich auf einem Waldweg wieder in idyllischere Gegenden. Gut zwei Kilometer später führt uns eine große Linkswendung aus dem Wald hinaus und über die Staatsstraße. Gleich danach geht es rechts und direkt an der Straße entlang bis zum Weiler **Lentersdorf**. Nun entfernt sich der Radweg wieder von der Straße und geht alsbald im bzw. am Wald entlang.

Bei **Münchszell** treffen wir auf den Markgrafenradweg und auch wieder auf die Staatsstraße, die unweit gelegene Gaststätte zur *Klosterkapelle* böte bereits wieder eine Gelegenheit zur Rast, indes, es liegen noch gute 22 Kilometer vor uns. Der Radweg verläuft nun parallel zur Straße, nach knapp drei Kilometern kommen wir nach **Großhabersdorf**. Auf Höhe einer großen Ampelkreuzung wechselt der Radweg die Seite, sodass wir die folgenden zwei Kilometer bis **Vincenzenbronn** rechts von der Staatsstraße entlangfahren.

Danach geht es entsprechend weitere zwei Kilometer voran, bis wir kurz vor **Ammerndorf** die Staatsstraße wieder überqueren und in einem Bogen um den Ortskern herumfahren. Am jenseitigen Ortsende finden wir uns links von der Staatsstraße wieder. Landschaftlich ist die Strecke nun weniger reizvoll als noch zu Anfang, dafür geht es brettleben gut voran. Etwa nach vier Kilometern streifen wir **Weinzierlein** und fahren durch **Wintersdorf**. Hier gibt es nun zwei Möglichkeiten: Entweder wir fahren wieder an der Staatsstraße entlang, neben der der Radweg mittlerweile ausgebaut wurde, oder wir fahren am Ende der Siedlung links über die Schotterstraße und durch den Campingplatz »Zur Mühle«, was der alten Wegführung entspricht. In beiden Fällen kommen wir an der großen Kreuzung heraus, die linker Hand nach **Leichendorf** abzweigt. Wir folgen der Straße durch den Ort und wieder hinaus.

Nach circa 400 Metern zweigt der Radweg nach einer Sportanlage des *ASV Zirndorf* rechts ab. Nun geht es unbefestigt durch den Bibertgrund, immer der Radwegmarkierung nach. Wir passieren das Freibad von **Zirndorf** und folgen dem Flusslauf über eine Brücke bis in den Stadtpark. Hier sind die Markierungen etwas verwirrend, wichtig ist nur, dass wir am anderen Ende bei der Schützengesellschaft bzw. einem mexikanischen Restaurant herauskommen, und links davon einen schmalen Weg durch eine Reihenhaussiedlung nehmen. Wir kommen an einer größeren Straße wieder hinaus, fahren links und gleich wieder rechts (»Am Sportplatz«). Nach circa 300 Metern führt der Radweg geradeaus auf einen Feldweg, der zunächst die große Verbindungsstraße zur B 14 unterquert und uns dann knapp zwei Kilometer durch die Rednitzauen (die Bibert ist soeben in die Rednitz gemündet) bis an den Südrand von **Fürth** bringt. Verschiedene Markierungen führen nun zum Bahnhof bzw. in die Innenstadt.

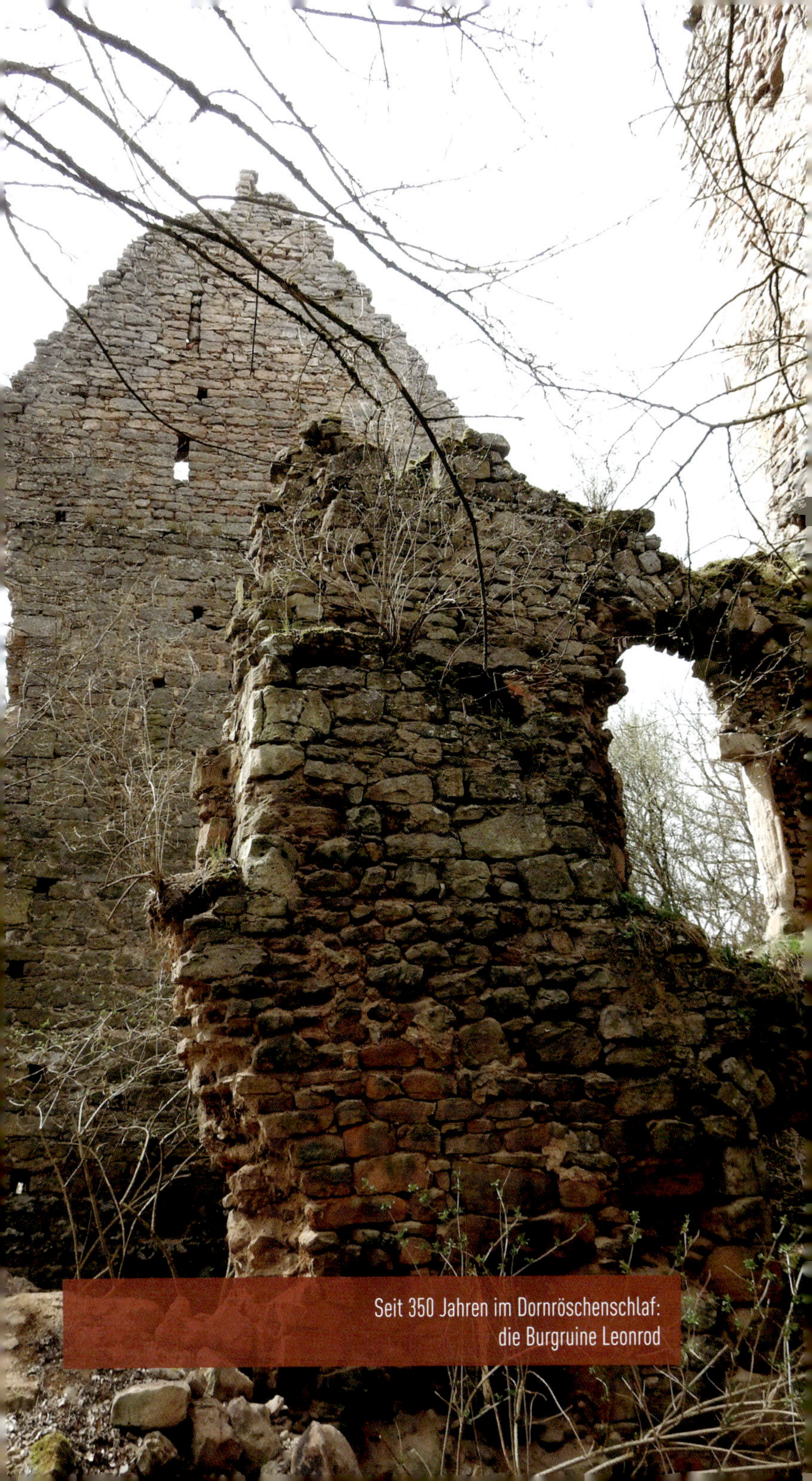

Seit 350 Jahren im Dornröschenschlaf:
die Burgruine Leonrod

Das gibt's zu sehen

Langenzenn wurde erstmals im Jahr 954 urkundlich erwähnt, als der deutsche König Otto I. dort einen Reichstag abhielt. Mitte des 13. Jahrhunderts wurde es von den Hohenzollern erworben, die ihr Herrschaftsgebiet in Franken eifrig ausbauten. 1360 erhielt Langenzenn das Stadtrecht und die Hohe Gerichtsbarkeit. Somit kann der Ort für mittelalterliche Verhältnisse als kleine Metropole bezeichnet werden.

Zu den bedeutendsten Sehenswürdigkeiten von Langenzenn gehört das **ehemalige Kloster**, das 1409 für die Augustiner-Chorherren von den Nürnberger Burggrafen gegründet wurde. Das Klosterleben endete zwar bereits 1537 im Zuge der Reformation wieder, das Gebäude ist jedoch in voller Pracht erhalten, vor allem der Klosterhof mit dem ihn umgebenden Kreuzgang ist ein Schmuckstück. Seit 1982 ist er auch Namensgeber und Austragungsort der *Klosterhofspiele*, die jeden Sommer hochkarätiges Laientheater unter professioneller Leitung und freiem Himmel bieten (Programm und Termine unter www.klosterhofspiele.de). Zum Ensemble des Klosters gehört auch die bereits 1369 fertiggestellte **Stadtkirche**. Sie enthält neben zahlreichen bedeutenden Altären auch ein Verkündigungsrelief von Veit Stoß aus dem Jahr 1513.

Neuhof an der Zenn ist archäologisch nicht ganz uninteressant, seit in den Neunzigerjahren beim Bau der Ortsumgehungsstraße die Reste eines verschwundenen mittelalterlichen Dorfes gefunden wurden. Nach und nach wurden die Reste einer Kapelle mit Friedhof, zweier Brunnen und von Wohnhäusern entdeckt und freigelegt. Die Siedlung lässt sich in alten Urkunden und Aufzeichnungen nachweisen, wo sie »Zennhausen« (auch »Temhusen« und »Cemhusen«) genannt wird. Zennhausen bestand wohl schon im 8. Jahrhundert, die ältesten Funde können etwa auf das Jahr 1000 datiert werden, die meisten Ausgrabungsstücke stammen aus der Zeit zwischen 1150 und 1550. Ab der Mitte des 13. Jahrhunderts verschwindet es aus den Urkunden. Man geht davon aus, dass es durch die neue Ansiedlung »Nova Curia«, heute Neuhof, die im überschwemmungsfreien Gebiet lag, ersetzt wurde. Die **Wüstung Zennhausen** liegt unmittelbar an der Umgehungsstraße (SSt. 2413) und kann jederzeit besichtigt werden, Infotafeln sind auch vorhanden. Um dort hinzukommen,

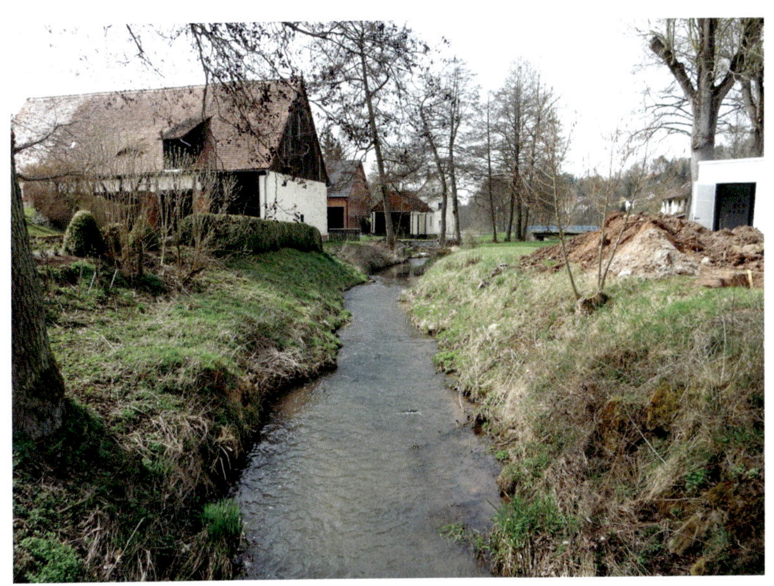

Die Bibert bei Dietenhofen

wechselt man zwischen Adelsdorf und Neuhof auf die Staatsstraße, spätestens dann, wenn der Radweg auf der alten Hauptstraße links von der Umgehung abzweigt. Die Ausgrabungsstätte kommt dann nach circa zwei Kilometern und ist ausgeschildert. Ein ebenfalls aufgefundener Schatz von 50 Silbermünzen und einem Bronzering kann im **Rathaus** von Neuhof bewundert werden

Mit **Unternbibert** haben wir den Tour-Wendepunkt erreicht. Das schmucke Dorf verfügt über rund 300 Einwohner, eine Kirche und ein Gasthaus. Somit ist alles vorhanden, was man unbedingt für das leibliche und seelische Wohl benötigt. Nachdem die Brauereigaststätte der **Brauerei Dietz-Reuter** schon lange zu war, hat mittlerweile leider auch der Braubetrieb ein Ende gefunden. Die ehemals so berühmte »Biberter Supp'n« gibt es also nicht mehr. Gut, dass es weiterhin das **Gasthaus Krone** gibt. Das prächtige Fachwerkhaus ist nicht zu übersehen. Zu essen gibt es fränkische Standards auf einem guten Niveau.

Auch im Dietenhofer Ortsteil **Leonrod** lässt es sich gut Rast machen und zwar beim **Gasthof Weinländer**. In der eigenen Metzgerei können die vorzüglichen Fleisch- und Wurstwaren auch zum Mitnehmen erworben werden. Aber Achtung: Der *Weinländer* hat nur am Donnerstag und am Freitag geöffnet.

Noch vorher, am Ortseingang, kann man eine echte Besonderheit entdecken. An der Radstrecke, unmittelbar vor dem Fischweiher, befindet sich rechter Hand ein kleines Waldstück in einer Hanglage. Darin sind die Reste einer ehemals stattlichen **Burg** versteckt, an denen man jedoch leicht unachtsam vorbeifährt. Bereits im 13. Jahrhundert erbauten die Herren von Leonrod (oder auch Lewenrode) hier eine Wasserburg. Sie diente zur Sicherung der Straßenverbindung zwischen den Reichsgütern Rothenburg und Nürnberg. Die Burg überstand zwar den Dreißigjährigen Krieg, brannte aber 1651 infolge einer Fahrlässigkeit ab. Dabei sind allerdings große Teile des Baukörpers erhalten geblieben. Noch heute sind fast der komplette Bergfried, ein Vorturm und stattliche Mauerreste über mehrere Stockwerke zu sehen. Das Geschlecht derer von Leonrod starb 1951 aus. Heute schläft die Ruine einen romantischen Dornröschenschlaf. Das Betreten ist wegen Baufälligkeit verboten, von außen anschauen ist aber erlaubt.

In **Dietenhofen** selbst springt einem die **Pfarrkirche St. Andreas** mit ihrem gemusterten Kirchturmdach und den vier Scharwachtürmchen ins Auge. Die ältesten Teile der ehemaligen Wehrkirche reichen bis ins 11. Jahrhundert zurück. Im Langhaus finden sich noch Fresken aus dem 15. Jahrhundert.

Die Modellbaufirma *Herpa* produziert nicht nur in Dietenhofen, sondern betreibt dort auch ein kleines **Miniaturmuseum**. Jedes Jahr laufen hier mehrere Millionen Fahrzeuge vom Band, im H0-Maßstab 1:87. Auf den 400 Quadratmetern Ausstellungsfläche kann man sowohl die Produktion der Kleinteile sowie auch mehrere Miniaturwelten kennenlernen.

Großhabersdorf ist unter anderem wegen seines **Naturbades** eine Erwähnung wert. Im Tal des Schlauersbachs hat die Gemeinde ein Freibad errichtet, das komplett auf chemische Aufbereitung des Wassers verzichtet. Das Wasser wird in Regenerationsflächen sowie in einem natürlichen »Neptunfilter« gereinigt. Es gibt Schwimmer- und Nichtschwimmerbecken, eine große Rutsche sowie einen Wasserspielplatz. Dazu eine Liegewiese mit reichlich Schatten.

Wer in **Zirndorf** schon genug hat, kann auch dort in den Zug nach Fürth steigen oder in den Bus nach Nürnberg. Wer noch nicht genug hat, kann sich erst mal zu einer Rast im historischen

Ortskern niederlassen. Auch im **Stadtpark** gibt es noch einen schattigen Biergarten (bei der Minigolfanlage).

Auch wenn es eigentlich am Ende dieser Tour nicht mehr möglich ist, noch einige Stunden zu investieren, so sei letztendlich am Erfindungsort des Brummkreisels noch auf den **Playmobil-FunPark** hingewiesen. Dieser befindet sich am Streckenverlauf noch vor Zirndorf, auf Höhe der Abzweigung nach Leichendorf. Für einen Besuch sollte aber schon reichlich Zeit eingeplant werden.

Veit Bronnenmeyer

Ausgewählte Adressen und Tipps

Neuhof an der Zenn, www.neuhof-zenn.de

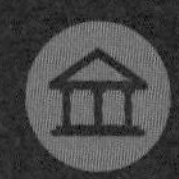

Rathaus, Marktplatz 10, 90616 Neuhof an der Zenn
Tel. 0 91 07/9 24 42 90, www.neuhof-zenn.de
Mo 8.00–12.00 u. 13.00–16.00, Di, Mi u. Fr 8.00–12.00
Do 8.00–12.00 u. 13.00–18.00

Rügland/OT Unternbibert, www.ruegland.de

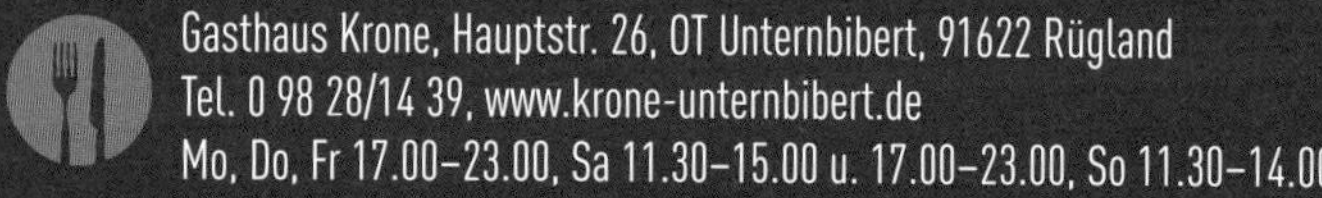

Gasthaus Krone, Hauptstr. 26, OT Unternbibert, 91622 Rügland
Tel. 0 98 28/14 39, www.krone-unternbibert.de
Mo, Do, Fr 17.00–23.00, Sa 11.30–15.00 u. 17.00–23.00, So 11.30–14.00

Dietenhofen/OT Leonrod, www.dietenhofen.de

Gasthaus Weinländer, Leonrod 19, OT Leonrod, 90599 Dietenhofen
Tel. 0 98 24/2 54, www.weinlaender.de
Mi u. So Ruhetag, Öffnungszeiten telefonisch erfragen

Dietenhofen, www.dietenhofen.de

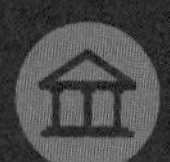

Herpa Miniaturmuseum, Leonardstr. 46–47, 90599 Dietenhofen
Tel. 0 98 24/9 51-2 78, www.herpa.de
Di–Do 9.00–17.00, Fr 9.00–14.30, Sa 9.00–14.00, Mo u. So geschlossen

Großhabersdorf, www.grosshabersdorf.de

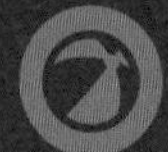

Naturbad Großhabersdorf, Rothenburger Str. 41, 90613 Großhabersdorf
In der Badesaison Mo–Do 9.00–20.00, Fr–So 9.00–19.00

Das Boothaus, Seestr. 19, 91710 Gunzenhausen
Tel. 0 98 31/8 84 89 26, www.das-boothaus.de, tägl. 11.00–22.00
gesonderte Winteröffnungszeiten beachten

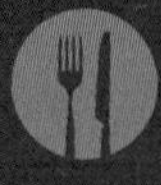

Gasthof Hotel Arnold, Bahnhofstr. 7, 91710 Gunzenhausen
Tel. 0 98 31/6 74 70, www.gasthof-arnold.de
Fahrradfreundliches Hotel

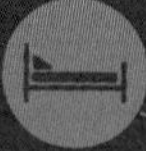

Hotel Gasthof Krone, Nürnberger Str. 7, 91710 Gunzenhausen
Tel. 0 98 31/88 33 95, www.hotel-krone.info
Fahrradfreundliches Hotel

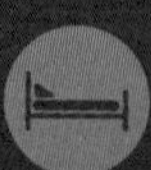

Nützliche Tipps und Infos rund um die Radwege und die Region unter:
www.romantisches-franken.de/Radfahren

Fahrradservice und E-Bike-Verleih

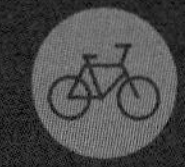

Sport- und Fahrradhaus Bräunlein, Marktplatz 11, 91555 Feuchtwangen
Tel. 0 98 52/22 35 8, www.sport-braeunlein.de

Fahrradservicestützpunkt Dinkelsbühl (in der Jugendherberge)
Koppengasse 10, 91550 Dinkelsbühl
Tel. 0 98 51/5 55 64 17, www.tourismus-dinkelsbuehl.de
Ladestelle für E-Bikes, Schlauchautomat, Möglichkeit, Reparaturen selbst durchzuführen

Rad-Sport-Schmidt, Heiningerstr. 31, 91550 Dinkelsbühl
Tel. 0 98 51/37 92, www.schmidt-bikes.de

Fahrradgeschäft Tretlager, Blumenstr. 10, 91717 Wassertrüdingen
Tel. 0 98 32/6 78 71, www.tretlager.net

San Aktiv Tours, Otto-Dietrich-Straße 3, 91710 Gunzenhausen
Tel. 0 98 31/49 36, www.san-aktiv-tours.de

12 Meister Adebar trifft Archaeopteryx

Entlang der Altmühl von Gunzenhausen nach Dollnstein

Auf diese Tour können sich alle freuen, die der Faszination der »Kinderbringer« auf den Grund gehen wollen, denen beim An- und Abfahren von Zügen das Herz höherschlägt, die dem großen Traum eines Kaisers nachfühlen möchten, die am Innehalten in einer ganz besonderen Kirche interessiert sind und die neugierig darauf sind, wie Steine spannende Geschichten aus der Vergangenheit erzählen. Die Strecke lässt sich verlängern um Tour 13 (s. S. 176).

INFO

Die Strecke: Gunzenhausen – Treuchtlingen – Pappenheim – Solnhofen – Dollnstein

Länge: 58 km

Markierung: Altmühltal-Radweg, sehr gut beschildert

Einstiegspunkt: Gunzenhausen, Großparkplatz »Zentrum West«

Anreise mit ÖPNV: Mit RB bis Gunzenhausen, über Bahnhofstr. und Marktplatz in die Oettinger Str. und zur Altmühl

Rückfahrt mit ÖPNV: Mit dem Zug möglich ab Treuchtlingen, Pappenheim, Solnhofen und Dollnstein

Wetter: Teils nicht asphaltierte Wege, die bei Regen schlammig sein können; im Sommer unbedingt Sonnenschutz mitnehmen, da nur wenige Abschnitte am/im Wald sind

Schwierigkeitsgrad: Altmühltal-Radweg selbst leicht mit wenigen sanften Anstiegen, Erkundungsziele abseits der Strecke meist mit steileren Anstiegen; 20 km Umweg über Weißenburg (Spuren der Römer) möglich

Für Familien: Für Familien besonders geeignet – Rast- und Spielplätze, Freibäder und Kneippanlagen zum Abkühlen sowie Naturlehrpfade und interaktive Museen vorhanden; auf der Strecke einige Biergärten und zahlreiche Rastplätze für ein Picknick

Übernachtung: In allen größeren Ortschaften werden Ferienwohnungen und Pensionen angeboten, ebenso gibt es mehrere Campingplätze auf der Strecke, s. S. 174

Hier geht's lang

Wir starten in **Gunzenhausen** am **Parkplatz Zentrum West**. Gegenüber vom Parkplatz ist der Altmühltal-Radweg bereits beschildert. Es geht nach links über die Brücke und dann rechts an der Promenade die Altmühl entlang. Nach der Stadthalle verlassen wir Gunzenhausen rechts über eine Brücke Richtung Aha. Wir radeln vorbei an Wiesen und Feldern, unterqueren die Bundesstraße und passieren in **Aha** einen Kindergarten, die Kirche und einen Hofladen, danach biegen wir links ab. Am Maibaum halten wir uns wieder links, fahren am Sportplatz vorbei und verlassen den Ort.

Rechts von uns taucht jetzt die Bahnlinie auf, an der wir ein Stück entlangfahren. Vor dem Bahnübergang geht es links auf dem Radweg weiter. Wir überqueren den Schlangenbach, da-

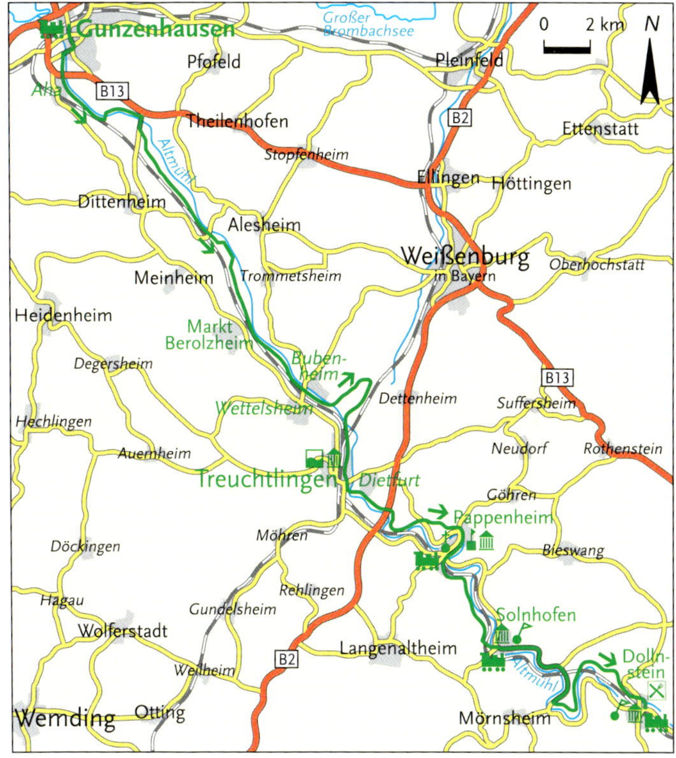

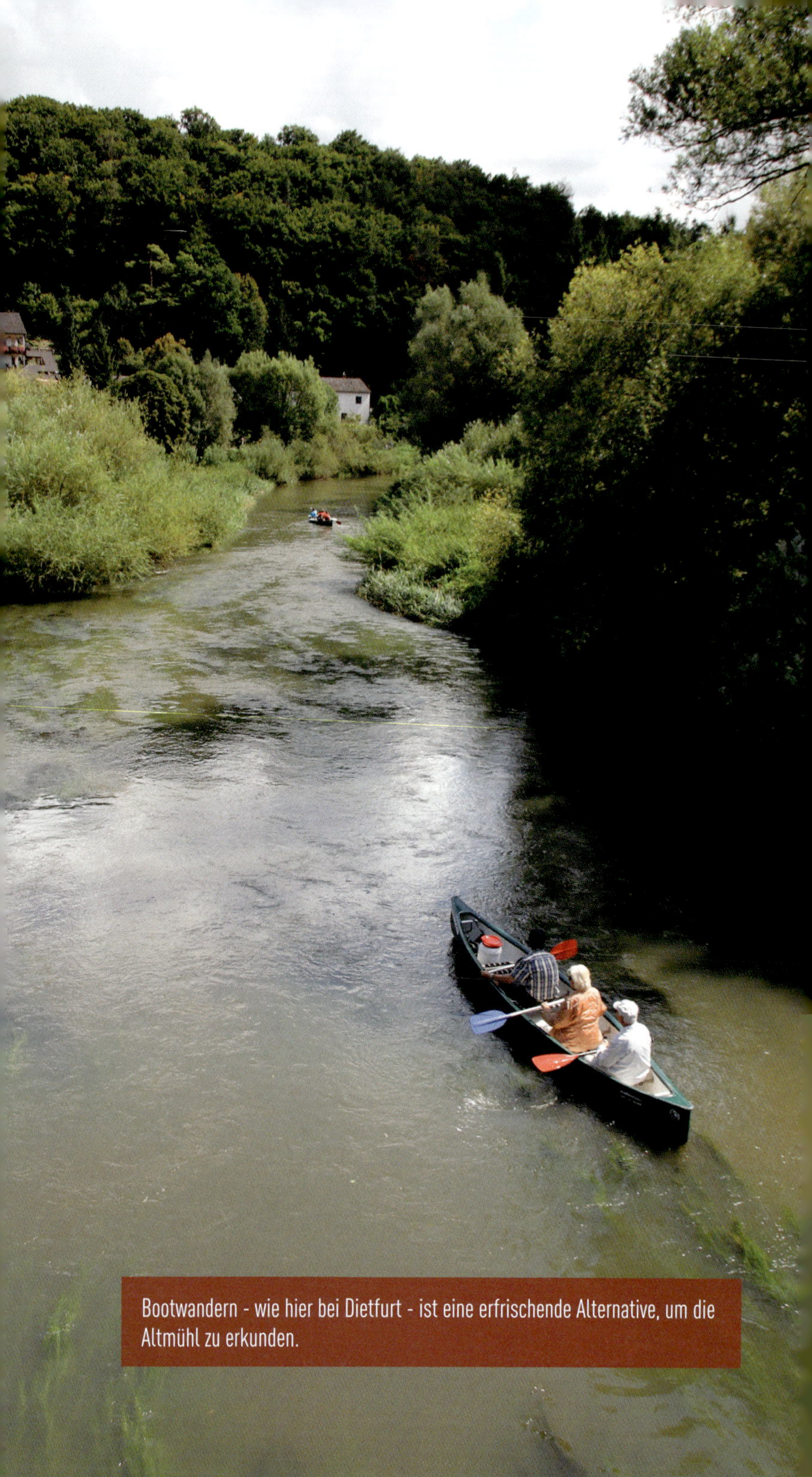

Bootwandern - wie hier bei Dietfurt - ist eine erfrischende Alternative, um die Altmühl zu erkunden.

nach die Staatsstraße und befinden uns in **Windsfeld**. Vor der Kirche biegen wir rechts ab, am Ortsausgang – wo die Vorfahrtsstraße einen Rechtsknick macht – fahren wir geradeaus und passieren einen Rastplatz mit Trinkbrunnen. Die Strecke wird weiterhin geprägt von Weite, Wiesen und Feldern, während sich die Altmühl durch die Landschaft schlängelt und wir dann wieder eine ganze Weile neben der Bahnlinie radeln. Nach einer Straßenunterquerung macht die Strecke eine Biegung nach links, dann wieder nach rechts; hier wechselt der Belag auch kurzzeitig von Asphalt auf Schotterweg. Nach einer Rechtskurve nähern wir uns wieder der Bahnstrecke. Die Landschaft hat einen Hauch von Toskana.

Im weiteren Verlauf radeln wir vorbei an Sonnenblumen- und Maisfeldern und die bewaldeten Hügel rücken etwas näher. Nach ein paar Wegbiegungen landen wir an der Ortsstraße Richtung **Bubenheim**. Hier biegen wir links ab, die Straße entlang, und kurz vor dem Ort wieder nach rechts. Nach einem kurzen Stück Feldweg, biegt der Weg nach links und wir überqueren die Altmühl. Oben an der Straße geht es nach rechts, und wir fahren auf einer kleinen Landstraße weiter in den Ort **Graben**, vorbei an einem Fußballplatz und einem kleinem Baugebiet auf der rechten Seite. Bei der Kirche biegen wir nach rechts ab (geradeaus geht es zum Karlsgraben), vorbei am Feuerwehrhaus. Außerhalb der Ortschaft biegen wir auf einem Schotterweg nach rechts ab (am Pumpwerk). Wir fahren unter der Bahnlinie lang, danach direkt nach rechts und wieder nach links unter der Straße hindurch, zu der es nun hinaufgeht. An dieser geht's ein kurzes Stück entlang, dann über die Altmühl, und wir biegen wieder links runter auf einen Feldweg. Am Ende des Schotterwegs führt der Fahrradweg nach links (rechts Miniaturland **Treuchtlingen**).

Eine Holzbrücke führt uns über die Altmühl, dann biegen wir rechts ab. Der Belag wechselt wieder auf Asphalt, wir halten uns links und fahren nach dem Gartengrundstück wieder rechts in die Kästleinsmühlenstraße. Es geht am Kurpark mit Kneipptretbecken und einem geologischen Lehrpfad vorbei. Am Ende der Straße ist rechts ein Minigolfplatz mit Biergarten und links eine Tankstelle. Hier biegen wir rechts ab, links ist die Altmühltherme. Wir überqueren die Altmühl und biegen an der großen Lok links in die Altmühlstraße ab. Nach dem Schloss wenden wir uns nach rechts auf die Hauptstraße, dann direkt wieder links abbiegen, am Marktplatz vorbei in die Kirchenstraße. Wir fahren über den Kirchplatz, biegen »Am Schulhof« Nr. 1 ab und fahren an der Feuerwehr vorbei. An der Kreuzung beim Zeltplatz geht es nach links, über den Möhrenbach und auf einer Flurstraße der Bahnlinie entlang Richtung **Dietfurt**. Die Straße macht eine Rechtsbiegung, dann halten wir uns links Richtung Pappenheim. Der Radweg verläuft unter der B 2 hindurch, über die Altmühl und dann zweimal rechts in den Altmühlweg. Die Altmühl schlängelt sich hier durch das Tal, rechts und links ist Wald auf dieser sehr idyllischen Strecke. Nach der Bahnunterführung radeln wir am Waldrand, und nach einer Linkskurve kommen wir auf eine Lichtung und vor uns taucht malerisch die Burg **Pappenheim** auf. Wir biegen nach rechts, durchqueren ein Wohngebiet, passieren nach einer weiteren Rechtsbiegung die Campinganlage von Pappenheim. Wir überqueren wieder die Altmühl, und haben nun einen Flussarm rechts und einen links von uns. Wir radeln an den Stadtwerken vorbei Richtung Marktplatz (rechts geht es zur Burg hinauf). Vorbei an dem kleinen Kunstcafé biegen wir an der Schlossapotheke rechts ab. Über die Schützenstraße landen wir auf dem Radweg, der uns vorbei am Freibad und an der Weidenkirche führt. Wir fahren

Hinter Windsfeld erwartet uns frisches Wasser aus dem Storchenschnabel.

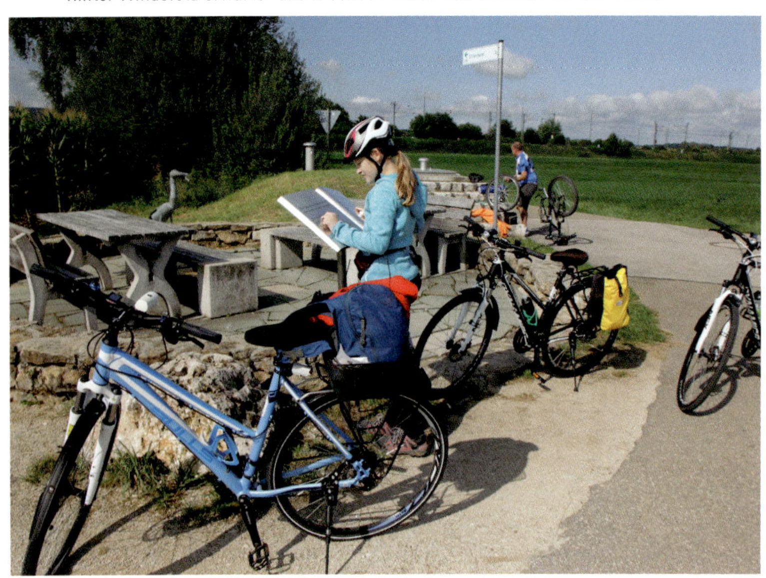

unter der Straße hindurch, halten uns links Richtung Bahnhof, dann vor der Bahnunterführung nehmen wir den Radweg nach Solnhofen. Es geht unter einer Straße hindurch, wir überqueren die Altmühl und biegen dahinter rechts ab. Wir unterqueren wiederum eine Straße und zweimal die Bahnlinie, bevor wir mit einer kleinen Steigung **Solnhofen** erreichen. Rechts abbiegen und hinunter in die Ortsmitte.

Wir überqueren Altmühl und Bahn und biegen links in die Bahnhofstraße ab (rechts Sola-Basilika). Es geht vorbei am Bahnhof und am Bürgermeister-Müller-Museum, wir fahren weiter links über die Bahnschienen, und dann gleich wieder weiter rechts an den Gleisen entlang. Vorbei am *Mühlenwirt* und am Zeltplatz geht es weiter, und wir erreichen nach einer Rechtskurve die »Zwölf Apostel«. Wir fahren unter der Bahnlinie hindurch und nach einer Rechtskurve auf einen Wald zu. Nach leichter Steigung und einem Feldweg fahren wir über eine kleine Brücke nach **Altendorf**. Wir fahren links auf den Fahrradweg, am Kreisverkehr links vorbei und dann nach rechts Richtung **Hagenacker**, begleitet von malerischen Felsformationen. Es geht etwas auf und ab, dann scharf rechts, man fährt direkt an der Bahnlinie vorbei und wieder abwärts. Wir fahren wieder über die Altmühl, überqueren die Bahnlinie, dann biegen wir links ab. Links neben uns taucht ein großer Felsen auf, die »Hölzerne Klinge«. Der Weg macht einen Knick nach links unter der Bahnlinie hindurch, dann taucht schon **Dollnstein** vor uns auf.

Das gibt's zu sehen

Das Altmühltal ist nicht nur für Radfahrer und Wanderer ein beliebtes Revier, auch die Weißstörche fühlen sich hier wohl und lassen sich in den naturnahen Gemeinden immer öfter nieder. Während man Ende der Achtzigerjahre befürchtete, dass der Storch in Bayern aussterben könnte, wurden 2017 etwa 490 Storchpaare registriert. Dieser Zuwachs der Vögel hat dazu geführt, dass man besonders in dieser Region das Verhalten der Störche genauer beobachtet und daraus viele Erkenntnisse gezogen hat. Das Wissen darum ist seit 2007 entlang des interaktiven **Weißstorch-Radwegs Meister rAde(l)bar** festgehalten worden. Auf den verschiedenen Tafeln werden spannende Kenntnisse weitergegeben, zum Beispiel zu den Themen Aufzucht, Verbreitung oder auch dem Storch als Segelkünstler und Kinderbringer.

Da ein Teil unserer Radstrecke auf dem Storchen-Radweg liegt, profitieren auch wir ein bisschen von dem Wissen über den gefiederten Gesellen. Aber noch spannender als die Stationen ist für uns der Anblick der zahlreichen leibhaftigen Störche, die wir ab Windsfeld über die Wiesen staksen sehen. Wer nicht das Glück hat, die stolzen Tiere live zu erleben, kann sich mittlerweile über Webcams einen Einblick in ihre Nester verschaffen (www.lbv.de).

Kurz vor Treuchtlingen in **Graben** können wir einen Abstecher zur **Fossa Carolina** machen, auch als »Karlsgraben« bekannt. Dieses Kulturdenkmal, das als eines der größten seiner Art des frühen Mittelalters gilt, hat das Bayerische Landesamt für Umwelt zu einem der 100 schönsten Biotope Bayerns erwählt. Karl der Große wollte sich hier eine durchgehende Wasserstraße zwischen Rhein und Donau schaffen. Deshalb veranlasste er im Jahr 793 den Bau eines rund 3.000 Meter langen Kanals. Doch das Unternehmen scheiterte, und heute versuchen Wissenschaftler zu erkunden, wie gut der Karlsgraben wirklich ausgebaut war. Uns bleibt von der einstigen Vision des Kaisers noch ein 500 Meter langes Wasserbecken in idyllischer Umgebung.

Während neben uns auf den Bahngleisen ab und zu ein Zug in Sekundenschnelle vorbeidonnert, haben wir in **Treuchtlingen** die Gelegenheit, uns eine Lokomotive in Ruhe und in »Lebensgröße« anzuschauen. Diese Lok dient uns aber auch als Hinweis auf das *Miniaturland Treuchtlingen*, das nicht nur bei Freunden des Modellbaus beliebt ist. Ob historische Dampflok, legendärer Orientexpress oder hochmoderner ICE, auf der 250 Quadratmeter großen Ausstellungsfläche fahren Züge jeglichen Ranges auf der etwa 2,6 Kilometer langen Gleisstrecke durch das nachgebaute Frankenland. Beeindruckend sind aber nicht nur die Züge im Maßstab von 1:87, sondern auch die liebevoll gestalteten Szenerien außenherum, wie Autos, Straßenbahnen, Bauernhöfe, Seilbahnen oder auch Steinbrüche. Hier lohnt es sich, wieder wie ein Kind zu staunen und selbst einmal den ein oder anderen Schalter zu bedienen, um den Sessellift in Bewegung zu setzen oder die Kirchenglocken zu läuten.

In **Pappenheim** scheuen wir nicht den steilen Aufstieg, um die über der Altstadt thronende **Burg** zu besuchen. Abgesehen davon, dass man von der Burg aus einen wunderschönen Ausblick

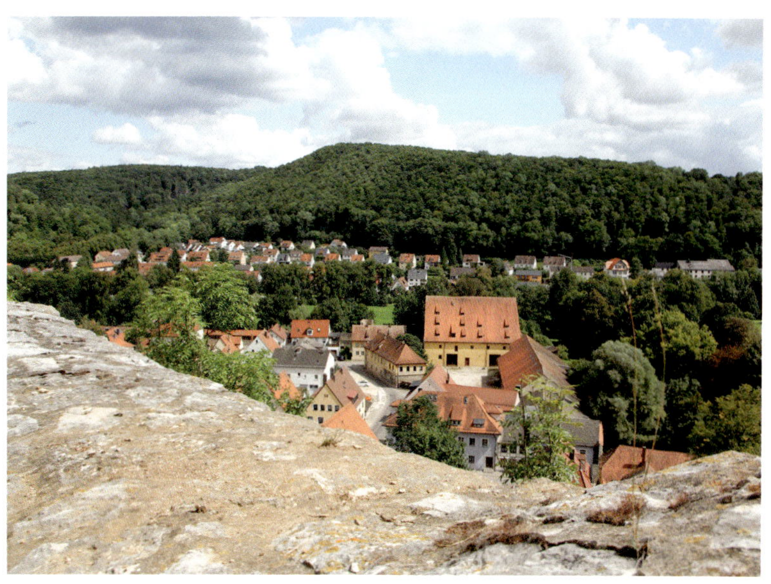

Ein Blick wie ihn einst die Grafen von Pappenheim auf ihre Stadt hatten.

auf das Tal und die sich einmal um den Ort schlängelnde Altmühl hat, bietet das Burgareal noch einiges mehr. Im **Historischen Museum** lassen wir uns in die reichhaltige Vergangenheit der Burg und der Familie der Grafen zu Pappenheim entführen. Vor allem dem berühmten Feldmarschall Gottfried Heinrich Graf zu Pappenheim, der wegen seiner vielen in Kämpfen erworbenen Narben auch »Schrammhans« genannt wurde, ist ein größerer Teil der Ausstellung gewidmet. Die Folterkammer im Keller des ehemaligen Zeughauses lässt uns auch heute noch einen Schauer über den Rücken laufen. Im **Natur- und Jagdmuseum** können wir Exponate der heimischen Tierwelt sehen und hören. Die Kinder haben besonderen Spaß bei den Rätselboxen oder den Greifkästen, in denen Hölzer oder Rinden ertastet werden können. Die **Burgkapelle** mit Sternenhimmel wird auch heute noch für Hochzeiten oder Taufen genutzt. Und im historischen **Kräutergarten** gehen wir bei wundersamen Düften und zwischen Blüten auf Heilpflanzen-Entdeckungsreise.

Bevor wir Pappenheim verlassen, treffen wir noch auf ein ganz besonderes Natur-Gebäude. Die **Weidenkirche**, direkt am Fahrradweg gelegen, wurde 2007 von über 100 Jugendlichen gebaut. Über

1.000 Weidensetzlinge wurden hier verwendet, die durch Metallrohre als Rankgerüst gestützt werden. Die circa 30 Meter lange Naturkirche ist frei zugänglich und steht für Gerechtigkeit, Frieden und Bewahrung der Schöpfung. Sie ist in Bayern einzigartig und soll eine wachsende, sich ändernde und offene Kirche verkörpern. Regelmäßig finden hier auch Gottesdienste statt, aber es lohnt sich auch so, die Ruhe in diesem Naturbauwerk zu genießen und über »Gott und die Welt« nachzudenken. Die Weidenkirche ist übrigens auch eine Station auf der vom Verkehrsverbund VGN kreierten Radtour »Wasser, Weiden und Weihe« (www.vgn.de), die über 42 Kilometer von Treuchtlingen nach Solnhofen an verschiedenen Kirchen und Kapellen vorbeiführt. Freunde des Geocaching können sich mit ihren GPS-Geräten auf die Suche nach versteckten Schätzen rund um die Kirche machen.

Wenn wir irgendwo auf unserer Tour mithilfe von Steinen eine Zeitreise unternehmen können, dann ist das sicherlich in **Solnhofen**. In der **Sola-Basilika** geht unsere Reise bis ins 7. Jahrhundert zurück. Hier finden sich die Grundmauern und Reste von fünf übereinanderliegenden Kirchbauten. Die ältesten Fundamente stammen von etwa 650 n. Chr., die letzte Basilika, ein dreischiffiger karolingischer Bau, wurde 1783 zerstört.

Das »Bürgermeister-Müller-Museum« lädt ein in den Paläozoo.

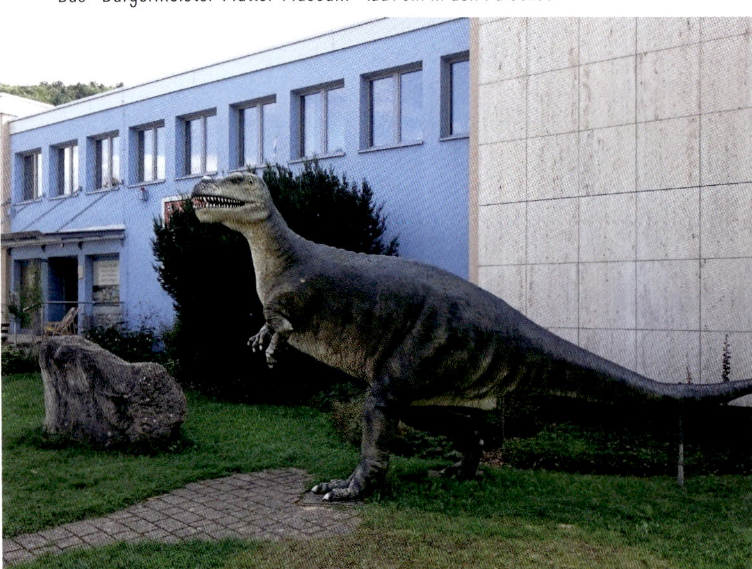

Vor allem für Kinder noch faszinierender sind allerdings die Fossilienfunde, die im **Bürgermeister-Müller-Museum** ausgestellt sind. Wer ist nicht beeindruckt vom Urvogel Archaeopteryx? Gleich drei der zwölf überhaupt bekannten Exemplare des Dino-Stars sind hier ausgestellt, dazu ein weltweit einzigartiges Original des Babyraubdinosauriers »Sciurumimus albersdoerferi«. Eine Multimediastation versetzt einen direkt in die Vergangenheit der beeindruckenden Lebewesen. Aber wir können auch selbst mit Hammer und Meißel im nahe gelegenen **Hobbysteinbruch** auf die Suche nach Fossilienschätzen gehen. Vielleicht finden wir in den Platten des Steinbruchs ja einen Ammoniten, der übrigens das Wappentier des Naturparks Altmühltal ist.

Wenn wir Solnhofen wieder verlassen, treffen wir auf einen der landschaftlichen Höhepunkte in der Region. Die **Zwölf Apostel** ragen als Felsgruppe auf der gegenüberliegenden Seite der Altmühl heraus. Ursprünglich entstand hier im Weißjurameer ein Riffgürtel aus Schwamm-Algen-Kalken, der durch Klüfte und Erosion zerteilt wurde und die nun freistehenden Dolomitfelsen übrig ließ. Bei einer Wanderung auf dem prämierten **Altmühltal-Panoramaweg** kann man den Felstürmen noch näher kommen und einen einzigartigen Ausblick auf das Solnhofenertal genießen.

Unsere letzte Station bringt uns nach **Dollnstein**, das uns direkt mit den Überresten der Burgmauern begrüßt. Leider wurde die eigentliche Burg aus dem frühen Mittelalter 1804 versteigert und im Laufe der Jahre abgetragen. Zumindest die Burgstallungen und das Burgtor entkamen diesem Schicksal und dienen nach aufwendiger und notwendiger Sanierung seit 2012 als Ausstellungsgelände des **Altmühlzentrums Burg Dollnstein**. So können wir uns heute zum Beispiel in einer Küche aus dem späten 18. Jahrhundert umschauen, die bis Mitte der 1980er-Jahre noch benutzt wurde. Wie haben die Menschen damals gekocht und gebacken, welche Küchenutensilien haben sie benutzt? Und ist der kleine Silberring, den man 2007 bei Grabungen in einem mit Silbermünzen gefüllten Tontopf fand, tatsächlich ein Verlobungsring aus dem 14. Jahrhundert? Bei einem Cappuccino in dem kleinen Museumscafé können wir die gesammelten Eindrücke der Altmühl, der Burgen sowie der Menschen, Tiere und Landschaften abschließend verarbeiten.

Sylvia Schaub

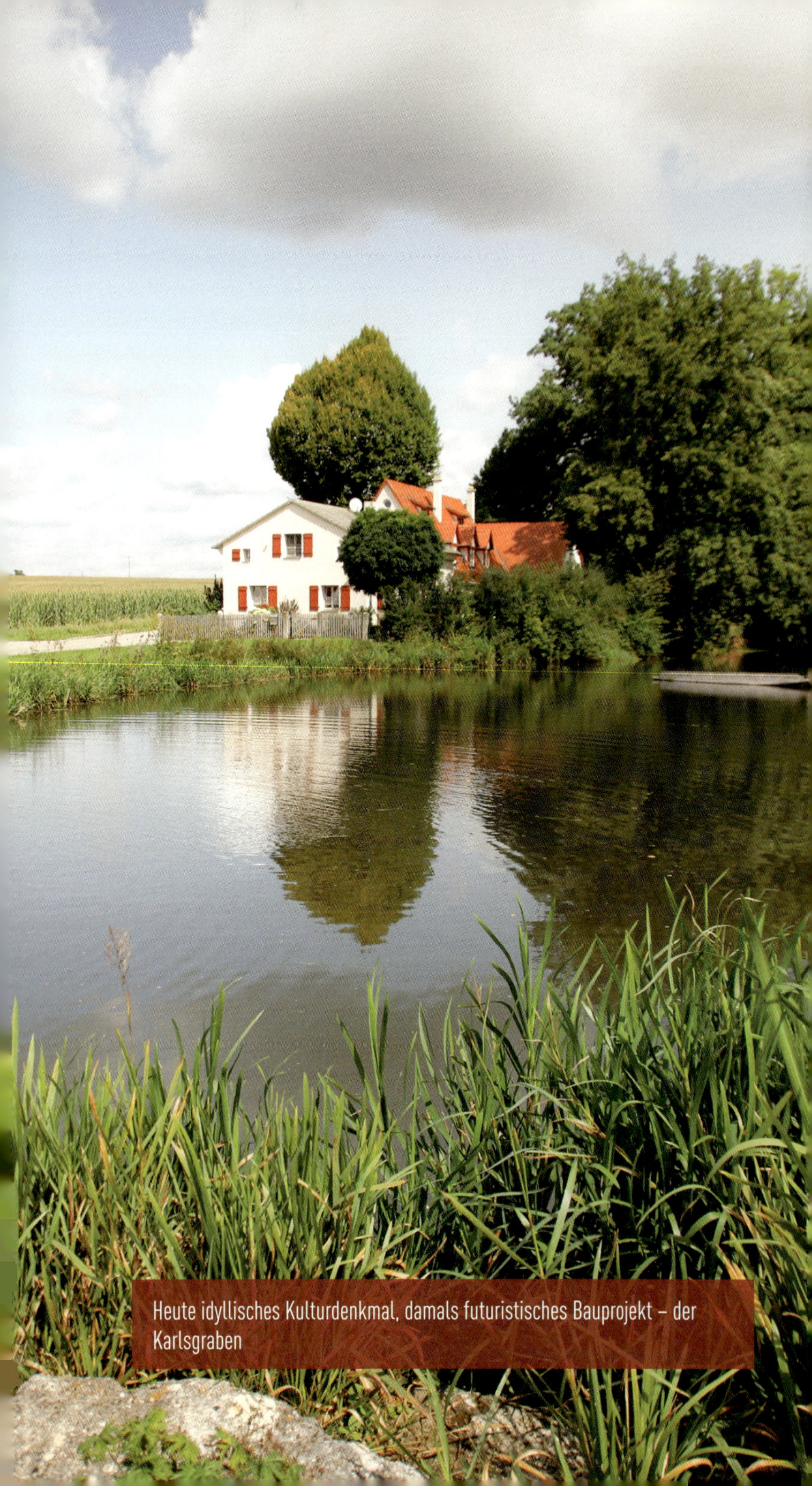

Heute idyllisches Kulturdenkmal, damals futuristisches Bauprojekt – der Karlsgraben

Ausgewählte Adressen und Tipps

Treuchtlingen, www.tourismus-treuchtlingen.de

Karlsgraben-Ausstellung und Fossa Carolina
Karlsgraben 7, OT Graben, 91757 Treuchtlingen
Tel. 0 91 42/86 17

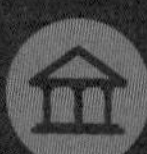

Ausstellungen im Stadtschloss Treuchtlingen
Apr–Okt Mo–Fr 9.00–18.00, Sa 10.00–16.00
Nov–März Mo–Fr 9.00–12.00 u. 13.00–17.00

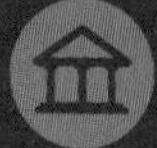

Miniaturland Treuchtlingen, Elkan-Naumburg-Str. 35, 91757 Treuchtlingen
Tel. 0 91 43/83 78 51, www.miniaturland-treuchtlingen.de
Di–So 13.00–17.30

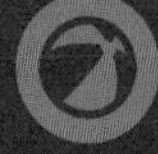

Thermalbad Altmühltherme, Bürgermeister-Döbler-Allee 12, 91757 Treuchtlingen
Tel. 0 91 42/96 02-0, www.altmuehltherme.de
Tägl. 9.00–21.00, an Schultagen ab 11.00

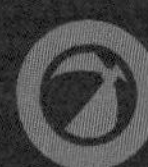

Bootsverleih und Kanuvermietung Frankenboot, Jahnstr. 14, 91757 Treuchtlingen
Tel. 0 91 42/46 45, www.frankenboot.de, Apr–Okt tägl. 9.00–17.00

Pappenheim, www.pappenheim.de

Burg Pappenheim u. Historisches Museum in der Burg
Gräflich Pappenheim'sche Verwaltung, Marktplatz 5, 91788 Pappenheim
Tel. 0 91 43/83 89 10, www.grafschaft-pappenheim.de
Osterferien–Herbstferien Di–So 10.00–17.00

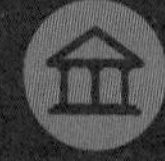

Waldklettergarten Pappenheim
Stadtparkstr. 8 (Büro), Auf der Lach 10 (Parkplatz), 91788 Pappenheim
Tel. 0 91 43/6 05 52 32, www.waldklettergarten-pappenheim.de
Öffnungszeiten telefonisch erfragen

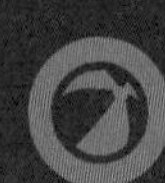

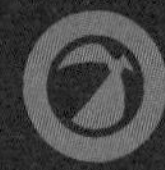

Freibad Pappenheim, Schützenstr. 19, 91788 Pappenheim
Tel. 0 91 43/6 06 95
Mai u. Sep 13.00–20.00, Juni 10.00–20.00, Juli u. Aug 9.00–20.15

Solnhofen, www.solnhofen.de

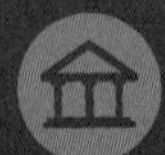

Bürgermeister-Müller-Museum Solnhofen, Bahnhofstr. 8, 91807 Solnhofen
Tel. 0 91 45/83 20-30 oder -20, www.museum-solnhofen.de
Ende März–Anfang Nov tägl. 9.00–17.00, Mitte Nov–März So 13.00–16.00

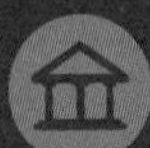

Sola-Basilika, Ferdinand-Arauner-Str. 6, 91807 Solnhofen
Führung buchen unter Tel. 0 91 45/83 20 20

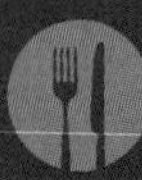

Zum Mühlenwirt, Eßlinger Str. 3, 91807 Solnhofen
Tel. 0 91 45/83 68 20, www.zum-muehlenwirt.de
Mo, Mi, Do, Fr 12.00–21.00, Sa, So 10.00–21.00
Di Ruhetag, gesonderte Winteröffnungszeiten beachten

Dollnstein, www.dollnsteininfo.de

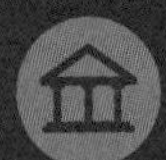

Altmühlzentrum Burg Dollnstein, www.altmuehlzentrum.de
Palmsonntag–Sep Di–So u. Fei 9.30–17.30, Okt 11.00–16.30

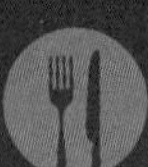

Gasthof Zur Post, Marktplatz 3, 91795 Dollnstein
Tel. 0 84 22/15 15, www.gasthofzurpost-dollnstein.de
Öffnungszeiten telefonisch erfragen, Mo Ruhetag
Direkt an der Altmühl

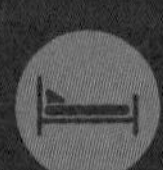

Campingplatz Dollnstein, Brückenstr. 11a, 91795 Dollnstein
Tel. 0 84 22/8 46, www.campingplatz-dollnstein.de
Schlafen in Campingfässern möglich

Weitere Informationen zum Altmühltal-Radweg und zur Region unter:
www.altmühltalradweg.de, www.naturpark-altmühltal.de
www.urdonautalsteig.de (Wandern zwischen Altmühl und Donau)
www.dav-felsinfo.de (Klettergebiet Südlicher Frankenjura)